U0490826

| 博士生导师学术文库 |
A Library of Academics by
Ph.D.Supervisors

意义管理

——理解文化产业管理的一种视角

秦 勇 著

光明日报出版社

图书在版编目（CIP）数据

意义管理：理解文化产业管理的一种视角 / 秦勇著
. --北京：光明日报出版社，2022. 1
ISBN 978 - 7 - 5194 - 6446 - 2

Ⅰ. ①意… Ⅱ. ①秦… Ⅲ. ①文化产业—管理—研究
Ⅳ. ①G114

中国版本图书馆 CIP 数据核字（2022）第 014880 号

意义管理：理解文化产业管理的一种视角

YIYI GUANLI：LIJIE WENHUA CHANYE GUANLI DE YIZHONG SHIJIAO

著　　者：秦　勇

责任编辑：李壬杰　　　　责任校对：郭嘉欣
封面设计：一站出版网　　责任印制：曹　净

出版发行：光明日报出版社
地　　址：北京市西城区永安路 106 号，100050
电　　话：010 - 63169890（咨询），010 - 63131930（邮购）
传　　真：010 - 63131930
网　　址：http：//book. gmw. cn
E - mail：gmrbcbs@ gmw. cn
法律顾问：北京市兰台律师事务所龚柳方律师

印　　刷：三河市华东印刷有限公司
装　　订：三河市华东印刷有限公司
本书如有破损、缺页、装订错误，请与本社联系调换，电话：010-63131930

开　　本：170mm×240mm
字　　数：236 千字　　　　印　　张：16
版　　次：2022 年 1 月第 1 版　　印　　次：2022 年 1 月第 1 次印刷
书　　号：ISBN 978 - 7 - 5194 - 6446 - 2

定　　价：95. 00 元

前　言

从意义管理视角切入对文化产业管理的理解

文化的本质是意义。意义是人类生存的要义，是文化的源泉，是人类经济活动的根本目标。理论上，从意义的视角可以解释一切社会与人生现象。但事实上，由于学科的界限，意义更多地被限制在非功利的人文领域。产业管理学作为一种功利性学科，无论是在产业的领域，还是在管理的领域，对意义的探讨都比较少。文化产业管理的出场，由文化而天然地引入了意义维度。

意义能否被产业管理与文化能否被产业管理是同样的问题。文化或意义具有系统的复杂属性。一方面，文化或意义具有非功利性的一面，它们拒斥功利化；另一方面，随着产业管理的文化转向，文化或意义又具有功利性的一面，融合于产业管理活动之中。意义视角的切入，要比笼统地谈复杂的文化问题，能更为清晰地显示出文化的处境——在至上性上，意义或文化指向无功利的人类的未来发展；而在现实性上，文化或意义具有兼具功利与非功利的辩证属性。作为文化的本质的意义，一方面显示为产业管理的对象，另一方面可以转化为产业管理活动的重要内容。意义管理既是针对意义内容的管理，也是针对人的意义的管理。

人的意义生成与人的需求—欲望系统密切相关，而人的需求—欲望又与人的现实处境——人与环境的关系、人与人的关系密切相关。人的意义感是基于需求—欲望系统的精神升华。意义既联系于人的物性，又超越于物性。不经历物欲化的过程，意义也不会化为一种纯粹的精神追求。欲望、情感、意义的商品化过程，也是人们熟悉、洞悉内在各类需求—欲望的过程。基于此，我们才能更深刻地认识人性、认识自我，从而设定个体乃至集体的意义方向。人文学科有丰富的对意义的认识理论，内涵、价值、意向、意图、有意义、无意义等，都是能够深入探讨的主题。意义管理作为意义切入产业管理视角，正是要融合对意义的认识与人们对产业管理的认识，并使之由抽象化转为具体化。在意义管理的视角下，文化产业本质上是意义的产业，创意产业本质上也是意义的产业，文化产业管理本质上更是兼具社会效益与经济效益的意义管理。比之单纯用产业管理的视角来切入文化产业管理，意义的视角可以兼顾文化意义、人的意义与产业意义。

基于以上对意义及意义管理的思考，笔者认为，文化产业的意义管理可以从政府相关管理机构主导的宏观意义管理与文化企业自身的微观意义管理两个层面展开。在宏观意义管理层面上，政府相关管理机构、社会组织与公众都可以参与其中，但政府相关管理机构显然负有主要责任。在市场环境中，文化产业发展中也存在“市场失灵”的情况，对此，只有政府相关管理机构有能力负担起宏观调节的职责。宏观意义管理的主要职责是引导与监督文化产业的总体意义方向，同时兼顾其产业利益（文化利益）。对文化行业、文化企业、文化产品与文化服务的评价、奖惩以及底线监督是宏观意义管理的重要方式。文化产业作为支柱型产业之一，无疑会对城乡环境构成重要影响。从宏观意义管理出发，顺应文化产业发展需要，有针对性地打造城乡文化产业空间的意义感，对改变城乡面貌、建设积极的人文环境有重要价值。不同文化行业，其文化产品或文化服务的意义呈现样态不同。宏观意义管理提供的意义视角，既便于理解文化行业的意义样态，也便于对其进行疏导与监管。

文化企业自身的微观意义管理不同于侧重引导与监督的宏观意义管理，企业意义管理更侧重于自身的产业效益。意义管理视角下理解的产业效益并非单纯的文化产业生产经营行为所产生的经济利益，而是意义转化中的文化利益。这种文化利益既包括企业组织自身的意义建构，也包括针对文化产品与服务生产的意义赋予、呈现，还包括文化产品与文化服务营销中的意义放大。总之，企业意义管理是针对企业组织的意义建构、企业员工的意义凝聚、文化产品与文化服务的意义生产、对消费者的意义吸引等内容的综合性管理。文化企业意义管理并非不注重企业的经济利益，而是将经济利益融入文化意义建设的长久时间之中。随着社会与个人的全面发展，人们的自由度越来越大，物欲对人们工作与生活的束缚越来越弱，管理与被管理者的关系将转化为一种基于共同意义追求的“合作”关系，生产者与消费者的关系将转化为一种互动性的意义“共建”关系，意义管理将在未来社会中发挥越来越大的作用。

目　录
CONTENTS

第一章

文化与产业管理的关系

作为人类生命意义体现的文化，有着复杂与变化的内涵。文化产品[①]所体现的意义，更多地具有象征与表意性。文化与产业管理的关系，既包括文化与产业的关系，也包括文化与管理的关系，还包括文化与产业管理的关系，涉及一系列功利与非功利的思考。当然，站在不同的立场上，不同研究者会对文化与产业管理之间的关系有不同的看法。

第一节　如何理解“文化”

文化难以被定义，不代表文化不可以被定义。作为文化源泉的意义也可以被视为文化的本质。在现时性上，文化也具有一定程度的功利性，因而可以被产业化。

一、“文化”难以定义

每个人都能够感受到文化，但人们对文化内涵却难以有统一的认识，因为文化无处不在，覆盖了我们生活的方方面面，随着时代的发展，文化随之

① 本文所说的文化产品主要指文化商品，但文化产品比文化商品包含的内容更广泛，如果没有特意说明，笔者习惯使用“文化产品”一词代指文化商品。

发生变化，其内涵与外延都十分复杂，难以归纳。

当下意义上的“文化”源自西方，西方人最早对文化有意识地进行了研究。在古代西方语言中，文化（culture）的拉丁词源是“耕种”的意思，由这一本义引申出居住、联系、留心、敬神等义项。对这些义项进行总结，我们可以发现，它们都是指人们的生产交流活动，可以说在西方的“文化”传统中，文化的社会实践性、功利性、功能性非常强。再到后来，“文化”由对土地的耕种衍生出对人们进行教育的意思，即教养。文化，即指向个人的教养或文化教养，这一义项在西方文化中被普遍运用，有文化即代表着一个人在衣食住行、思想情操等方面有教养。这样，文化的指向也开始由实践性非常强的功利活动，向脱离实践的、非功利性的、非功能性的文化修养转化。比如英语、法语、德语中“文化”一词都兼有教养的义项；在 18 世纪末 19 世纪初，黑格尔就在其代表作《精神现象学》中数次提及“文化”一词，但这里的文化多指德国人的“文化科学教养”，而不是我们惯常所理解的文化知识。这是语用学上西方“文化”一词的意义主线。此外，还要指出，在西方文化中，“文化”一词同时包含文化科学成果的意思，文化教养与文化成果两个意向并不彼此排斥，甚至对文化指向文化成果的认同还要早于指向文化修养的认识。总体上看，西方人对文化的认识经历了从文化实践活动到文化教养这样一个从功利化到非功利化的过程。对文化指向文化活动成果的认识很可能是从文化实践活动到文化教养的过渡环节。

与西方的表音文字不同，中国人的文字是表意文字，在中国古文义项里并没有西方的“文化（culture）”词根所包含的意思。甲骨文与金文中的“文”字象形于人身上的纹身，许慎《说文解字》中说“文”字“错画也，象交文”,① 引申为“花纹”“纹理”，“文”等同于“纹”，继而引申为万事万物的痕迹、足迹，如水文等。当这种纹路、足迹指向人的时候，产生“人文”义项。例如《周易》中“贲”卦的《彖辞》曰：“观乎‘人文’，以化成天下”。这里“人文”指“《礼》《乐》《诗》《书》”等，“化”意为“教

① 许慎. 说文解字［M］. 北京：中华书局，1963：185.

行也"①，意思是用"人文"去教化天下万民。刘向在《说苑·指武》一文中也写道："圣人之治天下也，先文德而后武力。凡武之兴，为不服也，文化不改，然后加诛。"在这里"文化"字样出现，② 并明确指向了"文明教化"的方向。虽然中国古人所说的"文化"指的是与"武治"相对的"文治"，但多多少少包含"教养"意思。在中国传统文化中，"文化"的政治教化的社会功利性意味是很强的。

这种以文修身、以文传教、以文治民的语用习惯一直沿袭至近代，以至于"文化"没有再用来专指文化艺术等文化成果。所以，在专指文化成果意义上，有学者说："近代以前，中国几乎没有'文化'一词。"③ 在近代，文化科学已远远落后于西方的中国，被迫打开国门，面对西方繁荣发达的文化科学成果时，所有古代传统的"文明教化"都在不经意间被抛掉了，开始专注于向西方"文化"的学习。中国人语用中的"文化"一词，丢掉古意，开始专指文化艺术、科学技术等文化成果。这一"文化"观念影响至今。

以上只是对"文化"的词源学的追溯，对文化进行科学的定义还是近代以来的事情。在世界文化研究史上，第一个给"文化"下学术性定义的是英国文化人类学家爱德华·伯内特·泰勒，他在其撰写的世界第一本人类学著作《原始文化》（1871）中将文化定义为："文化，或文明，④ 就其广泛的民族学意义来说，是包括全部的知识、信仰、艺术、道德、法律、风俗以及作

① 许慎. 说文解字 [M]. 北京：中华书局，1963：168.

② 从古文一字一词视角看，"文化"可视为"文""化"两个词，不同于当下"文化"作为一个词的词义。

③ 王强，包晓光. 中国传统文化精神 [M]. 北京：昆仑出版社，2004：8.

④ 人们习惯地以文字的发明为人类文明诞生的标志。在本书中，我们认为文化是文明的同义语，文化自人类成为真正意义的人就开始了，也即人类从具有马克思所说的"自由自觉的创造性"的时候，文明就开始了。我们在论及文化问题的时候，对"创造性"的东西更为重视，不采纳恩格斯在《劳动在从猿到人转变过程中的作用》一文中非常具体的关于定义人所用的"直立行走、会说话、能制造工具"的观点。泰勒在这里谈的"文明"显然是指人成为人时就有的文化。

为社会成员的人所掌握和接受的任何其他的才能和习惯的复合体。"① 在这里，泰勒用了概括外延的方法来描述他的民族学"文化"定义。泰勒的定义遭到很多人的反对。比较有代表性的如美国人类学家克莱德·克鲁克洪，他将文化限定为"某个人类群体独特的生活方式，他们整套的'生存式样'。"②克鲁克洪某种意义上，直接承袭了西方语用意义上的"文化"指涉教养的含义，认为文化即生活方式整体。

至少在近代以来，中国人就习惯于将文化归结为文化艺术等精神文化成果。例如吕叔湘主编的《现代汉语词典》将"文化"一词定义为"人类在社会历史发展过程中所创造的物质财富和精神财富的总和，特指精神财富，如文学、艺术、教育科学等。"在《现代汉语词典》"文化"词条中，除了该义项外，其他义项也兼有文化遗迹或运用文字能力的意思，但不涉及教养、修养的含义，可见中国人习惯上不大认同文化是一种生活方式或行为习惯。对文化的划分上，国内比较有影响的四分法最后转变为三分法就源于此。国内学者殷海光曾经提出将文化进行四分，即分为器物文化、制度文化、行为规范文化、价值观念文化。但国内学者在探讨文化问题时，常常不自觉地舍弃掉行为规范文化，将文化划分为器物文化、制度文化与观念文化。这种划分似乎更简洁，也更为中国的文化研究者普遍接受。③

凡此种种，随着人们文化生活的发展，文化的内涵与外延也在不断变化。

---

① ［英］爱德华·伯内特·泰勒. 原始文化［M］. 连树声，译. 上海：上海文艺出版社，1992：1.

② ［美］克莱德·克鲁克洪，等. 文化与个人［M］. 高佳，何红，何维凌，译. 杭州：浙江人民出版社，1986：4.

③ 李醒民认为殷海光四分法中的行为规范这个层次可以消去。关于行为的体制性的或成文的规范（如法律、政令等）可以列进制度层次，非制度性的或不成文的规范（如道德、习俗等）可以计入价值观念层次。至于人的行为本身，也可以上推下移：属于制度约束的行为计入制度层次，属于观念支配的行为计入观念层次，因为正常人的行为总不会是无缘无故的。于是，文化只有三个层次——器物层次、制度层次和观念层次。这也是一种人们比较认可的见解。——参见李醒民. 论文化的固有特征和研究进路［J］. 社会科学论坛. 2005（7）：5-20. 笔者认为"三分法"归类符合中国人忽略行为文化（文明）的习惯，甚至对许多人来说行为本身不是文化的表现。

据美国人类学家克鲁伯与克鲁柯亨统计，1871 年到 1951 年间的文化定义有 164 条，法国心理学家莫尔斯则认为 1970 年之前，文化定义超过 250 种。① 这恐怕还不包括文化学领域里对西方影响不大的中国学者们的贡献。粗略估计，全世界关于文化的定义应该不少于 300 种，并且这一数据还在不断刷新。虽然文化的准确定义无法统一，但就文化产业或文化产业管理而言，所涉及的文化内容还是比较具体的。笔者认为，综合中西文化的内涵与外延，可以把文化简单地归纳为两部分内容：一是文化知识成果（符合泰勒的定义，也贴合中国人的习惯认识），包括体现价值观念的文化成果，也包括以表达价值观念为主要功用的器物；二是一种富有文化教养的生活方式（符合克鲁克洪的定义），包括促成文化教养提升的文化服务内容。

二、意义可以被视为文化的本质

文化涵盖的范围非常广泛，文化既包括各种物质文化，也各种包括精神文化。正因为物质与精神内容的对立，人们对文化的认识常常充满矛盾。但是不能否认的一点是——文化是人的生命意义的体现，文化体现了人基于自身的生命体验而对客观世界赋予的意义。“文化关乎生命的意义和价值，生命本来是没有意义的，为了使生命富有意义，人类才创造了文化。”②

在作为主体的人与作为客体的客观世界之间，之所以有文化产生，是因为作为主体的人把自身对未来的设想、期许，也即意义，付诸客观世界的改造之中。随着改造实践的进行，主体与客体之间的关系的改变，作为主体的人对未来的设想、期许也会进一步改变，意义再行发展、升华。文化既是人们改造客观世界（自然和社会）的产物，也是人们实现自身意义对象化的结果。同样，人是文化发展的产物，人是文化的动物，③ 人也是自我实现意义上

---

① 吴桂韩. 文化及相关概念阐释与辨析［J］. 江苏省社会主义学院学报，2013（3）：62-68.

② 陈小申. 文化创意产业：意义的生产与消费［J］. 山东社会科学，2011（12）：39-41.

③ 甘阳将卡西尔对人的本质的认识总结为“人是文化的动物”，参见甘阳. 中译本序. 载于［德］恩斯特·卡西尔. 人论［M］. 甘阳，译. 上海：上海译文出版社，1985.

的自我发展的产物。

由前述甲骨文与金文中的“文”字象形内涵的推解，我们知道在中国古代文化中“文”字有指向人的痕迹的“人文”义项。“化”可视为一个表示持续性的程度副词，按照“文”的传统意义，完全可以把“文化”理解为人的痕迹的持续化。这一痕迹，可以是器物层次的文化、可以是制度层次的文化、可以是行为规范层次的文化，也可以是价值观念层次的文化，也即是人留在器物、制度、行为规范、价值观念上的痕迹。① 这一痕迹又是什么？这一痕迹就是人的本质力量的感性显现。在原初意义上，这种人的本质力量也就是人的生命意义所在，即是人之为人的意义；在现实层面上，这种人的本质力量则是人的自我价值实现的意义，人改造世界、赋予世界的意义。近百年前，哲学家胡塞尔提出一个“生活世界”的构想。在胡塞尔看来我们所在的世界应该是一个由我们所创造的富有意义的世界，而不仅仅是死物构成的物质世界。“这个周围世界只具有我们的经验，我们的思考，我们的评价等等各自赋予它的存在意义。”② 胡塞尔所构想并论证的其实就是文化的世界，在他看来正是经验、思考、评价等构成了存在的意义，并构建了这个世界。

但是人类学家所研究的文化范围过于宽泛，尤其是对文化产业或文化产业管理而言，它并不研究纯粹的物质文化，而只涉及纯粹的文化产品或文化服务。当物质以其物质使用功能为主要存在价值时，它的文化意义更深地隐藏在物质功能背后，需要人类学家从人类历史的角度对其进行挖掘，才能呈现出其文化的意义。而文化产业或文化产业管理所涉及的文化产品或文化服务，或者说是精神文化，是淡去实用功能，以意义为主要存在价值的文化，不需要人类学家去做历史挖掘，普通个人就可以凭借直观感觉体验到其文化的意义，因为这种文化与我们生命的意义息息相关。美国文化学者丹尼尔·

---

① 殷海光的四分法（文化可以是器物层次的文化、可以是制度层次的文化、可以是行为规范层次的文化，也可以是价值观念层次的文化）影响较大，而三分法（文化分为器物层、制度层、观念层）更为中国的文化研究者普遍接受。

② ［德］埃德蒙德·胡塞尔. 欧洲科学的危机与超越论的现象学［M］. 王炳文，译. 北京：商务印书馆，2017：133.

贝尔在《资本主义文化矛盾》一书中专门就此对“文化”做了限定，认为“文化本身是为人类生命过程提供解释系统，帮助他们对付生存困境的一种努力”，他讨论的文化集中于“表现象征主义方面”，认为这类文化试图“以想象形式去开挖并表达人类生存的意义”①。英国学者雷蒙·威廉斯更进一步把文化分为考古学、文化人类学研究的物质的生产，与历史、文化研究研究的“‘表意’（signifying）的或‘象征’（symbolic）的体系”②。

人的生命意义既可以在改造世界过程中被赋予，也可以通过象征的体系在社会层面上进行呈现。价值能对意义内涵起到过滤的作用。象征往往体现在价值取向上。可以说，意义既是涵义，也是价值。当然，在主体改造客体的活动中，人的意义有多重表现，并不止于涵义与价值。

三、文化可以“被”产业化

文化③自产生之初就是与人们的物质活动甚至经济活动密切相关的，表现出服从于物质活动或经济活动的规律。“思想、观念、意识的生产最初是直接与人们的物质活动，与人们的物质交往，与现实生活的语言交织在一起的。观念、思维、人们的精神交往在这里还是人们物质关系的直接产物。表现在某一民族的政治、法律、道德、宗教、形而上学等的语言中的精神生产也是这样。”④ 只是由于受生产力限制，在相当长的历史时期，人们不可能大量从事精神文化活动，而只能从事物质性的生产或消费活动。随着物质生产与消费资料日渐集中到少部分人手中，精神文化也逐渐出现类似的趋势，即被少数人掌握。当精神文化财富掌握在少数人手中的时候，精神文化活动开始与经济、产业活动分离。这种分离既是不自觉的，因为权力和财富制造了占有

---

① ［美］丹尼尔·贝尔．资本主义文化矛盾［M］．赵一凡，蒲隆，任晓晋，译．北京：生活·读书·新知三联书店，1989：24，58.

② ［英］雷蒙·威廉斯．关键词：文化与社会的词汇［M］．刘建基，译．北京：生活·读书·新知三联书店，2016：153.

③ 自此开始，如果没有特别说明，“文化”都是指精神文化。

④ 马克思恩格斯全集：第3卷［M］．中共中央编译局，译．北京：人民出版社，1960：29.

这些精神文化的门槛；也是自觉的——从事精神文化的创造者有意识地将精神文化活动从物质生产活动中分离出来。康德提出“审美无功利”① 说，总结了精神文化活动的独立传统，标示了精神文化活动与产业化活动的巨大鸿沟。在更宽泛的意义上，包括普通大众，对文化艺术品的欣赏活动，也受到这种无功利的“场”的影响，具有了非功利的指向。在文化艺术氛围中谈及赚钱、牟利、讨赏，常常被轻蔑或拒斥。即使是商业等功利行业的从业者，也常常要借助对非功利的文学艺术的欣赏来表现自身的品位与自身对功利环境的超脱。

事实上，精神文化活动始终没有脱离经济活动，从价格高昂的文化产品可见一斑。布尔迪厄说过，传统文化艺术的话语权正是通过对现实的功利主义的拒斥而获得的，并以此得到文化艺术的独特性与存在意义，“纯艺术的反‘经济’的经济建立在必然承认不计利害的价值、否定‘经济’（‘商业’）和（短期的）‘经济’利益的基础上，赋予源于一种自主历史的生产和特定的需要以特权，这种生产从长远来看，除了自己产生的需求之外不承认别的要求，它朝向积累象征资本的方向发展。”② 可以说，正是文化艺术的独立性、无功利性、排斥金钱的姿态，让从事文化艺术活动的人获得了长远的经济利益。

正如马克思、恩格斯所言：“人们是自己的观念、思想等等的生产者，但这里所说的人们是现实的，从事活动的人们，他们受着自己的生产力的一定发展以及与这种发展相适应的交往（直到它的最遥远的形式）的制约。”③ 随着社会的发展，生产力的提高，物质财富的绝对垄断被相对打破，社会大众在基本满足物质消费需要的同时，精神文化需要提上了议事日程。一方面，

---

① 康德认为审美作为“鉴赏判断的快感是没有任何利害关系的”，“利害感是常常同时和欲望能力有关的”——参见［德］康德. 判断力批判：上卷［M］. 宗白华，译. 北京：商务印书馆，1964：40.

② ［法］布尔迪厄. 艺术的法则——文学场的生成和结构［M］. 刘晖，译. 北京：中央编译出版社，2001：175.

③ 马克思恩格斯全集：第 3 卷［M］. 中共中央编译局，译. 北京：人民出版社，1960：29.

随着经济全球化的发展，“一切国家的生产和消费都成为世界性的了”①。全球化的批量化生产，使任何产品都可以通过批量化具有商业效益，文化艺术品也不例外——通过拒斥功利化而保持文化艺术昂贵的身价的垄断状态被打破了。另一方面，全球化的经济发展，使大众的文化品位趋同，消费社会带来的巨大消费需求，日渐打破被社会权贵或精英所垄断的非功利文化领域，文化艺术的“场”崩溃后，关于美的欣赏品味发生了混乱与融合。

文化艺术品越来越具有物质产品的属性，物质产品也开始具有文化艺术品的特点，欣赏的非物质性、非功利性与消费的物质性、功利性发生了意想不到的融合，同一件文化艺术品既可以是非功利（非商业）产品，也可以是用于满足功利需求（例如赚钱）的商品。人们对文化的态度发生了质的转化。除了符合康德主义的无功利态度外，更多的文化消费表现出生活消费意义上的特色，富有传统文化拒斥的功利化倾向。这种功利化倾向一方面表现在人们在吃穿住行上无时无刻、无所不在地表现出对“文化”品味的追求，尽管这种“文化”的标准让人非议；另一方面表现在人们日益寻求把传统文化所排斥的日常生活的欲求目标转化为文化的目标。前者可以称之为审美日常生活化，后者可称之为日常生活审美化。② 对于前者，早在一百多年前，马克思就概括了“人也按照美的规律来构造”③，人们处处把社会公认的审美标准或者文化标准应用于现实生活，从家具装潢到仪表言谈；对后者，则是消费全球化时代一个颇有争议的主题，费瑟斯通将这种日常生活的审美文化概括为三种表现形式：第一种以达达主义、历史先锋派及超现实主义为代表，追求消解艺术与日常生活之间的界限，否认艺术对生活的超越的艺术表现形式；第二种是将生活转化为艺术作品的谋划形式；第三种指富有商品拜物教意义

---

① 马克思恩格斯选集：第 1 卷［M］. 中共中央编译局，译. 北京：人民出版社，1995：276.

② 在现实的学术交流中，两个术语意义并不确定，二者也常常被混用。

③ ［德］马克思. 1844 年经济学哲学手稿［M］. 中共中央编译局，译. 北京：人民出版社，2000：58.

上的物质符号与影像表现形式。① 日常生活审美化推崇的最高权力是“消费”本位权力，不能否认，这种文化产业化趋势有着明显的负面效应。②

相对于文化产品与文化服务被权贵垄断的时代，文化产业化的发展无疑是一个巨大的社会进步。但需要看到，无论文化如何产业化，一旦（精神）文化取得了独立的地位，文化所具有的区别于物质的独立性并不会因产业化而丧失——在这个意义上说文化是“被”产业化的。问题的关键是人们如何理解被产业化的文化。

约翰·费斯克在1989年出版的《理解大众文化》在谈及文化产业的“文化”时，认为在金融经济推动下，文化产业化的实质是资本的流通和增值，但文化在产业化的过程中仍旧是按照独立的文化自身的规律进行流通，并不会因为产业化发生何种改变，因为文化的本质是意义，在文化产业化过程中，文化意义“既不能被商品化，也无法被消费：换言之，只有在我们称之为文化的那一持续的过程中，意义才能被生产、再生产和流通。”③ 由此可见，在产业化过程中，所谓文化的增值似乎是不准确的，不是文化增值了，是垄断文化的资本增值了。文化产业化更贴近于产业文化化，产业化的形式将文化转化为增值的商品，但其中的文化并没有实质的改变，改变的是其作为资本的形式。

---

① ［英］迈克·费瑟斯通. 消费文化与后现代主义［M］. 刘精明，译. 南京：译林出版社，2000：95.

② 例如北京某审美文化艺术展中，某作者干脆把600万人民币摞成正方体，作为艺术品展览，成为该展览会最引人注目的展品。同时该作者在另一次展览中在600万人民币上放置两个充气气球，又创作了一幅所谓艺术品，取名“金钱与美女”，同样引起了轰动。这种行为艺术充分说明一个问题，就是在当下文化消费中诗性审美与物性欲望是难以界定与区分的，大众的审美消费是消费还是审美，也常常是模糊不清的。

③ 《理解大众文化》英文版出版于1989年，此处引文引自中译本。引文见［美］约翰·费斯克. 理解大众文化［M］. 王晓珏，宋伟杰，译. 北京：中央编译出版社，2001：33.

第二节　如何理解“产业”与“管理”

不同于传统上对文化的非功利认识，“产业”与“管理”显然是功利化的活动，功利化的活动之所以能够与非功利对象结合，在于它们随时代变化发生了巨大转变。

一、产业对象文化转向

产业一直被视为经济的行业化、部门化，论及文化产业与文化经济，二者并没有明显的区别。这里，我们谈“产业”，实质上也是在谈“经济”。传统地，我们提到经济或产业往往是指物质生产、再生产的活动。① 德国法兰克福学派在提及文化产业化问题时，往往持批判的态度，原因在于他们习惯地将产业活动理解为专属于物质性的生产活动，与文化无涉，习惯地认为文化是非经济化、非物质化的事物，当文化成为经济问题，则文化已经不再是文化了。事实上，传统的经济学家们很少提及文化问题，即使提到了也只是作为物质产品或劳务的文化背景。甚至，现代经济学的奠基人亚当·斯密都否认了从事文化艺术等行业的人员属于生产阶层，当然其活动也不会属于经济活动了。② 所以，“经济=物质”或“产业=物质”的观念比较根深蒂固。但随着农业、工业外的第三产业的发展，尤其是现代发达国家基本上实现了第

① 现代汉语词典对经济的解释就是经济在“经济学上指社会上物质生产和再生产的活动”，对产业的解释则是“构成国民经济的行业和部门”，传统的产业大多和物质生产密切相关。

② 亚当·斯密认为除了物质性的劳动生产者、土地所有者、资本家或企业家以外，其他行业从业人员甚至包括政府公务员、家庭佣工等其他行业从业者不属于严格意义上的生产劳动阶层。亚当·斯密由此认为，优秀的劳动力不从事物质生产行业，而任职于政府机构，对社会财富的增加相当不利。——参见何正斌. 经济学 300 年［M］. 长沙：湖南科学技术出版社，2010：73.

三产业（服务业①）占经济总量的比重达7%之后，人们对经济的理解已不再局限于物质生产，而是更宽泛地将非物质生产融入思考视野，但无一例外，人们仍旧是用思考物质生产的逻辑去印证非物质性商品的生产。

服务经济或服务产业是以人为核心的经济形式或产业形式。人们生活越富有，越表现出非物质性的一面和文化化的一面。随着越来越多的经济或产业现象开始变为围绕人的文化服务现象，传统的产业与营销管理理论已经不能适应非物质的服务环境。迪士尼娱乐公司结合自己多年营销经验，把传统的4P营销理念②多加了一个People，变成充满人性化的5P理论。派恩、吉尔摩等人提出了服务产业的高级阶段——“体验经济”的主题。他们认为现代经济已经进入了体验时代，在这个时代，立足消费者的“体验”是生产与消费的核心产品。所谓体验，就是企业以服务为舞台、以商品为道具，环绕着消费者，创造出值得消费者回忆的活动。只要能打通产品与消费者的“体验”环节，这些产品就被赋予了“个性”，对消费者而言就具有了“意义”。③这种基于消费者体验的产业，又被有些学者称为“体验产业”或“第四产业”④。体验产业注重通过文化娱乐建立起个性化的消费者“体验”，派恩、吉尔摩认为亚当·斯密将文化娱乐提供者，包括运动员、小丑、音乐家、歌唱家、舞蹈家等排斥在生产性劳动者之外是错误的，正是这些娱乐体验推动

---

① 服务经济的范畴包括以企业为主发挥职能的社会服务：如物流、金融、邮政、电信、运输、旅游、体育、商贸、餐饮、物业、信息、文化等行业服务，以及以政府事业单位等为主发挥职能的公共服务：如教育、医疗卫生、人口和计划生育、社会保障。

② 市场营销组合观念中，4P是指产品（Product）、价格（Price）、渠道（Place）、促销（Promotion）。

③ [美] B. 约瑟夫·派恩，詹姆斯·H. 吉尔摩. 体验经济 [M]. 夏业良，鲁炜，等译. 北京：机械工业出版社，2008：16.

④ 美国经济学家马克卢普在1962年出版的《美国的知识生产与分配》一书中，提出知识产业与信息服务概念，把教育、研究与开发、通讯媒介、信息设备和信息服务称为第四产业。马克·波特拉在《信息经济：定义与测量》一书中，将信息业定义为第四产业。我国部分学者认为精神生产领域，包括科学研究、教育、信息服务、咨询服务、新闻出版、广播电视电影、文化行业、民间公证、法律服务等9种行业为第四产业。——参见郎涛、杨滢. 第四产业的内涵及对经济增长的影响 [J]. 西南农业大学学报（社会科学版），2006（4）：55-59.

了当下经济的高速发展，文化、娱乐是第四产业的重要内容。① 米切尔·J. 沃尔夫在《娱乐经济：传媒力量优化生活》一书中直言："文化、娱乐——而不是那些看上去更实在的汽车制造、钢铁、金融服务业——正在迅速成为新的全球经济增长的驱动轮。"② 所以，当代学者思考经济或产业问题的时候，已经无法再严格地拘泥于经济与文化之别了，经济学的许多理论与观念，都在向文化、娱乐领域"跨界"。

建立于物质生产基础上的经济学最核心、最本质的问题是对"稀缺资源进行配给"。首先，在经济学视野中，能够满足人们需要的资源是有限的，如时间资源、住房资源、交通资源等；其次，这些资源的分配与占有是关系经济发展的规模与效益等问题的，所以，需要从"帕累托最优"或者"兼顾公平与效率"等经济学的理论出发，对稀缺性资源进行配给。所谓"配给"也就是解决生产什么、怎么生产、为谁生产三大基本问题。宏观经济学从整个社会发展的视角对整个社会的稀缺性资源进行协调配给，微观经济学则研究具体的经营性企业如何针对企业的发展进行企业内部稀缺资源的合理分配，以促进生产效率的提高。作为经济资源的文化也完全符合经济学"稀缺资源进行配给"的范畴，也需要根据各类文化资源的稀缺程度与生产效率需要，决定生产什么文化、怎么生产文化及为谁生产文化等，也就是说，可以根据物质经济学规律对文化进行思考与研究。

在市场经济环境中，文化并不能摆脱市场规律的制约。但文化产业的"稀缺资源"与物质经济的"稀缺资源"有些不同，其稀缺性更多的是基于心理需求的满足程度，而心理需求的满足程度又与整个社会心理状态的发展密切相关。许多文化资源，从物质资源的角度看并不稀缺，但带给人们的心理满足感却远远超过一般的物质资源，所以会吸引大量的社会关注。这样的文化资源，在版权控制的情况下，会成为一种稀缺资源。"文化"能否成为一

---

① ［美］B. 约瑟夫·派恩，詹姆斯·H. 吉尔摩. 体验经济［M］. 夏业良，鲁炜，等译. 北京：机械工业出版社，2008：35.

② ［美］米切尔·J. 沃尔夫. 娱乐经济：传媒力量优化生活［M］. 黄光传，邓盛华，译. 北京：光明日报出版社，2001：14.

种“稀缺”的经济资源，关键在于是否存在“人为控制”，存在配合市场环境的法律约定。许多“文化”一开始也许是“稀缺的”，但如果不予以“控制”，很快就失去了成为“文化资本”的可能。正如丹尼尔·贝尔所说：“当个人或图书馆可以从技术刊物或书籍上复印他们需要的任何部分，或者个人和学校可以收录广播中的音乐，或者把电视节目制在影碟上的时候，版权问题也就越来越难以监管了。”① 没有版权的人为控制，文化资源的稀缺性就是一句空话。可以说，产业对象的文化转向，是资本驱动下的人为选择。例如，布尔迪厄认为，“学术资格所保证的物质利润和象征利润，也是建立在‘物以稀为贵’的基础上的”②，他没有看到学术机构在控制学术资格数量变得稀缺的重要作用，如果不予以控制，学术资格就会泛滥成为一种没有任何物质利润和象征利润的非稀缺资源。总体上，就经济学研究的是关于人们的动机与财富的问题而言，文化经济也涉及人们的动机与财富的问题，因而也不能例外。

当然，在社会或企业的经济实践活动中，对“稀缺资源进行配给”的问题远比一般经济学书中所论述的内容复杂得多，不只是因为我们还没有科学地认识经济发展中的所有环节，更是因为人们对经济发展问题的看法也在与时俱进。文化、娱乐成为推动产业发展的重要力量之后，如何理解文化与产业关系显得极为重要。

二、管理理念的人性化转向

从古代有管理工作以来，管理就是“管人”的传统理念延续至今。“管人”有传统社会根深蒂固的控制人的意味。现代科学管理虽然离不开对人的管理，但和古代社会的“管人”的内涵差之千里。“科学管理之父”弗雷德里克·泰勒基于对“经济人”的人性认识，着眼于效率、效益的提升，而不

---

① ［美］丹尼尔·贝尔. 后工业社会的来临［M］. 高铦，等译. 北京：新华出版社，1997：（1976年版前言）11。

② ［法］布尔迪厄. 文化资本与社会炼金术：布尔迪厄访谈录［M］. 包亚明，译. 上海：上海人民出版社，1997：201.

是对人的控制，在他看来，管理只是一种手段，骨子里他谋求的是使被管理者发家致富。如他所言："管理的主要目标应该是，确保雇主的财富最大化，与此同时也要确保每一个雇员的财富最大化"①，科学的管理使"每个人都得到开发，实现其效率最大化和财富最大化"②。乔治·埃尔顿·梅奥基于对人的社会性的认识，认为人的社会需求（爱、归属、尊重等需求）、人际关系比经济报酬与福利待遇更能激励员工作为社会人的工作热情与提升工作效率，提出要注重管理工作中对被管理者的归属感的考量。马斯洛出于对人的心理需求分层的思考，认为管理者只有创造有利于被管理者"自我实现"③ 的条件，才能顺利地激发被管理者的工作热情，才能不知疲倦地努力工作。威廉·大内通过对日本企业的研究，发现日本企业的"Z 型组织更像氏族，而不太像市场化的组织或官僚结构"④，这种组织特色或管理方式的特色，不同于欧美企业立足于"X 理论"与"Y 理论"基础上的管理模式，也可以说，日本企业的管理实践在人际情感等方面补充了"Y 理论"对人性认识的不足。沙因认同"经济人""社会人"与"自我实现的人"等管理理论对人性的认识，但他同时看到人性是复杂的，认为管理工作应该根据不同被管理者的人性特点进行管理。

从管理理念的发展可以看出，管理是从外在的谋求对人的管控，发展到顺应人们内在的人性需求，最终谋求服务于人的发展。随着第三产业，即服务业的飞速发展，各级社会管理组织日渐在确立"服务"的社会定位，"管"的意味在淡化，理顺各种需求关系，创造有利于被管理者实现最大效率与最大利益的条件，则成为管理的一种潮流趋向。面对管理的这种转型，现代管

---

① ［美］弗雷德里克·温斯洛·泰勒. 科学管理原理［M］. 朱碧云，译. 北京：北京大学出版社，2013：3.

② ［美］弗雷德里克·温斯洛·泰勒. 科学管理原理［M］. 朱碧云，译. 北京：北京大学出版社，2013：160.

③ "自我实现"这一术语并非马斯洛首创（戈尔德斯坦的术语），但马斯洛赋予了它特殊的意义。自我实现的需求，也即是发挥出自我全部才能的需求，满足自我完美的一切欲望。

④ ［美］威廉·大内. Z 理论［M］. 朱雁斌，译. 北京：机械工业出版社，2013：71.

理学之父德鲁克提出未来的发展趋势，管理者与被管理者的关系更接近于“合作者”的关系，管理与其说是管理，不如说是合作。他认为：“企业越来越需要采取管理‘合作者’的方法管理‘雇员’，而合作关系的定义也指出，在地位上，所有合作者都是平等的。合作关系的定义还指出，不能向合作者发号施令，他们需要被说服。”①

管理的“合作”化发展趋向，很大原因在于以体验为主要特征的第四产业的发展。当下时代，产业发展越发体现在信息、创意、体验为特点的知识服务，被管理者大多是以知识、信息等为生产资料的知识生产与传播者。传统的管理思路与方法不适合于对知识分子的管理，知识工作者生产的不是具体的物质产品，而是“构思、信息和观念”②。这是具有创造性的东西，不是计划指标能够忙碌出来的东西，所以知识工作者的生产效率的提高，不同于体力工作的生产效率，不一定是忙碌出来的，单纯的计划性管理不一定会有效率。而且，管理不是目的，是手段，是辅助于产业与社会目标实现的手段。管理理念的人性化转变，既契合了产业发展由物质型产业向服务型、体验型产业转化的现实，也契合了社会发展的目标性要求——增进全民幸福感的需要。近年来，我国明确提出了社会管理的“以人民为中心”的重要原则，既是社会发展的必然要求，也契合了社会管理的发展趋势。管理理念的人性化转向的最终转到的方向不是个体的人性化，而是社会的人性化目标——人本社会的目标。

三、作为文化的“产业管理”

产业管理，也可以称之为经济管理，但它的适应范围要比经济管理更具行业化特点，主要针对某一固定产业对象的宏观与微观的行业管理。产业管理既包括宏观的产业政策、产业规制等内容的管理，也包括针对具体的行业

① ［美］彼得·德鲁克. 21世纪的管理挑战［M］. 朱雁斌，译. 北京：机械工业出版社，2015：18-19.

② ［美］彼得·德鲁克. 卓有成效的管理者［M］. 许是详，译. 北京：机械工业出版社，2015：60.

管理与微观的企业管理等内容。传统的产业管理，本质上是以管理为手段提高产业的经济效益。产业管理是经济与管理的功利化结合，针对的产业对象往往是物质性行业，着眼于产品的实用功能的生产与营销，产业管理模式也往往是功利型的管理模式。但把文化作为产业乃至作为产业管理的对象，按照传统的艺术非功利思维来看，显然有悖于文化的生命意义的最高追求——自由。真正的，也是最高意义上的文化艺术创造，是创作者自由天性的体现，是内在心灵的自由释放，是打破常规的灵感创新，这些都不是通过产业管理手段能生产制作出来的。因而在某种意义上，真正的文化艺术创造不需要产业管理。正如学者齐格蒙特·鲍曼所言："文化是不可能与管理和平相处的，特别是与那种强加的暗中为害的管理，且最不能与那种意在曲解文化探索或尝试的冲动好让文化能融入管理者期望的合理框架中去的管理和平相处。"①为了有利于创作者的自由心境的生成，许多艺术家主张要避免功利性的干扰，要尽量排除任何金钱的诱惑或管理方的约束。用经济或管理的思维去权衡生命意义的自由追求、去干预文化艺术的自由创作，显然会陷入功利主义误区。

可是，在诸多争议中，文化毕竟已在事实上成了产业管理的对象。以最高标准的艺术创造去要求文化非功利，有悖于当下现实情况。在市场化的环境中，尤其是在资本的推动下，空间隔阂、社会隔膜都被打破了，"资本不是一种个人力量，而是一种社会力量"②，"过去那种地方的和民族的自给自足和闭关自守状态，被各民族的各方面的互相往来和各方面的相互依赖所代替了。物质的生产是如此，精神的生产也是如此。"③ 在资本推动下，产业管理对象不仅打破了地域的限制，也打破了行业的限制、功利与非功利领域的限制。产业管理在尽可能地向文化领域接触、渗入、包容。由前述内容可知，

① Bauman，Z. Culture and management［M］//［英］戴夫·奥布赖恩. 文化政策：创意产业中的管理、价值和现代性. 魏家海，余勤，译. 大连：东北财经大学出版社，2016：13.

② 马克思恩格斯选集：第 1 卷［M］. 中共中央编译局，译. 北京：人民出版社，1995：287.

③ 马克思恩格斯选集：第 1 卷［M］. 中共中央编译局，译. 北京：人民出版社，1995：276.

不同于传统的产业或管理理念，现代的产业已经转向文化化，产业化的对象跨越物质资源范畴，延伸到文化艺术领域；现代的管理已经转向人性化，管理的思路已经从“管人”转向“服务人”的“合作性”关系。产业的文化转向提供了非物质性的产业对象，管理的人性化转向适应了文化艺术人才的新型生产特点。因而，当下而言，产业管理在理论和实践上提供了兼容管理文化艺术对象与文化艺术生产者的条件。按照文化艺术的创造性程度，文化艺术生产的功利性程度与产业管理状态可以参看表1.1：

表1.1　文化艺术生产的功利性程度与产业管理状态表

文化艺术生产的自由度	功利性程度	产业管理状态
个体自由创作	非功利化	非产业化管理
个体匠艺创作	非功利化/功利化	可产业化管理
工作室作坊式创作或制作	功利化/非功利化	可产业化管理
工厂批量化生产	功利化	可产业化管理

如上表所示，就生产的自由度而言，文化艺术生产可以分为多个层次。个体自由创作即传统的艺术创作模式，拒斥功利化，也难以纳入产业化管理之中。但艺术家的自由创作并不代表艺术作品的非功利化，文化艺术品一旦流入市场，功利化的因素就会起决定性的作用。个体匠艺创作，大多是基于模仿的制作，艺术创造性偏弱，其创造的动机往往是功利化的，因而无论是匠人自身还是其作品（“匠艺产品”①），都可以纳入产业化管理之中，当然也不能排除个别匠人以独立艺术家的姿态拒斥产业化。工作室作坊式创作或制作文化艺术品的过程，兼具了自由艺术创作与匠人仿制的因素，但绝大多数工作室需要承担房租、雇佣员工的工资等产业成本，因而工作室的创作往往是指向市场需求的，自然可以纳入产业化管理之中。工厂批量化生产的文化艺术产品，以量取胜，没有产业化管理难以为继，自然属于产业化管理范

① 就文化艺术创造而言，艺术家以创造为特点，而匠人以模仿为能事，所以“匠艺产品”可统称那些缺乏创造力的文化艺术品。

畴。相对于匠人或工作室的制作，工厂批量化生产更接近于劳动密集型的物质型生产。

总之，能被产业管理的多是具有匠艺性、功利性、目的性的实用文化，不能被产业管理的多是创造性、非功利、非目的的观念文化。

以文化为对象的产业管理，不同于以物质资源为对象的产业管理，因为市场经济的主体规制是以物质产品生产为主要参考目标的，物质产品的市场规范并不完全适用于文化产品。由于“文化例外”原则的提出，在当今世界，仅有美国尚主张以物质产品的市场规范来同等对待文化产业，绝大多数国家的市场管理中都把文化产业拿出来作为特例行业来对待。文化具有公共性，文化产业是第四产业的主要行业，具有一定的公共福利性质。① 对具有公共福利性质的文化产品的产业管理显然不够，需要将文化产业作为文化行业对待，因而对文化产业的管理，也需要辅以文化管理。例如高雅音乐产业，单纯以产业管理来对待，显然疏忽了高雅音乐作为公共福利的性质。因此文化的非功利性、文化的意识形态性、文化的社会属性都需要考虑。对文化产业管理的文化管理的补足，其实是基于社会效益的社会文化管理。要明确以社会主体——人民为中心，以人民大众的公共福利为考量，注重对公共文化意义的构建与引导。社会文化管理的价值指向是为了促进文化的繁荣发展、保障公民的文化权利，而非简单地运用某种权力配置资源，既要防止过度产业化导致的文化产业的市场失灵问题的出现，也要防止行政管理对文化产业化管理的过度干预。

① 郎涛，杨滢. 第四产业的内涵及对经济增长的影响［J］. 西南农业大学学报（社会科学版），2006（4）：55-96.

第三节 文化与产业管理的三种关系

文化与产业管理的关系,[①] 也即文化与经济关系，这涉及文化产业管理这门学科的未来发展方向问题，也就是说只有明确了文化与产业管理的关系问题，才能对文化产业的本质、文化产业管理的本质有清晰的认识。

按照文化与经济的交叉融合的历时与现时关系，我们发现文化与经济之间至少有三种关系。第一种关系，即认为文化与经济相互抵触，它们分别属于不同的领域，一旦越界，就会发生背离伦理底线的事情，就应当予以批判。应该说，这种观点是最为传统，也是影响最大的一种学术观点，代表人物就是马克思与“法兰克福学派”的多位学者。

时下关于文化产业管理的著述中，有学者引用马克思的相关话语作为支撑文化产业建设的佐证。这一结论俨然把马克思列为文化产业建构派学者之列。其实，马克思从来没有支持过什么文化产业问题，马克思也没有努力建构一门文艺生产学以促进文艺产业化的发展，他仅仅是从政治经济学出发，要从经济视角理解资本主义市场下的文艺生产，在这一理解过程中马克思对文艺产业化的批判更为重要。

马克思对经济学的巨大贡献是他提出了“剩余价值理论”。马克思认为资本主义生产的秘密在于对雇佣劳动者剩余价值的占有。正是基于此，马克思

---

① 在这里笔者把文化与产业管理的关系归结到文化与经济的关系上，按照前述内容，还应该包括文化与管理的关系问题，但文化与管理的关系问题包含着理论悖论，尤其是牵涉审查管理问题时难以说清楚，故而暂且不论。笔者对文化与管理关系的看法是，从产业化的视角看，文化可以被管理，从非功利视角看，文化不能被管理，至于哪种文化可以被管理，哪种不能被管理，在前述内容中已经论述，这里从略。

继承了亚当·斯密将生产分为生产性劳动与非生产性劳动的提法,① 却赋予了生产性劳动与非生产性劳动不尽相同的内涵，认为“只有生产资本的雇佣劳动才是生产劳动”②，而不能为资本家榨取剩余价值的劳动是非生产性劳动。联系文学艺术的生产劳动问题，马克思举例子说道：“例如，弥尔顿创作《失乐园》得到5英镑，他是非生产劳动者。相反，为书商提供工厂式劳动的作家，却是生产劳动者。弥尔顿出于同春蚕吐丝一样的必要而创作《失乐园》，那是他的天性的能动表现。后来，他把作品卖了5英镑。但是，在书商指示下编写书籍（例如政治经济学大纲）的莱比锡的一位无产者作家却是生产劳动者，因为他的产品从一开始就从属于资本，只是为了增加资本的价值才完成的。一个自行卖唱的歌女是非生产劳动者。但是，同一个歌女，被剧院老板雇佣，老板为了赚钱而让她去歌唱，她就是生产劳动者，因为她生产资本。”③ 马克思在这里明确地指出，只要是被雇佣的艺术生产都是生产性劳动，当下的工业化文化艺术大生产当然也从属于生产性劳动。对作为非生产性劳动的文学艺术创作，马克思一般用“创造”等其他词汇来表达。非生产性文艺创作即使也会涉及稿费等经济问题，但从根本上说不属于生产劳动（就如弥尔顿不是出于5英镑稿费而进行的创作）。

正是基于上述理解，马克思提出了“艺术生产”的概念，他说“当艺术生产一旦作为艺术生产出现，它们就不再能以那种在世界史上划时代的、古典的形式创造出来；因此，在艺术本身的领域内，某些有重大意义的艺术形

---

① 亚当·斯密认为有些劳动（主要是物质产品的生产劳动）生产价值，可称为生产性劳动；有些劳动（主要是服务性劳动，比如管理、家务、演艺等）不生产价值，可称为非生产性劳动；他认为一个国家的财富多少主要取决于生产性劳动，因而主张限制非生产性劳动者人数。亚当·斯密这一思想尽管不完全正确，但其物质性实体经济优先发展的想法，在面对一波又一波的虚拟经济“热”的形势下，有重要的警醒意义。

② 马克思恩格斯全集：第26卷，第1册［M］. 中文1版. 中共中央编译局，译. 北京：人民出版社，1972：147.

③ 马克思恩格斯全集：第26卷，第1册［M］. 中文1版. 中共中央编译局，译. 北京，人民出版社，1972：432.

式只有在艺术发展的不发达阶段上才是可能的。”① 在这里，“艺术生产”一词专指作为生产性劳动的文学艺术制造。所谓艺术发展的不发达阶段，指早期艺术创造处于个体化、自由化的创造时期，这个时期的艺术创造大多“出于同春蚕吐丝一样的必要而创作”，因而能以“在世界史上划时代的、古典的形式创造出来”，但是随着资本化的工业生产的来临，群体性的古典形式的艺术创造再也不可能出现。所以，在《共产党宣言》中，马克思提出“资本主义同某些精神生产部门例如艺术和诗歌相敌对”② 的观点。这种“敌对”，是说资本主义的雇佣剥削，会压抑艺术家或诗人的出于生命本能的无功利的文化艺术创造，艺术家或诗人始终会有一种“异化”感，自己创造出来的东西不属于自己，或者屈从于雇佣需要的生产与出于生命本能的创造格格不入。不排除也会有少数个体创作出《失乐园》这样的艺术精品，但总体上，这个社会的艺术创造以艺术生产的样貌呈现，不复古典时代的群体性的非功利的创造。

第二次世界大战期间，德国法兰克福大学社会学研究所的许多学者避难美国，面对美国铺天盖地的商业文化，从文化角度近乎片面地运用马克思的异化理论对商业文化所蕴含的统治阶级意识形态进行否定。“阿道尔诺和霍克海姆有意避免使用大众文化一词，取而代之以文化工业这一概念。因为在他们看来，大众文化有可能被误解成从大众生活中自发产生的、为大众所用的文化。文化工业则一语道破资本主义文化生产的天机——商业流行文化是由文化工业批量生产的、由大众购买和消费的文化产品，其最终目的与其他资本主义工业生产别无两样，也就是对最大利润的追求。”③ 具有讽刺意味的是，阿道尔诺的代表作《文化工业》（*The Culture Industry*）首次使用“文化

---

① 马克思恩格斯选集：第 2 卷［M］. 中文 2 版. 中共中央编译局，译. 北京：人民出版社，2012：710.

② 马克思恩格斯全集：第 26 卷，第 1 册［M］. 中文 1 版. 中共中央编译局，译. 北京：人民出版社，1972：296.

③ 赵斌语，参见［美］约翰·费斯克. 理解大众文化［M］. 王晓珏，宋伟杰，译. 北京：中央编译出版社，2001：（中文版导言）7.

工业”一词，其 *The Culture Industry* 完全否定性的词义如今居然转化为具有肯定意义的“文化产业”一词。① 但无论如何，文化产业首先是作为被否定的对象在研究视域中出现的，这一批判的趋势影响深远，直至从符号学理解文化产业与大众文化的罗兰·巴特、让·鲍德里亚等人。但法兰克福学派对文化工业生产的完全否定，只遵从了马克思对生产性艺术的观点，忽略了马克思关于同一样艺术生产也可包含非生产性劳动的观点，忽略了大众文化中也有存在合理性的可能。这一局限性也为另一种对立的立场出现创造了条件。

另一种立场建立在对文化与经济关系的第二种认识基础上——文化是经济的一部分、经济决定文化。在理论层面上，持这种观点的学者从马克思的理论中找寻到所谓的证据。例如马克思从泛化的意义上说过各个具体的文化门类都是一种特殊的生产，即“宗教、家庭、国家、法、道德、科学、艺术等等，都不过是生产的一些特殊的方式，并且受生产的普遍规律的支配。”② 联系马克思“经济基础决定上层建筑”的相关理论，很自然得出马克思的文化立场是“经济决定论”。其实，这是一种过度阐释的思路，替马克思说出了马克思没有明确说过的思想——并不能以此否定马克思明确指出的“资本主义同某些精神生产部门例如艺术和诗歌相敌对”的立场。但这种调换角度的思路却受到现实的文化产业化的实践支撑，因而也不能说没有任何道理。

随着文化服务推动经济的比重越来越大，许多从事经济学的研究者开始将经济学的理论方法套用于文化产业化问题。比如理查德·E. 凯夫斯、考林·霍斯金斯等经济学学者，开始运用技术指标，从经营管理的视角出发，把文化生产与消费作为一种经济现象来研究，淡化生产与消费的意识形态属性。在

---

① 为此，另有学者认为法兰克福学派的“文化工业”一说不能算作“文化产业”一词的源头。例如北京电影学院赵玉忠教授就认为真正在工业意义上提出“文化产业”这一术语的是丹尼尔·贝尔，他在其 1973 年出版的著作《后工业社会的来临》中真正提出了“文化产业”的概念。客观地说，《后工业社会的来临》一书中确实论及了“信息经济学”等类似文化经济、文化产业的提法，但能否算作“文化产业”正式确立的标志，还需要进一步研究。

② ［德］马克思. 1844 年经济学哲学手稿［M］. 中共中央编译局，译. 北京：中央编译出版社，2002：78.

这种研究视野中，文化生产与消费和其他工业产品的生产与消费并无区别，文化经济问题也就是经济问题，文化经济学也就是经济学。由于美国等发达国家在文化生产与消费上的成功示范，持这种立场的参与者众多，不仅有经济管理类学者，更有越来越多的人文学者参与其中。与主流经济发展的密切联系，使经济管理的视角越来越具有发言权。但在资本主义市场环境中，完全忽略文化所包孕的意识形态属性，某种意义上又回到马克思所批判的问题上来了。因为，持这种立场的文化生产与消费“最终目的与其他资本主义工业生产别无两样，也就是对最大利润的追求”①，其实质是服务于资本增值。某种意义上这种视角支配下的文化经济学研究与教学和仅仅谋求利润最大化的经济学与管理学并无很大的区别。但是另一方面，“资产阶级，由于开拓了世界市场，使一切国家的生产和消费都成为世界性的了……过去的那种地方的和民族的自给自足和闭关自守的状态，被各民族的各个方面的互相往来和互相依赖所代替了。物质生产是如此，精神的生产也是如此。各民族的精神产品成了公共的财产。”② 无论是从当代经济全球化，还是从“经济决定论”③ 出发，市场经济下的这种局面也迫使各个国家和地区不得不面对谋求经济效益的文化生产与消费问题。

对文化与经济关系的第三种认识与第二种认识相反，认为经济是文化的一部分、文化决定经济。持这种看法的学者大多是大众文化的研究者与大众文化立场的支持者。例如英国的伯明翰学派以及费斯克、约翰·多克等当代学者，不赞同法兰克福学派对文化产业化的全盘否定，从积极的大众文化立场出发，认为“大众文化—文化产业”所创造的文化产品是从属于大众的思

---

① 赵斌语，参见［美］约翰·费斯克. 理解大众文化［M］. 王晓珏，宋伟杰，译. 北京：中央编译出版社，2001：（中文版导言）7.

② 马克思恩格斯选集：第1卷［M］. 中共中央编译局，译. 北京：中央编译出版社，1995：276.

③ 即经济对社会发展起决定性作用，在这个意义上，文化受经济发展的控制，某种意义上，也具有从属于经济的含义。有学者将马克思的经济基础决定上层建筑的思想归之于经济决定论。这种看法有一定的偏颇，忽视了马克思经济理论的限定条件与对文化等上层建筑作用的（与经济基础）区别性强调。

想武器，赋予大众独特的反抗能力，文化经济也促进了文化大众阶层的崛起。无疑他们对文化产业化、文化经济化持支持态度，并且竭尽所能在对大众文化生产与消费的分析中阐释底层大众对统治阶层意志的反抗。由于持这种观点的学者大多致力于挖掘文化经济问题中的社会与文化的意蕴，他们不赞同纯粹经济学的研究思路，认为那样就将文化经济学中的“文化”淹没殆尽，所以他们在对文化经济问题的思考中，构建出了具有“文化”意蕴的经济理论。总体上，持这种立场的学者们仍属于大众文化研究者，对文化经济的贡献虽然巨大，但总是离“经济”比较疏远，而且，持有大众文化立场的这些学者们与法兰克福学派代表人物们犯了正相反的错误，即他们小视了资本的力量和统治阶级意识形态的影响，文化经济对大众的意义有限，对资产阶级的意义更大，也正如学者赵斌所批评的，他们混淆了两种权力，即“资本的支配权与普通人在市场上对商品行使的选择权被当成同一回事，无视商品的选择需要购买力支撑这一最简单的事实。”①

上述三种对文化与经济关系的认识有一定的代表性，可等同为笔者对文化与产业管理关系的认识，但现实中，文化与经济（产业管理）的关系表现得比这三种认识更为复杂。在某些特定领域，有时候，文化问题属于经济（产业管理）问题，有时候经济（产业管理）问题实质是文化问题，但更多的时候文化与经济（产业管理）这两个领域呈现出交叉状态。在这个交叉地带之外，只能用文化视角或经济学（产业管理学）视角解决问题，而在这个交叉地带之中，必须用文化产业或文化产业管理（注重文化经济共性的理论）来解决问题。但由于无论文化还是产业管理，都可以在宽泛的意义上思考其所包含的外延，面对文化与经济（产业管理）的复杂性，许多学者不得不做出倾向性选择，或偏重于经济管理，或偏重于文化，持兼顾文化与经济（产业管理）的中性立场非常之难，因为这需要研究者真正找到交叉状态中的文化经济（产业）问题的理论规律。

---

① 赵斌语，参见［美］约翰·费斯克. 理解大众文化［M］. 王晓珏，宋伟杰，译. 北京：中央编译出版社，2001：（中文版导言）7.

第二章

文化产业管理的相关专业本质问题

要讨论文化产业管理的专业本质问题，就需要区分清楚其与文化产业、文化创意产业的关系。笔者认为，在意义管理视角下，三种相关专业的本质是趋同的，都是关乎意义的产业、关乎意义的管理。

第一节　文化产业的本质是意义产业

文化产业是一个近年来的新生专业。新生专业的一个重要理论建设问题，就是要论证这一专业区别于其他专业的独特存在价值，就是要从内涵与外延上明确这一专业的本质。尽管在后现代文化视域中，有的专业宣布放弃对“本质”的寻找与界定，但这种情况仅仅适合一个老专业的“自我否定”式的创新，对一个新专业来说，尚没有建立起根基与框架，无从谈起自我否定，一切都要从对基础问题的本质认识开始。

文化产业的本质是什么？这不只是要给文化产业下一个定义，而是要指出文化产业不同于其他产业形式的本质属性。如果要给文化产业下定义，可以用描述性的方式指出文化产业涉及的内容主要是文化与产业共通性的东西，但是要指出文化产业与其他产业形式不同的本质，或者说要利用“种差+属”

的方法下一个本质性的定义，却是万分困难。① 由于文化的范围太广泛了，很难准确地把握。为了把握文化产业的本质，我们先来参考一下有些学者的相关研究。

对文化产业本质的最早认识当归于1947年德国哲学家马克斯·霍克海默与西奥多·阿道尔诺合著出版的《启蒙辩证法：哲学断片》。在该书中，霍克海默、阿道尔诺将文化产业的本质等同于物品制造的“工业”，所谓的“文化”“对大众意识来说，一切也都是从制造商的意识中来的”②，并不是大众自觉意识所愿意接受的文化。这种“文化工业”的本质归纳影响深远，但其否定式的立场显然无法适应当代文化产业化的大趋势。又有学者根据哈佛大学教授约瑟夫·奈提出的“软实力”③ 概念，认为文化产业本质是一种“软实力”，但软实力的范围远远宽于文化产业的范围，而且软实力也只能概括文化产业的一种“意识形态”属性而已。还有学者将文化产业的本质归为“双重本质”，即“文化性”与“经济性”。这种本质的归纳相当于“文化产业=文化+产业”，这和什么也没说没什么区别。更多的学者将文化产业归为多重本质，有的学者将文化产业本质归为工业性、包容性、全球性、复制性、创新性、霸权性、高风险性等。应该说，这些归纳的都是文化产业的特征，但不是本质特征。例如“高风险性”是文化产业的特征，但是很多高新产业领域都存在这一特征，这一特征不足以将文化产业与其他产业相区别，不是本质属性。本质属性应该是能起到区别性作用的属性。

---

① 下定义的方法主要有两种，或者概括外延，或者指出内涵，前者可以用描述所涉及对象的方法，而后者则要指出下定义的概念与其他概念的本质性不同，后者也被称之为“种差+属”的定义方法，即该定义的本质属性（区别于同类事物的独特属性）+所属于的上一级范畴。

② ［德］马克斯·霍克海默，西奥多·阿道尔诺. 启蒙辩证法：哲学断片［M］. 渠敬东，曹卫东，译. 上海：上海人民出版社，2006：112.

③ 20世纪90年代初，哈佛大学教授约瑟夫·奈首创“软实力”（soft power）概念，从此启动了“软实力”研究与应用的潮流。他将综合国力分为硬实力与软实力两种形态。硬实力（hard power）是指支配性实力，包括基本资源（如土地面积、人口、自然资源）、军事力量、经济力量和科技力量等；软实力（soft power）则分为国家的凝聚力、文化被普遍认同的程度和参与国际机构的程度等。

在对文化产业的本质研究中，传媒经济本质研究很有启发性。传媒经济涵盖的领域略小于文化产业，二者主要涉及的领域基本重合。某种意义上，传媒经济也即文化产业。只是传媒经济侧重从经济的视角审视传媒问题，而文化产业则侧重从经济的视角审视文化问题。① 所以，传媒经济的本质研究与文化产业的本质研究有一致性。传媒经济的本质是什么？传媒经济本质的研究其实就是在回答这个问题，而且是唯一性回答，即“传媒经济本质是XX经济”。

这个回答有一定的同语反复，就是重复“经济”的限定，即在经济这一限定语下，提出传媒本质是什么的问题。最早谈及这一本质概括的提法，有学者认为是加拿大传播学者麦克卢汉，认为麦克卢汉在20世纪60年代就提出了传媒受众的注意力资源问题，而这就是传媒经济的本质——注意力经济。② 当然，也有学者认为心理学家桑盖特（W. Thorgate）最早提出“注意力经济”概念，美国学者迈克尔·高尔德哈伯（Michael H. Goldhaber）在1997年发表的题为《注意力经济——网络的自然经济》一文使“注意力经济”的概念产生巨大影响。③ 正是基于注意力资源的稀缺性，注意力才成为经济资源配给的重要内容。美国学者菲利普·M. 南波利于2007年出版的《受众经济学——传媒机构与受众市场》强化了这一重要观点。④ 对此，喻国

① 广义上的传媒经济指承载信息传播的物质载体的经济问题，狭义的传媒经济主要指电影、电视、报刊、广播、出版、广告、新媒体等领域的经济问题；文化经济主要包括狭义的传媒经济所涉及的领域之外，还包括漫游、旅游、演艺、会展等领域的经济问题，广义上，还包括物质性商品的文化附加值问题。

② 喻国明，丁汉青，支庭荣，等. 传媒经济学教程［M］. 北京：中国人民大学出版社，2009：32. 笔者不大同意此观点，麦克卢汉只是在《理解媒介：论人的延伸》一书中提到了广告二次售卖对注意的关注问题（［加］麦克卢汉. 理解媒介：论人的延伸［M］. 何道宽，译. 北京：商务印书馆，2000：259-260.），在《麦克卢汉精粹》一书中提及广告“吸引力维持的时间”（［加］麦克卢汉，［加］秦格龙，编. 麦克卢汉精粹［M］. 何道宽，译. 南京：南京大学出版社，2000：37.），并没有明确提出注意力经济的命题，将注意力经济归之麦克卢汉首创，稍显牵强。

③ 张雷. 经济和传媒联姻：西方注意力经济学派及其理论贡献［J］. 新闻传播研究，2008（1）：22-25.

④ 谭天. 传媒经济的本质是意义经济［J］. 国际新闻界，2010，32（7）：72-76.

明认为传媒“注意力理论”无法解释“在传媒市场的实际评估中，那些最受广告商（其实也包括政治宣传者）青睐，最具广告（或市场）投资价值的传媒常常并非是那些收视率最高或发行量最大的传媒”这一现象，由此，他提出了传媒经济本质是“影响力经济”的观点，所谓“传媒的影响力”就是它作为资讯传播渠道而对其受众的社会人士、社会判断、社会决策及相关的社会行为所打上的属于自己的那种渠道“烙印”。① 当然也有学者反对“影响力经济”一说，认为其概念模糊，且有特定的倾向性，不能构成对传媒本质的有效解释。更有学者试图调和“注意力经济”与“影响力经济”学说，提出注意力经济是影响力经济的前提和基础，传媒如果不能吸引受众的注意力，那么就谈不上对其产生影响，影响力经济是注意力经济的目的与提升，传媒吸引受众注意力的最终目的是为了对其产生影响，从而做出决策。也有学者提出类似的观点，例如“舆论经济”“权力经济”等，都具有启发性，也都有类似的缺陷。② 学者谭天则从传媒产品所承载、传播的内容出发，认为从传播学角度来看，它是一种用于传播的载体——信息产品，它对应的是人们的接收行为；但从经济学角度来看，人们消费它的不只是信息，而是信息里所包含的内容、文化和意义，传媒产品是一种意义产品，它对应的是人们的消费行为，因此，传媒经济的本质是“意义经济”。③ 虽然这一观点的学术影响并不大，但笔者认为对理解文化经济的本质具有启发性，相对于“注意力经济”“影响力经济”等观点，笔者更为认同。无论是“注意力”“影响力”还是“权力”等因素，关注的都是对消费者的影响，脱离了传媒产品本身，而“意义经济”的提出关注了生产者、消费者与传媒产品公共的联系纽带——“意义的生产与消费”，在某种意义上更为全面地概括了传媒经济的本质。当然，这一观点也有缺陷，即“意义经济”与传媒经济并不是对等关系，意义经济所包含的内涵与外延更为宽泛，更适合以“文化产业”或“文化经济”

---

① 喻国明，丁汉青，支庭荣，等．传媒经济学教程［M］．北京：中国人民大学出版社，2009：32.

② 谭天．传媒经济的本质是意义经济［J］．国际新闻界，2010，32（7）：72-76.

③ 谭天．传媒经济的本质是意义经济［J］．国际新闻界，2010，32（7）：72-76.

来替代“传媒经济”作为“意义经济”的主语，所以笔者支持“文化产业的本质是意义经济”。

在论述文化产业的本质是意义经济的观点前，需要正本清源地指出，真正提出意义经济的理念的学者是美国文化研究者费斯克。① 约翰·费斯克在1989年出版的《理解大众文化》一书中，对文化消费品的一种特殊情况进行了归纳，认为找到了文化经济的内部秘密。他以电视经济为例，提出在电视文化消费品传播过程中，其实产生了两种经济关系，一种是传统经济学意义上的金融经济，一种是文化产业意义上的文化经济。“在文化经济中，流通的并非货币的周转，而是意义和快感的传播。于是此处的观众，乃从一种商品转变成现在的生产者，即意义和快感的生产者……在这种文化经济里，没有消费者，而只有意义的流通者，因为意义是整个过程的唯一要素，它既不能被商品化，也无法消费：换言之，只有在我们称之为文化的那一持续的过程中，意义才能被生产、再生产和流通。”② 费斯克看到了文化经济的双重本质，一种是偏重经济的文化经济（金融经济），看待这种情况以金融经济为出发点，思考的是“资本”的转化流通；另一种是偏重文化的文化经济（意义经济），看待这种情况以文化为出发点，思考的是文化意义的生成流通。在这里，费斯克其实需要补充一点，即对文化经济来说，金融经济作为其双重性的必要组成，不可或缺。研究文化经济，不能脱离金融经济的市场背景，金融经济的市场背景也不能淹没文化经济的意义流转。此外，尽管费斯克提到了观众消费的“快感”，可是没有说明其是否是意义的一部分，但从费斯克的总体提法中，费斯克也经常用“意义”一词代替“快感”的说法，可见“快感”在其思考中也是意义的组成部分。我们认为观众消费文化产品中获得的喜怒哀乐的审美快感也是一种情感价值层面的意义。快感也未见得不含有思想意义，苏联学者巴赫金曾言，作为快感的笑的意义就是空无一有，在他看

---

① 虽然谭天提出的意义经济想法与费斯克的理论相似，但费斯克提出类似观点更早，而且影响也更大。

② ［美］约翰·费斯克. 理解大众文化［M］. 王晓珏，宋伟杰，译. 北京：中央编译出版社，2001：33.

来，即使嘲笑没有意义的东西这本身也是一种认识、一种意义——否定的意义、解构的意义。①

文化产业的本质是“文化”的经济化流通。文化是一个非常模糊又抽象的概念，既可以指物质，又可以指精神，即使是在精神层面上，文化所意指的范围仍然非常宽泛。但有一点是明确的，作为文化产业的“文化”一定比广义的文化范围窄，一定是人们的一种比较特殊的认识。如前述内容所论，笔者将文化产业的文化限定在精神文化层面，而且将文化的本质设定为“意义”。关于意义的内涵，学者谭天认为：“‘意义’概括起来说就是人对自然或社会事物的认识，是人给对象事物赋予的含义，是人类以符号形式传递和交流的精神内容。人在传播活动中交流的一切精神内容，包括意向、意思、意图、认识、知识、价值、观念等，都包括在意义的范畴之中。实际上在传媒经济中，人们消费传媒产品只是消费信息产品的意义层面，即以符号形式传播的精神内容。”② 笔者认同这一看法，但也认为文化产业的文化意义要比传媒经济所论及的意义更为丰富。在最基础与最高本质意义上，文化的意义是人的生命意义。这一生命意义内涵丰富，生命所立足的层次不同，所设定的生命的意义也会有所不同。它既是对世界的理解（例如意思、认识），也是将自身的理解赋予世界的意义（例如意向、意图），同时，它也是世界对自身满足程度的肯定（例如审美价值、情感价值）。③ 当然，这所有的意义对文化产业而言，都限定在精神文化层次。

纯粹的文化产品所包含的文化意义比较好理解，对无意义的文化产品、器物型的文化产品或物质产品的文化附加值的理解则较为困难，因为这时的意义主要指向了价值。对于文化产品价值意义问题的认识，我们可以以一张桌子为例。当我们说这张桌子是一件普通的物质产品的时候，多是基于对这张桌子的基本功用的认识，因为它的造型决定了它是一张人们熟悉的桌子的

---

① ［苏］巴赫金. 巴赫金全集：第四卷［M］. 白春仁，顾亚铃，译. 石家庄：河北教育出版社，1998：60.

② 谭天. 传媒经济的本质是意义经济［J］. 国际新闻界，2010，32（7）：72-76.

③ 本书后文中还将对“意义”内涵做以详论。

样子，并且能够起到桌子的基本作用，例如摆放物品等。当然，也可以说这种基本功用是一种文化（广义上的文化），但这不是文化产业所说的“文化”。这张桌子在怎样的情况下可以具有文化的意义或成为文化产业所说的“文化”呢？当这张桌子能起到“桌子”的特殊作用（例如作为家具摆设的审美效用），或这张桌子引发了购买者对使用这种桌子的情感与回忆（这赋予了这张桌子对你的独特作用，也即是情感价值效用）时，并且当这种价值在市场上被个体或群体认同这种价值时，我们说这张桌子具有了文化产业意义上的“文化”意义或者说成为“文化商品”了。无论这张桌子的审美效用还是这张桌子的情感回忆效用，都是对使用这张桌子的消费者的（价值）意义，也是消费者可以体验到的意义。很多时候，有一些文化产品，如鬼畜①桥段，本身没有任何意义内涵，但它能为部分文艺消费者所喜爱，说明它具有情感价值向度的意义。只有生产者提供、消费者体验到了这种意义，这时文化产业才具有了文化的味道。在价值层面上，文化产业的文化“意义”是一种事物对人的非物质性价值。②

只有抓住文化产业的文化意义本质，才能比较明确地理解文化产业化的规律性问题。当然，这里举的桌子并不是恰当的文化产品例子。电影、电视剧、杂志、报纸、书刊、旅游、游戏等具体的文化产品所承载的对于人的意义，不仅包括审美意义、情感回忆意义，还包括获取符号信息、休闲娱乐、人际交往、象征炫耀等丰富的非物质性价值。某种产品是否具有文化意义，关键是由消费者来决定，而消费的意义判断又会影响生产者对此类意义的提供，这种提供也会促进消费者强化对此类意义的认同。如费斯克所言，意义

---

① 有意剪辑成的一种频率极高的重复画面或声音，有一定的搞笑效果。

② 文化产业的文化意义，都是建立在非物质性价值基础上的，基于这种认识，笔者曾将意义界定为他者对自我的非物质性价值。这一限定在广义上包含了一切精神内容，略显宽泛。价值即是他者对我的满足。这种满足可以是物质性的，例如吃穿住行，也可以是非物质性的、精神性的。桌子用于摆放东西，这是基本的物质功能。桌子的审美、引起情感回忆等，这是非物质性的。这里的非物质性不是非功利性。虽然审美是非功利的，但奢侈、炫耀等精神需求是功利的，不是物质性的，因为后者不是直接用于满足于生理需要的。非物质性，是指非具体的满足生理需要的，而不是指非经济的。

的“被生产、再生产和流通（消费）”，是文化产业的本质内涵，文化产业只有定位于意义产业，才能让文化产业从物质产业中独立出来，也才能使文化产业学不同于一般的（物质产品）产业学。当然，我们说文化产业的本质是意义产业，是在其本质意义上而言的。在互联网社交、人工智能技术等参与下，文化生产与消费不仅包含了意义的生产与消费，也包含物质性材料的生产与消费。大众或消费者在参与文化产品意义构成之时，也在构建文化产品的物质载体。在意义的统摄下，部分大众或消费者参与构建的文化产品的物质载体，虽不具有内涵意义，但具有价值意义。为此，笔者认为，仍旧可以视文化产业的本质为意义产业，否则，过度强调大众文化生产的物质性建构，必然导致文化产业与物质性产业无法区分。

从对文化产业本质认识的诸多重要观点看，“文化工业论”只看到文化产业的工业属性而没有看到其意义价值；“注意力经济论”过多关注受众的注意力资源，忽略生产者的影响力；“影响力经济论”过度关注新闻媒体的宣传作用，忽视影响力的本质与来源；“传媒意义经济论”看到了传媒经济文化流通的本质，但只把“意义”限定在对传媒信息的传播上，对意义内涵缺乏价值论层面的理解。总之，对文化产业与其本质问题的认识必须打破从经济的视角来认识的惯性，也必须打破研究者自身所习惯的学科背景的局限，① 全面地融合各相关因素，正如布尔迪厄以文学艺术的经济问题所阐发的观点：“文学场或艺术场是能够引起或规定最不计利害的‘利益’的矛盾世界，在这些世界的逻辑中寻找到艺术品存在的历史性和超历史性，就是把这部作品当成一个被他者纠缠和调控的有意图的符号，作者也是他者的征兆。”② 基于这种认识，布尔迪厄引进了“场”的概念，认为非专业的文化生产者构成了一种权力场、文化工业大生产与纯艺术的创造者、先锋派们构成了文化生产场，在

① 许多文化经济研究者所提出的观点只适用于电影经济或只适用于新闻传媒等，这都限制了文化经济规律的提出。

② ［法］皮埃尔·布尔迪厄. 艺术的法则：文学场的生成和结构［M］. 刘晖，译. 北京：中央编译出版社，2001：5.

国家的社会空间中，这种场域的权力关系构成文化生产的现状。① 这种思考也启发我们思考文化产业问题，要以宏观的视角，融合诸多因素，在“关系”中寻找本质规律。“意义”的视角就提供了这样一种契机，意义是主客观的统一，是文化产品生产者与作者消费的统一“场”。“意义”不仅是人生存在的要义，也是文化的源泉，更是人们进行经济活动时不容忽视的目标。

第二节　文化创意产业的本质仍是意义产业

文化产业在不同国家、地区，不同时间，有不同的说法，如：“内容产业”“版权产业”“娱乐产业”“创意产业”等等。② 就创意产业而言，创意是否是意义？融合创意产业而生的文化创意产业③是否仍旧是文化产业？不同研究者的理解不尽相同。

从意义的视角出发，笔者认为，尽管这些说法的外延略有不同，但它们的主体都是围绕着意义的生产与消费而展开的。创意是一种意义的创新，也是一种意义，融合创意产业而生的文化创意产业仍旧是文化意义产业，也是

---

① ［法］皮埃尔·布迪厄. 艺术的法则：文学场的生成和结构［M］. 刘晖，译. 北京：中央编译出版社，2001：153.

② 文化产业最早提法见于霍克海默、阿道尔诺的《启蒙辩证法：哲学断片》（1947）一书，联合国教科文组织所下的定义为：按照工业标准，生产、再生产、储存以及分配文化产品和服务的一系列活动。奥地利裔美国经济学家熊彼特在 1912 年出版的《经济发展理论》中提出了内含知识、信息的创新工作将是产业发展的新的核心驱动力问题，20 世纪 60 年代，美国学者马克卢普提出了知识产业概念，丹尼尔·贝尔在《后工业社会的来临：对社会预测的一项探索》（1973）一书中提出了“信息经济”（“信息产业”）概念，1996 年欧盟《Info2000 计划》对“信息·内容产业”做了界定。1998 年英国“创意产业工作组”在《创意产业路径文件》中提出了“创意产业”概念（参见徐海龙. 文化产业基础理论［M］. 北京：高等教育出版社，2015：23.）。

③ 创意产业外延要比文化产业宽泛，建筑、软件设计等产业并不属于文化产业，因而创意产业在港台地区被称为“文化创意产业”之后，其外延也发生了改变，文创产业仅指文化产业，但突出了文化产业的创意特质。所以文化创意产业是指文化产业，创意产业狭义上可以指代文化产业，广义上包括文化产业以及建筑、软件设计、环境设计等科技创新内容。

文化产业，其本质仍旧是意义产业。

一、意义与创意

文化的本质是意义，文化产业的本质是意义产业。意义是支撑文化产业的基础。意义具有多层次多种类的内涵。首先意义离不开人的生存需要，正是基于人的生存需要，人们把外在事物分为对自己有意义的和没有意义的或有负面意义的事物。有意义的事物，即有意义于生命存在的事物。没有意义的事物和有负面意义的事物，即阻碍生命的存在或与生命存在不相关的事物。人们会持续发现、生产、传播对生命有意义的东西，避免或消除对生命无意义甚至有负面意义的东西。基于此，人们给外在事物赋予内涵，赋予事物的意义。人们在赋予事物内涵的时候，无时无刻不用对人有意义的标准来设定。正如康德在其著作《纯粹理性批判》中所展现的理念——人为自然立法。当然，人也通过道德律令为自己立法——确立自己的生命意义。

随着人们生存能力的增强，人们逐渐脱离了对事物的物质性依赖，因而在思忖事物意义的时候，越来越放大事物的非物质性意义，越来越重视事物对生命未来发展的意义，越来越依赖精神的价值取向与意义设定。文化产业的发展，某种意义上在印证人类意义的发展阶段性。人们对文化产品的喜爱，与其说是娱乐的需求，不如说是对人类集体的意义确认——人是一种需要意义满足的动物，追求的是指向生命发展的意义。这一意义的核心内容，是以生命意义为基础的，事物的内涵意义及对自身发展的价值意义。意义，既是意（内涵），也是义（价值）。

创意，字面意思是创造意义，本质上创造的意义仍然是意义，不能脱离意义的所指，更不能脱离生命意义这一基础。但对创意的理解，大多数研究者都将其理解为形式，如“以一种新颖而有趣的方式重新组合既有的观念”①。艺术家赖声川则在其《赖声川的创意学》一书中把“创意”分成“创”和“意”两部分，他认为大部分创意工作者都忙于“创”的方法，而

① 杨永忠. 创意管理学导论［M］. 北京：经济管理出版社，2018：11.

忽视了对基于生命、生活的“意”的感悟，创意要发现源于生命的欲望。他说：“工业革命以来，人活在社会的目的不再是为了追寻生命的意义，或者怀疑存在的价值，而是为了创造经济价值，赚钱。智慧贬值了，同时创意走入死巷……”① 他更是引用了建筑学者库地奇对创意的定义：“创意是一种挣扎，寻找并解放我们的内在。”② 这里，“我们的内在”显然指向的是生命的意义。为此，赖声川设计了“创意金字塔”，左边指向生活，包括内容、智慧等元素，右边指向艺术，包括形式、方法等元素。赖声川不否认创意的创作方法的重要性，但他认为创意还是意义，不能脱离生命意义的根本，不能脱离内容、内涵。那些忙于方法的创意，虽然新奇，但谈不上真正的创意，“对我来说，这不构成成熟的世界观，只证明他们喜欢拥抱新事物而已。”③

同时，创意具有相对性。任何具有意义意味的文化艺术品，都可以说是创意产品，只要接受者之前没有接触过类似产品。相对于司空见惯的文化产品，接受者已经审美疲倦，具有创新性的文化意义产品才可能吸引注意力，因而文化创意产业强调的是时代性的创新，突破当下的审美疲劳。但这种创造新的突破不是为创新而创新的游戏，是源于意义、指向意义的意义创新。

二、作为文化产业的意义与创意

作为文化的本质——意义，也有个体性意义与集体性意义之分。个体性意义有可能独一无二，具有独特性，但也常常难以为他人所理解与接受。作为独立艺术家来说，他所追求的意义表达或艺术创新，往往基于个体意义需求，独特的意象难以被他人理解，当然也就难以接受。很多时候，这些杰作所表达的个性化意象，只有在若干年之后，当社会发展到越来越多的个体具有独特个性之后，某些杰作才可能被理解。历史上，许多杰出的艺术家遭遇这种尴尬的情况，生前作品不被世人理解，例如梵高，生前一幅作品也没卖

① 赖声川．赖声川的创意学［M］．桂林：广西师范大学出版社，2011：74.
② 赖声川．赖声川的创意学［M］．桂林：广西师范大学出版社，2011：21.
③ 赖声川．赖声川的创意学［M］．桂林：广西师范大学出版社，2011：144.

出去，但死后其作品却价值连城。过度追求与众不同的奇巧创意，也会遇到同样情况。所以说，真正的艺术，不能以市场来衡量，其创意的产生也无法被复制或管理。许多艺术理论家，更愿意将这样的创意归之于天才的灵感，“大自然给他的心灵装备了一个类似的比例”①。至于普通人，面对独一无二的艺术，往往“不能认识和把握这一具有洞见的杰作”②。

作为产业的意义与创意，必须要考虑产业的批量化需要。这也就意味着，产业化的意义与创意，建立在集体性意义的基础之上。产业化的文化产品蕴含着能为大多数人所感受、体验与理解的意义或创意。没有这一群体性接受基础，文化产品的批量化就难以实现，其成本难以降低，利润难以持续。对文化产业来说，没有市场也就没有文化。曲高和寡的高蹈文化，往往不具有市场前景。文化产业也可以说是大众的文化产业，因而也不乏研究者习惯用大众产业、大众文化来称呼文化产业。文化产品的创意，应该建立在大众普遍接受的意义基础之上，对已经产生审美疲劳的接受形式进行翻新，或者寻找相对陌生又能够理解与接受的新的意义内容。创意，作为创造性的意义，并非凭空产生的，而是基于普遍性的意义进行翻新、更新、升级、改造。作为创意工作者，需要轻松的工作环境、相对独立的空间以激发灵感，但绝不能脱离生活、脱离大众、脱离文化意义的流脉，脱离全球化的文化视野，绝不能闭门造车，为创意而创意。

在个体性意义与集体性意义之间，还存在居于二者之间的小群体意义。随着社会的发展，大众的趣味需求开始逐渐分化，小众化趋势出现，同时“福特式大规模生产为集聚趋向”的城市，开始转向“专注于专门的小批量产品的生产，以适应界定严密的且不断变化的市场细分”③。在文化产业发达的

① ［德］康德. 判断力批判：上卷［M］. 宗白华，韦卓民，译，北京：商务印书馆，1964：155.

② ［德］康德. 判断力批判：上卷［M］. 宗白华，韦卓民，译，北京：商务印书馆，1964：156.

③ ［美］艾伦·J. 斯考特. 城市文化经济学［M］. 董树宝，张宁，译. 北京：中国人民大学出版社，2010：9.

地区，文化产品的小作坊式定制生产已经日益活跃。很多文化产业园区售卖的文化产品多是手工创意作品。小众在感受、辨识文化产品所蕴含的意味之时，既不喜欢泯然于众人的大众感，也不喜欢理解不了的高蹈感，而是倾向于那种略加感受与思索即能有所获的意义感觉。对小众文化产品而言，如果说意义的生成是基于历史传承的自然发展，产业化的创意则可以算作根据群体性文化心理需求的定制服务。小众化的定制服务，并不违背产业化的批量化准则。许多小众文化产品，虽然手工制作，但并不是一人一做，而是基于同一款式或以相似的手法，准复制性地进行定制生产。不同于机器化的批量生产，每件文化产品都雷同，定制手工因手工艺人的状态不同会略有偏差，但总体上，这些定制产品同样是重复性劳动所制，某种意义上，更类似于工业化前夕的作坊式的批量生产，只不过通过价格的提高，弥补了批量化数量不足而造成的效益下降罢了。

三、文化创意产业的专业本质分析

文化创意产业与文化产业并没有本质上的不同。按照“种差+属”的本质定义法，所谓本质属性是在同一属概念下的相对于其他种而言的种差。文化产业属的定位为产业，其种差的定位为文化，在产业属的范围内其区别于其他“种”的本质在于“文化”，文化的本质如果是意义，那么文化产业的本质也可以厘定为意义产业或意义经济。文化创意产业管理的本质问题分析比文化产业的本质问题复杂一些，它涉及了两个层次的属概念。

从属的定位看，文化创意产业是一门产业学或经济学。在产业学范围内，文化创意产业区别于其他产业学的“种差”是“文化创意”，也即“文化属性+创意属性”。前面我们已经分析过了，文化的本质是意义，创意的本质是创造性的意义或创新的意义，仍旧是意义，只不过，创意更加强调意义的创新性特质，但创意与意义二者之间构不成本质区别。所以，文化创意产业，既可以称之为文化的创意产业，也可以称之为创意的文化产业，二者没有明显不同。如果说有所不同，就在于广义上创意的范围比文化的范围更为宽泛，还包括科技产业等领域的创意问题，所以文化创意产业的最本质的种差应定位在“文化”之上，文化的创意产业更为精确。按照文化的本质是意义的设定，文化创意产业也可以称之意义的创意产业，其本质也即创新性的意义产业。

文化创意产业的提法，突出了文化产业的意义创新的特色，更令人记忆深刻。但不能因为对创意的突出，就淹没了创意的本质还是意义，文化的本质也是一种意义，也是一种创意的实质。有研究者在论及文化产业与文化创意产业之时，并不对二者加以区分，原因就在于此。文化的生命力在于创新，创新是文化意义传承的动力，如果文化产业一味地因循守旧，不思创新，文化意义就变成了陈旧、落后的死意义。随着时代的发展，人的生命体验与感悟也在发生变化，人们对意义的领悟也会发生深刻的变化，创新理应成为基于意义思考的产业命题。未来时代指向个体生命的自由发展，深刻的生命体验、升华性的意义设定注定会成为人们追求的目标。文化产业或文化创意产业作为大众性的产业，在通过产业化的外在方式助推大众社会的集体变革，从关注生存到生命的价值意义。

第三节 文化产业管理的本质：具有经济效益与社会效益的意义管理

文化产业管理的本质问题分析，不同于文化产业的本质问题分析。文化产业的本质问题分析则比较简单。文化产业管理的本质问题分析则比较复杂，它涉及两个层次的属概念。

首先，文化产业管理是一门管理学，在管理学范围内，文化产业管理区别于其他管理学的“种差”是“文化产业”，也即“文化属性+产业属性”。这是我们在谈及文化产业管理时不能忽视的两重重要属性，文化属性与产业属性二者的辩证关系决定了我们对文化产业管理作为一门管理学的理解。文化与产业之间的关系是辩证的，既有相异性，又有共通性。只看相异的一面，不看共通性，则文化与产业互不相干，文化不能产业化、产业不能文化化；只看共通性，忽视相异性，虽然文化与产业相互融合，文化可以产业化、产业可以文化化，但文化会淹没在产业化之中。理解文化与产业的辩证关系，既要看到其共通性，只有基于此，文化才可以产业化、产业才可以文化化；也要看到其相异性，只有认识到这一点，才能基于文化不同于产业的特异性，及时进行宏观调控。

其次，在管理学的大范围内，文化产业管理还涉及两个次级的属概念，一个是产业管理，一个是文化管理。文化产业管理既是一种产业管理，也可以算作一种文化管理。在产业管理的次级属概念范围内，文化产业管理区别于其他产业管理的“种差”是“文化”，也即“意义”；在文化管理的次级属概念范围内，文化产业管理区别于其他文化管理的“种差”是“产业”，也即“经济”。所以理解文化产业管理，既可以将其视为一种对文化的产业管理，也可以视其为对一种产业或经济的文化管理。按照不同侧重点的理解，有的学者尝试从产业经济学视角对文化产业管理进行构建，有的学者尝试从文化意义视角对文化产业管理进行构建，而且前者的情况居多——事实上，由于产业实践的需要，文化产业管理也大多被理解为对文化的“产业管理”。正是由于对文化产业管理次级属概念侧重点的理解差异性——是侧重于产业性还是侧重于文化性，造成了文化产业管理学科专业体系建构时的差异性。

按照文化产业管理的概念组合顺序关系，“文化—产业—管理”的一级属概念是“管理”，次级属概念应该是“产业管理”，而非“文化管理”。文化产业管理最通行的理解就是对文化的产业管理。在视文化为纯粹商品的市场环境中，或在产业管理视野下，将文化产业管理理解为产业管理，完全没有问题。比如法国视听产业研究人员弗雷德里克·马特尔在其所撰写的《主流：谁将打赢全球文化战争》一书中，就表明在美国的市场经济环境下，好莱坞并不将电影当作艺术，而纯粹视之为产业，借用好莱坞大亨塞缪尔·戈尔德温的话就是："这个行当并不是艺术秀，我们称之为演艺业。"①。面对好莱坞为代表的文化产业的全球"入侵"趋势，以法国为代表的欧盟，旗帜鲜明地提出全球产业发展中"文化例外"原则在1986—1994年世界贸易组织乌拉圭回合谈判中，欧盟拒绝开放视听服务及其相关的文化服务市场，并将有关电影的"文化例外"主张保留在《关税及贸易总协定》（GATT）第二部分第4条的决议中，同时保留了"保护具有艺术、历史和考古价值的国宝所采取的措施"（GATT第20条第f款）的条款。②"文化例外"作为一项原则也相应地延伸到后来的世界贸易组织协定即《马拉喀什建立世界贸易组织协定》（简称《WTO协定》）中。所谓"文化例外"，其实是"文化产业例外"，欧盟认为文化产业并非纯粹产业，而是文化，因为作为商品的文化产品同时也承载着作为非商品的文化。正是因为"文化例外"原则的存在，文化产业管理次级属概念也可以是"文化管理"，即可以将文化管理的原则、思路应用于文化产业管理之中。但显然，相对于美国文化市场中文化产业管理的那种微观产业管理，欧盟所主张的这种文化管理的原则、思路主要是宏观层面上的"看得见的手"的管理。

事物的本质并非一成不变的。"实存先于本质并是本质的条件"。③在不同的市场环境中，在不同的发展阶段，对文化产业管理的本质的认识也有一个发展变化过程。在美国市场经济环境中，视文化产业管理为纯粹产业管理有其实存的现实原因。在以人为本的我国社会文化语境中，重视文化产业管理的产业性一面的同时，却绝不能忽视文化产业管理的文化性一面。

最后，"文化—产业—管理"的最本质属性或者说种差应该是"文化"。在一级属概念"管理"之下，文化产业管理具有"文化+产业"的双重种差

① ［法］弗雷德里克·马特尔．主流：谁将打赢全球文化战争［M］．刘成富，心美，胡园园，等译．北京：商务印书馆，2012：63.

② 世界贸易组织．乌拉圭回合多边贸易谈判结果法律文本［C］．对外贸易经济合作部国际贸易关系司，译．北京：法律出版社，2000：455.

③ ［法］萨特．存在与虚无［M］．陈宣良，等译．北京：生活·读书·新知三联书店，1987：548.

或本质属性；在次级属概念“产业管理”之下，文化产业管理的种差是“文化”；在基于“文化例外”而生成的另一个次级属概念“文化管理”之下，其种差“产业”实际上是指“产业化的文化”，对其进行文化管理，也即是对作为一种产业化文化的文化管理。其结构关系如图2.1所示：

图2.1 文化产业管理的种属关系图

文化的本质是意义，产业的主要内容是生产与营销，管理的主要内容是依照一定目标、方法对人、财、物等核心资源的协调、配置，根据德鲁克的说法，“只有当管理者能以有意识、有方向的行动主宰经济环境、改变经济环境时，才能算是真正的管理”① ——笔者将这一过程视为重构。因此，文化的产业管理，按照笔者的理解可以归纳为：意义的产业化重构，或者意义的生产与营销管理；文化的文化管理，按照笔者的理解，因为文化管理的价值指向是促进文化的繁荣发展、保障公民的文化权利，更多地体现为社会效益，所以其也可以归纳为：意义的重构，或者意义的构建与引导管理。综合对文化的产业管理与文化的文化管理的本质理解，文化产业管理的本质，笔者以为可视为具有经济效益与社会效益的意义重构或意义管理。

① ［美］彼得·费迪南德·德鲁克. 管理的实践［M］. 齐若兰，译. 北京：机械工业出版社，2009：9.

第三章

文化产业管理的系统属性分析

文化的属性是系统的，文化产业管理也是系统的，文化与文化产业管理很难用单一的属性来限定它们。但在它们的属性系统中，也分本质属性、主要属性、次要属性、亚属性、衍生属性等。所以，认识文化或文化产业管理的属性问题，需要辩证地分析。

第一节　三重属性与意义、资本及权力的关系

文化产业管理的本质属性，由其种差决定，即“文化”决定了“文化产业管理”的本质属性。如前所述，文化的本质是意义，文化产业管理的本质也可以视为意义的产业管理或具有经济效益与社会效益的意义管理。虽然文化产业管理的本质属性是由文化决定的，但文化产业管理的属性，却不是单一的，而是多重的。事物的本质并非单一不变的，随着事物的发展变化，本质也可以发生转变，自然，事物的属性也会发生变化，从一重属性变为多重属性。所谓“实存先于本质并是本质的条件”①。“随着环境的发展，人自身全面丰富性的发展，对本质问题的理解也会更为系统与完整”②，同样，我们

① ［法］萨特. 存在与虚无［M］. 陈宣良，等译. 北京：生活·读书·新知三联书店，1987：548.

② 秦勇. 核心价值视阈下的影视文艺研究［M］. 北京：中国社会科学出版社，2017：198.

对事物属性的理解也具有变化性。

传统地，我们理解的“文化”是非功利的，“产业管理”是功利的，但随着产业实践的发展，当文化成为产业管理的对象之时，文化的属性发生了一定的变化。文化由承载非功利的价值意义向包容具有功利属性的经济与权力内容转化。虽然这一扩容并不代表文化的本质永久性改变，随着未来资本消失的时代的来临，文化仍旧会回归意义的单一本质属性，但在特定历史时期，它具有一定的即时有效性，可以称为文化的亚属性或文化的非本质属性。布尔迪厄的文化资本理论也认为，在当下时代，文化具有向经济资本与社会资本转化的现实。基于此，笔者认为，文化产业管理的本质属性由文化决定，而文化的意义属性衍化出了资本属性与权力属性。基于文化的这三重属性，文化产业管理的属性也应是系统属性，这个系统也应包含对应的三重属性，即意识形态属性、经济属性、社会属性。如表 3. 1 所示：

表 3. 1 文化产业管理系统属性对照表

内容	分类		
文化系统属性	意义属性	资本属性	权力属性
文化产业管理系统属性	意识形态属性	经济属性	社会属性
宏观管理方法	舆论引导、法制监管	经济管理、法制监管	行政监管、法制监管
宏观效益	社会效益	经济效益	社会效益
微观管理方法	意义引导	经济运营	企业管理
微观效益	经济效益、社会效益	经济效益	经济效益、社会效益

在这三重属性中，文化的意义本质决定了文化产业管理的意识形态属性也应是其最为核心的属性。或者，可以说，无论是文化还是文化产业管理的三重属性系统中，最为本质、核心的属性是意义—意识形态属性。

一、文化的意义属性决定了文化产业管理的意识形态属性

文化的本质是意义。意义不仅是主体对客体内涵的认识，也是客体对主

体的价值的认识。因而意义既包含着一系列对客体的观念、观点、思想，也包含一系列价值判断，是非、对错、立场、态度等。作为个体意识中的价值判断、观念系统等，如果独一无二，属于个体的独特归纳与总结，那仅仅是个体的意识形式。但是当这些价值、观念来自有共同经济基础的某个群体，或者被某个群体所认同，这些思想观念、价值判断等，就可以称为意识形态。

意识形态这个术语，最初来自1797年法国思想家特拉西所著的《意识形态原理》一书，该书中的意识形态主要是指观念的起源系统。尽管不同使用者对意识形态的理解不尽相同，但经黑格尔、马克思、恩格斯等思想者的引用，意识形态概念把思想、观念、意识、政治、法律、道德、宗教、形而上学等与时代、环境、经济基础、上层建筑联系起来了，又经列宁、卢卡奇等思想者把意识形态与阶级对立联系在一起，意识形态的阶级性色彩明显起来。“对列宁来说，资产阶级意识形态的力量在很大程度上是由于它对传播其思想的机构的控制。而对卢卡奇来说，无产阶级从属的意识形态更多地根源于资本主义社会经济的和社会的组织本身。”① 经济基础决定上层建筑，在阶级社会，意识形态注定要反映一定的阶级意识。也正如马克思、恩格斯在《德意志意识形态》中所指出的：“统治阶级的思想在每一时代都是占统治地位的思想。这就是说，一个阶级是社会上占统治地位的物质力量，同时也是社会上占统治地位的精神力量。支配着物质生产资料的阶级，同时也支配着精神生产资料。那些没有精神生产资料的人的思想，一般是隶属于这个阶级的。占统治地位的思想不过是占统治地位的物质关系在观念上的表现，不过是以思想的形式表现出来的占统治地位的物质关系……”② 文化作为意义的载体，注定也要反映一定阶层的意识形态。

管理本身就意味着一定的目标性。产业管理虽然以产业效益为主要目标，但仍旧是一种管理，管理就要涉及对文化这种富有意识形态属性的对象进行

① ［英］大卫·麦克里兰. 意识形态［M］. 孔兆政，蒋龙翔，译. 长春：吉林人民出版社，2005：36.

② 马克思恩格斯选集：第1卷［M］. 中共中央编译局，译. 北京：人民出版社，2012：178.

统筹安排，要思考如何对意识形态的表现形式、表现程度进行组织、安排。不同文化产品载体表现意识形态的形式与程度不同。核心层的文化产品（包括报纸、杂志等新闻出版发行服务产品；广播、电视、电影服务产品；文化艺术服务产品）的意识形态性是比较突出的。有些文化产品，如新闻社评，本身就是一定的政治意识形态的直接反映。这些直接表现意识形态的文化产品，关乎一个社会的稳定与发展。在文化产业管理中，对这些文化产品的生产要突出对意识形态性的把关。比如，对报纸出版来说，议程设置就是产业管理中重要的研究课题。在宏观层面上，文化产业管理也要对表现意识形态的文化产品进行消费引导，对充斥负面性意识形态的文化产品消费趋向要及时地进行疏导甚至管控。在国际文化贸易中，意识形态性能起到促进或阻碍文化贸易的作用。文化产业管理者要意识到不同国家（地区）的不同意识形态问题，在文化产品贸易中，要尽量避免因意识形态差异而产生的文化折扣。同时，文化产业管理者既要以经济效益为目标，也要有一定原则、立场，意识到意识形态问题关乎国家、民族的稳定繁荣，不能为了经济效益忽略社会效益，要对借文化产品的意识形态入侵保持应有的警惕性。

当然，文化产品也有意识形态性偏弱的，比如不涉及社会的内容的山水画等。其他的文化产品外围层（文化信息传输服务产品；文化创意和设计服务产品；文化休闲娱乐服务产品；工艺美术品），相关文化产品层（文化产品生产的辅助产品；文化用品；文化专用设备）等相对而言，所显示的意识形态性都不明显。这里说的意识形态，主要是指政治意识形态。文化意识形态虽然以政治意识形态为主，但也包含其他层次的意识形态，如阶层的非政治性的意识形态。国内曾经流行的“小资情调”其实就是一种阶层的非政治意识形态。“一部分‘小资’积极参与对现代化、全球化、消费文化等符号的生产与传播，试图在生活方式上主导社会潮流，从而在中产阶级和社会新贵的夹缝中露出头角。这部分‘小资’……以追求时尚为乐事，常常光顾商场、咖啡厅、电影院的人，而另一部分‘小资’，以前卫文化人为代表，正好相反，他们打着反对主流、反对全球化的口号，在充分享受现代都市生活的同时畏缩在自我的世界里，以颓废和慵懒作为显著的标识，从而因其另类的面貌彰显于世。"① 这种"小资"式的文化消费趋向，所蕴含的意义取向复杂，需要文化产业管理部门进行积极的消费引导。如果管理失控，其也并非没有转化为政治意识形态的可能。20 世纪八九十年代，西方资本主义国家对苏联的和平演变，也是从资产阶层娱乐生活方式的渗透开始，最终将其融合进政治意识形态演变活动之中。

当下中国社会仍处在社会转型时期，各类意识形态并存。充斥着封建糟粕的意识形态内容常常会借文化产品的形式复活，宗教意识形态也表现得比较活跃。文化产业管理者要有积极参与构建主流意识形态的责任与义务，既要避免生产的文化产品触犯宗教忌讳，也要通过生产与消费的引导，杜绝生产与消费表现封建糟粕的文化产品，逐步减少带有宗教意识形态的文化产品。

二、文化的资本属性决定了文化产业管理的经济属性

文化的本质是意义。意义是关乎生命的东西，意义不该被物化。传统观念中的文化往往是非功利的，与经济功利无关。文化为了获得独立性，也需要表现出一种拒斥经济功利的态度。但文化经济化的发展使其同时又具有了资本的属性。因为文化拒斥经济功利，市场上具有一定的稀缺性，其身价反而得以提高。正如布尔迪厄谈论学术性文化资本时所说的，"学术资格所保证的物质利润和象征利润，也是建立在'物以稀为贵'的基础上的"②。

布尔迪厄将资本分为三种形式③，认为文化是一种重要资本。文化的资本属性表现为："一、具体形态，即以精神和身体的'持久性情'表现出来的形式；二、客观形态，即以文化商品的形态（图片、书籍词典、工具机器等）

---

① 冯果."上海小资"与"小资电影"[J].当代电影，2007（5）：4.

② [法] 布尔迪厄.文化资本与社会炼金术：布尔迪厄访谈录 [M].包亚明，译.上海：上海人民出版社，1997：201.

③ 分为"文化资本""社会资本""经济资本"三种表现形式，"一、经济资本以金钱为符号，以产权为制度化形式；二、社会资本以社会声誉、头衔为符号，以社会规约为制度化形式；三、文化资本以作品、文凭、学衔为符号，以学位为制度化形式"。参见赵一凡，张中戴，李德恩.西方文论关键词 [M].北京：外语教学与研究出版社，2006：571.

体现出文化遗迹或理论色彩；三、体制形态，即以大学文凭、博士学位、教授资格体现出来的等级制度，它们代表文化资本的特殊授予，也是一种具有制度形式的身份认定”。① 要获得“具体形态”的文化资本，也就是要养成高端的文化气质与修养，甚至养成一种具有一定品位与格调的生活方式，需要大量的经济资本来购买文化产品与文化服务。要获取“体制形态”的文化资本，需要花费大量可以获取经济资本的时间成本用于获取学位或职衔的准备，更要花费大量经济成本来进行学习、写作、出版等，在这期间也需要各种文化产品和文化服务作为获取学位或职衔的支撑。要获取“客观形态”的文化资本，需要大量的经济资本来购买这些文化产品，“文化商品既可以呈现出物质性的一面，又可以象征性地呈现出来，在物质方面，文化商品预先地假定了经济资本，而在象征性方面，文化商品则预先假定了文化资本”②，文化产品对构建文化资本的重要性，毋庸赘言。总体上讲，文化资本也好，文化资本的三种形态也好，大都是要直接或间接地依靠经济资本来获取文化产品或文化服务来达成的。文化资本的构建需要也成了文化产业化的一种动力。

文化产业管理基于文化的资本属性进行产业化管理，必然具有经济属性。文化产业管理的生成，既是文化发展的必然，也是资本作为一种社会力量③，不断寻找与开拓资本对象的结果。“过去那种地方的和民族的自给自足和闭关自守状态，被各民族的各方面的互相往来和各方面的相互依赖所代替了。物质的生产是如此，精神的生产也是如此。”④ 资本不仅打破了空间的隔阂，也打破了精神与物质生产的隔阂，以及精神生产各部门之间的隔阂。产业管理正是在资本的这种推动下，将文化划入产业管理的对象，并按照资本增值的

① 赵一凡，张中戴，李德恩. 西方文论关键词［M］. 北京：外语教学与研究出版社，2006：571.

② ［法］布尔迪厄. 文化资本与社会炼金术：布尔迪厄访谈录［M］. 包亚明，译. 上海：上海人民出版社，1997：198.

③ “资本不是一种个人力量，而是一种社会力量”，参见马克思恩格斯选集：第1卷［M］. 中共中央编译局，译. 北京：人民出版社，2012：415.

④ 马克思恩格斯选集：第1卷［M］. 中共中央编译局，译. 北京：人民出版社，2012：404.

规律，进行经营管理。因而，经济效益必然是文化产业管理最重要的目标之一。

但文化产业管理的经济属性有其特殊之处，即要与其所处的社会语境协调一致。以我国为例，一方面，由于我们社会的社会主义性质，我们不可能把追求经济效益作为唯一的管理目标；另一方面，由于文化产品的“例外”特点，这也注定我们必须把关乎国家、民族、社会的意识形态利益放在首位，在不损害国家的文化安全的前提下，经济利益诉求才能凸显出来；还有，近年来，由于注意力经济理论与实践的发展，“产业经济所建立的自由越来越趋向直接获取注意力”①，文化产业管理的经济属性已不能单纯以货币效益来体现，非货币形式的效益（如注意力）已成为经济效益的重要补充。毋庸置疑的一点是，即使货币被注意力所取代，在市场环境中文化的资本属性暂时也不会改变，文化产业管理的经济属性暂时也不会改变，因为获取注意力谋求的仍是进一步的资本增值，无论经济效益以何种货币形式体现，资本谋求的都是以新的货币形式表现出来的增值与变现。

三、文化的权力属性决定了文化产业管理的社会属性

文化是打上群体烙印的人的意识，是意义的表征。文化在人们的日常生活中无处不在。形成文化需要一定的群体的规模，要体现为群体的意识与利益。在这个意义上，文化与权力所具有的群体基础是一致的，文化也是一种权力，一种隐性的权力形式。文化实现权力的形式，很少通过单向度的权力（指 A 能够让 B 去做某件他根本不愿做的事），而往往是通过比较隐蔽的方式作用于人们的意识——意义系统，来形成直接或间接的自愿，从而达成权力的作用。文化的权力属性主要体现为以下三方面。

（一）参与权力的资格

文化意义作用于人的最直接方式是内化为个体的修养。这种修养最初级

① 张雷. 媒介革命：西方注意力经济学派研究［M］. 北京：中国社会科学出版社，2009：85.

的表现为识文断字的能力，也即可以用书面形式或文雅的话语形式表达情感意志的能力，较高级的表现形式为人们的习惯与修养。权力的执行者往往是有文化的个体。拥有权力的阶层也往往会通过文化标准来筛选可以参与权力的分享者。在几千年的历史长河中，社会底层群众往往因为文字的阻碍，无法参与意识形态的表达活动中（无法表达书面的意识），进而无法参与实质性权力（例如通过文化考试成为掌握官方权力者）的获取中。即便社会进入当下时代，要获取参与重要社会生活的相关权力，文化（例如体现为文凭等）仍然是一种非常重要的选拔标准。

（二）当下的话语权

话语权，不仅是说话的权力，也是借助话语诉诸的权力。文化在“器物、制度、观念、行为规范”四个层面上构建了一个社会的上层建筑。这种文化所构筑的上层建筑无时无刻不左右着处于社会核心层的主流“意识形态”，从而形成（统治阶层通过）文化对社会的权力统治。在文化传媒不发达的时代，除了最高统治阶层的意志能够直接转化为改变社会的权力外，大多数社会成员的意志很难直接传达到社会共识的层面。对大多数社会成员而言，表达权力诉求是一件非常困难的事情。意志诉求无法在上层建筑中表达出来，统治阶层意识不到某种权力诉求的声音存在，当然不能主动去分享权力。现代传媒的发展现实表明，越是能借助传媒表达话语的阶层，越是能实现社会上的各种权力诉求。权力从来都与利益密切相关，自然这种权力也会转化为拥有话语权群体的权利。

近百年来，随着科技的迅速发展，传媒技术日渐丰富成熟，经历了小众媒体到大众媒体、大众媒体到自媒体、旧媒体（电影、电视、报纸、杂志、图书等）到新媒体（网络、手机等）的转换与发展，人们表达意志、建设文化意义的途径更为自由与畅通。人们也日渐意识到思想观念的表达权不仅是具有优势文化资源者的特权，也是每个人的生命需求。在时代的交响曲中，每个人都可以借助文化媒体表达自己的权力话语，每个人都有话语权。话语权——原本被葛兰西称为无产阶级应该掌握的文化“领导权”、被福柯称为一直被统治阶层占有的“权力话语”的东西，其实就是每个人表达个体意志的权力，是表达个体意识的声音。只是由于每个人占有的文化资源不同，这个声音还是会表现出强弱程度的区分，还会有群体与个体之别。当然，就如同绝对的自由就是不自由一样，当网络等新媒体赋予大众以自由的文化表达权的时候，过度的话语权也会制造出从虚拟到现实的混乱。

（三）社会权力规则

文化的权力属性的隐蔽性，体现在它通过人们的意义认同，转化为一种社会层面的权力规则。通过社会成员认同的意义价值系统，“以至于他们能够通过这样的方式塑造人们的观念、认识和喜好：使人们接受他们在既有秩序中的地位，这或是因为认为或想象这是别无选择的，或认为这是自然的和不可改变的，或是因为他们视之为天意注定的和有益的。权力就是通过这种方式，防止人们产生丝毫的怨情。”① 在民主意识日渐发达的今天，文化权力日渐体现为对权力分配观念的塑造与认同上。越多的人们争取到越大程度的改变意义观念的权力，也就能最大限度地实现民主化的权力规则，也就最终能实现民主社会的普遍性的权力与权利分配。②

文化产业管理管理的不仅是文化产品（包括文化服务）的生产与消费，同时也承载着分配社会权力的功能，因而文化产业管理无疑具有社会属性。当下时代，文化产品消费已经成为社会大众重要的文化生活内容，无论是娱乐休闲还是储备知识、提升修养，都需要消费大量的文化产品。公民要参与社会生活，要表达意志诉求，要分享一定的社会权力，都需要一定的文化知识储备，需要一定的文化表达途径。可以说，文化产品的消费是公民基本的权力，也是基本的权利。

依据美国学者 P. 萨缪尔逊于 1954 年在《公共支出的纯粹理论分析》一

---

① ［英］阿雷恩·鲍尔德温，等. 文化研究导论［M］. 陶东风，等译. 北京：高等教育出版社，2004：97.

② 为了持续获得因拥有文化而据有的社会权力，文化的权力属性还表现为对文化自身的权力，如文化分享权、文化参与权、文化创造权、文化保护权等，在此不详述。

文中提出的收益时的非排他性与消费时的非竞争性理论①，文化产品可以分为私人文化品、纯公共文化品、准公共文化品三大类。私人文化品是指文化意义的“公共性”较低，且具有消费时的竞争性和收益时的排他性的文化产品，其生产和提供应由市场调节，消费需要购买，可广泛向非公有资本开放。例如报刊、书籍、唱片、影碟等文化产品都属于私人文化品范畴。对待私人文化产品，文化产业管理过程中，要注重市场公平，保障每个公民的购买平等权。纯公共文化品是指文化意义的“公共性”特别高，直接关系到国家文化信息安全或社会稳定，或与国家和民族文化传承、创新直接相关的文化产品。这类产品具有收益时的非排他性、消费时的非竞争性特征，以致“市场失灵”而无法提供，只能由政府进行干预或政府提供。例如国家免费提供给大众的广播电视节目信号等。对纯公共文化产品的文化产业管理，要由政府部门进行宏观管理，要保障社会公民能平等、无偿地享有这些文化福利，更要保障社会公民有享有这些文化福利的平等机会。准公共文化品是指其文化意义的“公共性”较高，但与国家文化主权和文化信息安全不直接相关的文化产品，可以由政府和市场混合提供。例如电影虽然面向大众，具有公共性，但一般情况下都是以市场提供为主；不过也不排除特殊情况，国家会为偏远或贫困地区大众提供免费电影放映，部分单位会购买团体票免费发给单位员工。有时候，有些文化品会兼有不同分类属性。例如卫星电视、有线电视等，既是收取一定费用、具有排他性，又具有收视时的非竞争性，应该归于准公共文化品的范畴，但由于其转播的内容往往来自广播电视这一公共文化品的免费内容，所以其也具有属于公共文化品的属性。对准公共文化产品的文化产业管理，要统筹兼顾市场公平与福利保障，要把握好市场化分配和福利化分配的比例与尺度。

在市场经济条件下，绝大多数个性化和具有私人性的文化产品的生产与提供是需要通过市场化的方式来解决的。但总体上文化产品具有特殊性，从

① 非排他性是指任何人在消费这类产品时，不能排除他人同时消费这类产品；非竞争性是指任何人在消费这类产品时，增加一个消费者，该产品的供给者并不增加成本。

个体占有角度说，文化产品可以成为私人文化品；从文化与群体的角度说，任何文化产品都具有公共性（外部性、排他性、非竞争性等）。

文化产品的公共属性（或社会属性）主要取决于享有它和认同它的人类群体范围，比如一个民族，一个国家，一个社区。从全人类的角度来看，作为人类的记忆、人类智慧与人性的表征，文化艺术成果在这一意义上具有了超越种群与国家的普遍公共性。所以即使是通过市场化所提供的文化产品也同样不可回避文化的公共性（或社会性）问题。因此，在文化产业管理过程中，世界各国对于含有凶杀暴力、色情乱伦等内容的文化产品，大多采取强制性限制甚至禁止的行政或法律措施。

对于文化或文化产业管理的属性问题，不同研究者有不同的看法与归纳，例如文化性、创新性、政治性等。这些提法，笔者认为或者是三重属性的不同称呼，或者是这三重属性的再衍生亚属性，可以归纳在文化产业管理的属性系统之中。比如文化性其实就是文化的意义属性；创新性是文化意义的亚属性，但不一定所有文化意义都具有创新性；政治性是意识形态性的表现形态之一而已，也可以归为意识形态性下面的亚属性。

第二节　亚属性：文化产业管理的例外性与免费性

文化由其意义属性衍生出资本属性与权力属性，三种属性构成了文化产业管理的系统属性，即产生了文化产业管理的意识形态属性、经济属性与社会属性。当然，文化属性还衍生出了其他亚属性，这些亚属性相比前面三种系统属性，相对处于次要地位。亚属性中有一些相对争议较大的属性，比如例外性与免费性。从学理逻辑上看，笔者不认为它们是文化的固有属性，相比具有现实合理性的亚属性，它们仅仅是各个争议方秉持自己的利益立场而提出的见解。但这种见解也影响了文化产业管理的属性理念的变化。

一、例外：文化产业管理的经济属性作用于文化的结果

相比文化的意义属性这一本质属性，文化的资本与权力属性具有当下的合理性，即在阶级社会普遍存在的资本本位与权力本位的影响下，文化会衍生成为资本与权力的载体，从而附属了资本属性与权力属性。但文化的例外性显然不具备这种现实合理性。某种意义上来说，文化例外是文化产业管理的经济属性对文化意义的反作用的结果——文化产业的经济矛盾反映到对文化属性的认识上来了。

既然文化的属性会受现实制约发生变异，由文化属性生成的文化产业管理属性，也会反过来制约文化属性的变化。例如文化产业管理的经济属性，基于资本的盈利需求，就会力求将所有的文化内容都纳入产业管理的范围之中。以美国为代表的文化产业发达国家主张的文化产品自由贸易，尤其是电影和电视剧的自由贸易，就可见一斑。因为美国等文化产业发达国家已经在全球文化贸易中占有了绝对优势，美国好莱坞八大公司的影视产品几乎占有全球一半的产业份额。在这种优势面前，任何文化例外的主张，都无疑是对美国文化资本集团的挑战。以美国为代表的全球化的主张，印证了马克思、恩格斯的理论："资产阶级，由于开拓了世界市场，使一切国家的生产和消费都成为世界性的了。"① 无差别的自由贸易，不仅是国际资本的要求，也是以美国为代表的文化产业大资本集团的要求。

我们不能忽视，国际文化贸易中，除了全球化之外，还有区域化问题。在国际资本竞争中，以欧盟为代表的区域资本有自身存在的利益，面对美国文化产业一统全球的趋势，区域资本需要葆有独立发展文化产业以及谋求地方性利益的需求。正是在这种资本对抗的形势下，文化能否被彻底地资本化、能否等同于物质性商品问题又被提到议事日程上来。在1986—1994年世界贸易组织乌拉圭回合谈判中，欧盟拒绝开放视听服务及其相关的文化服务市场，

① 马克思恩格斯选集：第1卷［M］. 中共中央编译局，译. 北京：中央编译出版社，2012：404.

并将有关电影的“文化例外”主张保留在《关税及贸易总协定》第二部分第4条的决议中，同时保留了“保护具有艺术、历史和考古价值的国宝所采取的措施”（《关税及贸易总协定》第20条第f款）的条款。① 2001年联合国教科文组织颁布的《世界文化多样性宣言》中，将文化例外以保护文化多样性的名义予以肯定。“文化多样性是交流、革新和创作的源泉，对人类来讲就像生物多样性对维持生物平衡那样必不可少。从这个意义上讲，文化多样性是人类的共同遗产，应该从当代人和子孙后代的利益考虑予以承认和肯定”。② 以保护文化多样性的名义，实际上是保护区域性文化经济利益，当然，也具有保护区域文化独立的价值。

事实上，文化的例外性或多样性的认定，某种意义上承认了文化不能被彻底产业化、文化产品与物质性产品不能等同。一方面，文化市场存在市场失灵的问题，很多公益性文化产品或文化服务很难资本化、市场化，“在任何一个国家，没有哪家大剧院、乐队或者公共图书馆仅靠经常光顾者支付的费用就能实现收支平衡”③；另一方面，在全球化的文化贸易环境中，强势文化产业具有文化侵略性，弱势文化如果不借助文化例外的特殊性进行扶持，必将被强势文化所湮灭，文化独立性难以保持，当然，最直接的表现就是弱势文化市场被强势文化市场占有。

同时，对文化产品和文化服务是否具有例外的特殊性，各个国家与区域又有与其宣称的相矛盾的一面。美国一面宣称文化要自由贸易，没有例外，但另一面又成立了两个局负责“艺术”与“人文科学”，承认政府有权资助古典音乐、歌剧、戏剧和舞蹈等，鼓吹文化民族主义。④ 欧盟国家表面上宣称

---

① 世界贸易组织. 乌拉圭回合多边贸易谈判结果法律文本［C］. 对外贸易经济合作部国际贸易关系司，译. 北京：法律出版社，2000：455.

② 联合国教科文组织. 世界文化多样性宣言：第1条［R］//［法］贝尔纳·古奈. 反思文化例外论. 李颖，译. 北京：社会科学文献出版社，2010：90.

③［法］贝尔纳·古奈. 反思文化例外论［M］. 李颖，译. 北京：社会科学文献出版社，2010：4.

④［法］贝尔纳·古奈. 反思文化例外论［M］. 李颖，译. 北京：社会科学文献出版社，2010：6-7，16.

文化具有例外属性，但通过欧盟内部签订《跨国界电视协定》① 等方式，在打破各个国家的文化例外，从确立“电视无国界”向“文化无国界”拓展。② 所以，文化例外能否成为文化或文化产业管理的属性，是有极大的活动空间的问题。准确地说，它是一种向现实妥协的产物。

总之，笔者认为，文化产业管理的属性不能替代文化的各种属性，文化产业管理的各种属性之间也不能互相替代，不能为经济属性而忽略了保证文化自身独立的意识形态属性乃至社会属性。文化产业管理的各种属性要依据现实条件而达成一种制约性平衡。

二、免费：文化的权力属性对抗文化产业管理经济属性的需求

文化的非功利性，主要是指其非经济属性，这一特点很大程度上源于其早期被权力阶层与精英阶层垄断的原因。在市场经济环境中，四处谋求利润的资本把目标固定于文化之后，文化产业化既满足了资本阶层的利润需求，某种程度上也因批量化的文化生产推动了文化大众化的普及，加速了对文化垄断的打破。文化产业化、文化产品与服务收费化，相比既往的权力垄断，在历史的意义上，无疑有利于大众获得文化消费的权力、文化话语权力乃至文化参政权等，促成大众拥有越来越多的文化权益。

但文化产业化或依照经济属性进行的文化产业管理也产生了负效应，与文化的普遍赋权有一定的抵牾之处。文化是人类的共同财富，从长远的未来考虑，没有任何人可以独占或垄断文化。虽然文化产业管理具有社会属性，一定程度上在公共服务的范围内，对部分能起到公共服务作用的文化内容进行折扣或免费，但仍旧是杯水车薪，无法满足随着社会发展而日益增加的社会公共文化免费的文化需求。大量的文化产品与服务成为明码标价的商品，

---

① 欧盟最初签订的协议是《跨国界电视协定》，该协定部分内容被修订为“电视无国界”指导方针，于 1989 年 10 月 3 日经欧盟部长会议通过。

② ［法］贝尔纳·古奈. 反思文化例外论［M］. 李颖，译. 北京：社会科学文献出版社，2010：25.

大众的文化权力似乎仅仅体现在文化付费的平等上。版权在使文化成为资本的过程中，越发发展出另一种垄断，限制、阻止未付费消费者对既有文化财富的使用，阻止一切未付费的文化创造活动。对广义“盗版”的打击，把一切基于原创的再创造活动都包含在内，这样做虽然在最大限度地保护了版权方，但也一定程度上阻止了文化的继续创新。如学者劳伦斯·莱斯格所说：“很多形式的盗版都十分有用，并且具有生产力。它们能够催生出新的内容形式和商业模式。”①比如富有创新性的“同人”文化，是大众参与文化创造的重要形式，但版权文化或对侵权盗版的打击，严重地制约了“同人”文化的未来发展。

如果仔细分析版权保护的利益归属就会发现，往往创作者并非利益的最大受益者，版权利益重头往往属于版权的处置或管理平台。图书作者的版权费大头往往归属于出版机构；电视剧的原创编剧分到的收益很少，利益重头在影视发行公司或电视台；如此等等。比如阅文集团（甲方）一度拟定的与网络写手（乙方）的版权合同就规定：“乙方无条件将所有版权交给阅文，甲方运营版权无需乙方同意，且不予分配收益……”② 极端的，如已资本上市的“视觉中国”公司，利用版权漏洞，无视创作方，将属于公共文化的“黑洞”“国徽”“国旗”等图片收归私有，动用法律手段向使用者索要版权费。③版权专家罗纳德·V. 贝蒂格在批判欧美版权制度的时候，就表达出了这样的观点：“版权不再是保护知识产品创造者利益和积极性的有效工具，它诞生的目的是为资本家攫取更多的利润保驾护航。”④ 如果文化产业管理的经济属性发展到这种程度，事实上已经侵犯了大众拥有的文化权益。

---

① ［美］劳伦斯·莱斯格. 免费文化：创意产业的未来［M］. 北京：中信出版社，2009：48.

② 证券时报. 网络写手集体崩溃？阅文新合同被指霸王条款还要免费阅读？最新回应［EB/OL］. 新浪网，2020-05-03.

③ 张鑫，李铁柱. “黑洞”照片引爆视觉中国版权争议［EB/OL］. 新华网，2019-04-12.

④ 曹晋. 版权文化——知识产权的政治经济学·总序［M］// ［美］罗纳德·V. 贝蒂格. 版权文化——知识产权的政治经济学. 沈国麟，韩绍伟，译. 北京：清华大学出版社 2009：Ⅱ.

大众的文化权益源于文化的权力属性。这种文化权力，除了前述的文化话语权、文化参政权等，还包括为持续获得文化的权力而拥有的文化享有权、文化参与权、文化创造权、文化保护权等。文化的分享、参与为文化的参政权做了铺垫，文化的创造权与保护权是获得权力话语的重要途径。正是基于普遍享有文化的权力需求以及自由地创造文化的权力需求，罗纳德·V. 贝蒂格提出“免费文化”的观点。所谓“免费”有两层含义，一是指不付费享有；二是指不受控制的自由（free）。“自由文化支持和保护创造性革新，通过赋予创造者知识产权而直接履行自己的使命”。① 文化要保持持续发展的活力就要激发最大数量公众参与创造，让更多公众获得知识产权，而要获得创造的机会，就需要提供越来越多的免费文化，不能为经济利益而锁死文化创造的可能。

在现实条件下，抛开版权等限制，完全实行免费文化，缺乏可行性。因而，文化的免费性无法成为文化产业管理的固有属性，甚至亚属性。但从未来文化产业的发展趋势看，从文化的最本质属性看，文化的免费性反映了公众的普遍性的权益需要，在未来社会未见不可能。

三、从例外到免费：彰显文化的本质意义

文化例外表面谋求的是对民族文化、国家文化、区域文化的独立性的保护，实质上反映了文化产业资本竞争的现实状况，利用区域保护等政策，保护地区资本的垄断性。但从另一角度看，这一政策确实有利于对文化多样性发展的保护。文化的本质是意义，是非功利的生命意义的创造。现实的资本与权力环境改变了文化的次要属性，使文化具有现实性、暂时性的亚属性。文化产业管理的经济属性基于文化的现实亚属性，将文化纳入市场环境中，某种意义上也即将文化视为物质性商品对待。但文化的本质意义的非功利与经济属性的功利的矛盾一直存在。文化例外性质的提出，彰显了文化系统属

① ［美］劳伦斯·莱斯格. 免费文化：创意产业的未来［M］. 北京：中信出版社，2009：序言 X.

性间存在的这一矛盾。

文化免费性同样是文化本质意义的非功利性与经济属性的功利性的矛盾的反映。文化意义基于生命意义，生命意义与价值是不该用资本衡量和利用的。但资本市场的现实是力争将一切存在物资本化、有价化、经济化，只要有利润，资本就不会放弃对文化的经济属性的利用。在文化产业化越来越深入的今天，文化产品与文化服务也从批量化走向了定制化，文化收费将越来越普遍，也越来越昂贵。文化的普遍免费既不符合资本与经济的运行规律，也不具有现实可行性。可是底层大众有平等享有文化的权力与需要，部分缺乏资本的文化创造者有参与文化创造的权力与激情，对这些人的权力与需要的压制，必然会引起反弹，也必然会激起文化免费的呼声。从公共文化建构出发，宏观管理机构可以一定程度上提供与创造文化免费的机会，从而在一定程度上缓解文化收费与文化免费的矛盾，但并不能从根本上解决文化意义的非功利性与文化产业管理的功利性的矛盾。

就现实性而言，当下的文化免费是一种例外，市场环境下，绝大部分文化产品与文化服务必然是收费的，否则文化产业也无从提起。文化例外是为了文化收费。文化例外性保护，是为了对抗外来文化资本的入侵，但在被保护的区域内，文化产品与文化服务并不免费，由于资助税费的附加，被保护的文化产品或文化服务的价格甚至会高于相应的外来文化产品与文化服务的价格。但文化例外——铺垫了未来文化免费的可能性，提示了文化的自身独特性所在——生命的价值意义本性。

文化的资本属性及文化产业管理的经济属性，只有在资本消失时代才可能消失。也就是说，文化产业管理是历史的产物，文化的系统属性中除本质属性外，其他属性都是暂时性属性。文化例外、文化免费，在文化资本化、文化产业化的大背景下被提出，是作为文化本质的意义属性——这一永久性的属性，与作为经济功能的资本属性——这一现实性的属性，二者之间的内在矛盾的反映，彰显了在未来时代，私有制消失、资本消失乃至经济属性消失后，文化以文化自身的生命意义表现出来的可能性。

第四章

意义、人性与意义管理

人是意义的动物，在意义的指引下，人会主动进行自我构建。意义管理的学理基础正是这种人性的考量。但人的意义是基于需求而生的，不同需求构成不同的意义实现。过度的需求是欲望，欲望与需求并没有明显的界限，随着生产力的飞速发展，现代工作的机会已不仅仅是满足人们生存的基本需求，而是指向人们的精神需求的满足。不同时代有不同的需求与欲望，构成意义的不同指向。人的需求—欲望心理与意义实现指向使意义管理具有可行性。在“合作”型为主的管理模式中，说服型管理方式的重要工作就是进行意义重构。

第一节　“意义”范畴的再思考

“意义”是哲学的重要范畴，具有复杂内涵，但总体上其核心内涵可以围绕“意”和“义”来展开理解。意义具有很强的主观性，意向、意图是其精神特质。意义因其与价值向度上的快感的联系，“上瘾”很容易也被误认为具有意义。当意义的主观性被生理的客观性完全控制时，意义也就转化为了无意义。

一、意义的核心内涵

意义，在英文中有 meaning、sense、purport、significance 等表达方式，在中文中则有意图、意思、思想、道理、内容、认识、知识、观念、意味、价值、作用等多种表达。但总结起来，意义的核心无外乎涉及两方面内容，一方面指向事物的内涵（“意”）；另一方面指向事物的价值（“义”）。正如前文所述，在内涵层面上，如丹尼尔·贝尔所论，“为人类生命过程提供解释系统”①；在价值层面上，如雷蒙·威廉斯所论，提供“‘表意’（signifying）的或‘象征’（symbolic）的体系”②。

在这一系列相关词中，意义的内涵（“意”），笔者习惯用“意思”或“meaning”指代，指事物所包含的思想与道理，也即含义，也可以被认为指语言文字所代表的意思。很多语言学者所说的“意义”其实就是语言的具体含义、内容，很多思想者所说的“意义”则是指思想和道理。这些当然是“意义”这一范畴的重要内容。只有明确了内涵，也即基于“真”的认识，才能开始对“善”和“美”进行探讨，是“善”和“美”的也必是有真实内涵的东西，真正的“善”和“美”不可能是假的东西。但人们所说的“真”的内涵具有相对性，是相对于人的认识和需要系统而言的“真”，也就是说，人们的认识能力、现实需要解释的程度与范围决定了人们如何以人的当下标准来判断“真”。意义的内涵或意思或指向的内容，虽然偏向于客观，但因其是围绕人的生命系统而展开的，人的内在标准会应用到对外在事物的解释、理解之中。

在这一系列相关词中，意义的“义”，笔者习惯用“价值”或“significance”指代，主要指向一种价值评判。作为价值，其内涵复杂一些。按照奥

① 当然，贝尔所说的解释，不仅指内涵的解释，也包括象征意味的解释，但此处笔者主要指内涵的解释。参见［美］丹尼尔·贝尔. 资本主义文化矛盾［M］. 赵一凡，蒲隆，任晓晋，等译. 北京：生活·读书·新知三联书店，1989：24.

② ［英］雷蒙·威廉斯. 关键词：文化与社会的词汇［M］. 刘建基，译. 北京：生活·读书·新知三联书店，2016：153.

布赖恩的说法，关于文化产品的“‘价值’一词描述的是一种关乎经济的看法，一种关乎个人表达的意见和一种关乎伦理道德的理念”①，基于此，可以说，奥布赖恩认为价值至少有三个层面的含义。第一，价值指经济价值。从经济学角度看，其又分为价值（凝结在劳动产品中的一般人类劳动）、使用价值、交换价值等；实际生活中，其又可分为实用价值与非实用价值。第二，价值指向群体的伦理道德。充满道德意义的事物，对人们有正向的价值意义；缺少或不道德的事物，对人们有负面的价值意义。第三，价值指向对主体的满足程度。应该说，奥布赖恩对文化价值的看法，也同样适用于物质产品，物质产品也同样可以有这三种价值。但意义的“价值”，是紧密联系“意”的“义”，是以“意”为限定条件的“义”。“义”偏向非物质性的精神内容的价值。所以，在上述的价值三层含义中，价值主要指文化内容的道德伦理、文化内容的满足程度，都是偏向非物质层面的价值。实用性的经济价值的义项，并不在意义范围之内。一些貌似事物自身独立特性的东西，比如社会价值、历史价值、文物价值等，其实都是文化内容相对于人们的主观而生的社会意义、历史意义、文物意义等。

总体上，在马克思主义哲学向度上，价值是指揭示外部客观世界对于满足人需要的意义关系范畴，是指具有特定属性的客体对于主体需要的意义。通俗地讲，某事物是否有意义，就是看其对人这一主体是否有价值或是否有用。无论是事物的思想、内容、观点还是事物的伦理价值、社会价值、审美价值等，都可以从客体对主体的满足程度视角来判断是否有价值。所以，意义最简单的意思，可以指事物所蕴含的精神内涵对主体的满足程度。有意义的事物，既可以是非物质性的文化产品和服务，也可以是物质性产品。当物质性产品在内涵向度上对接受主体产生了价值或意义的时候，物质性产品已经产生了文化附加值，其文化附加值已属于精神意义范畴。很多时候，商品的内涵并不明晰（例如“鬼畜”这样的娱乐产品），但能满足主体的某种情

---

① ［英］戴夫·奥布赖恩. 文化政策：创意产业中的管理、价值和现代性［M］. 魏家海，余勤，译. 大连：东北财经大学出版社，2016：5.

感需要，主体仍旧会认为其有意义，这时娱乐产品的内涵往往由接受主体进行了主观赋予，是主体的情感内涵。

二、意向与意图：意义生成的精神特质

意义是以人的生命活动为基础的富有精神内涵的生命意义的体现。事物所具有的精神内涵，以其所具有的客观属性为载体，但具体的精神内涵却需要人来赋予，只有人们赋予了事物一定的精神内涵，事物才具有呈现意义的可能性。当经过人们的体验、感受，甚至反复的反思，确认了事物的精神内涵对自己有价值的时候，意义才会真正地呈现出来。所以，自始至终，意义都是人的生命意义的体现，意义生产具有精神特质，具体体现在贯穿始终的意向与意图。

意义的生成是基于一定的对象性事物的，这是意义的客观性来源。而要基于一定的对象性事物，首先就要主体的意识关注到对象性事物。意义的“意”首先是指“意向”，即意向性的关注。只有意指某物，才会“以这种或那种方式与对象发生关系”①。按照现象哲学的观点，意义可以等同于关注，“‘意义’无非是指‘注意力的专注’”②，只有事物纳入人们的关注中，事物的意义才能得以生成。“意向”的指向可以理解为关注主体的关注体验。③在意向或关注的基础上，人们要认识的是能构建起事物的既有意义与未来的可能意义。

注意力经济理论强调注意力的重要性，其实也就是意向性的重要性。事物的意义之所以能吸引人，在于其能吸引我们的生命体验。有学者将人们这种注意力归诸人的本能。“从某种意义上说，动物世界的竞争乃至人类当代社

---

① ［德］埃德蒙德·胡塞尔. 现象学的观念［M］. 倪梁康，译. 上海：上海译文出版社，1986：48.

② ［奥］阿尔弗雷德·舒茨. 社会世界的意义构成［M］. 游淙祺，译. 北京：商务印书馆，2012：67.

③ ［奥］阿尔弗雷德·舒茨. 社会世界的意义构成［M］. 游淙祺，译. 北京：商务印书馆，2012：67.

会的竞争都是注意力的竞争，这种竞争基于人的三种非常重要的生存本能，即付出注意力、获取注意力和逃避注意力。"① 既然注意力是人的本能，那么值得本能付出注意力的事物对生命体验来说一定是重要的。同时，人的注意力或意向力是有限的、稀缺的，当这种稀缺的、有限的注意力专注于某项事物的时候，它一定是基于生命体验而能吸引我们的东西，也一定是能生成对主体来说有价值有意义的东西。就文化意义的生成而言，作者或生产方会努力将基于生命体验的注意力元素蕴于所创造物这一载体之中，意图获取接受者的意向性关注，而接受者则根据体验需要努力付出注意力，意图获取能激发自己生命体验的意义内涵。在意义的生成与接受过程中，意向性会被意图所引导，意图会参与意向性的关注活动之中。

"意图"是指人的主观设想，即人对事物的实现方式、用途、目标、目的等发展方向的设定。美国生物学家爱德华·威尔逊在其所著的《人类存在的意义》一书中就认为，意义有意图的含义，而意图意味着设定，设定就意味着设计者，意味着上帝的存在——他否定这种宗教哲学观，转而认为意义产生于历史的偶然性，并非宇宙设计者的意图，每个有机体的行为都包含着有意图的意义。这个意义的设定是个体主观的设定。② 爱德华·威尔逊将意义由上帝的设定转而归为每个个体自我的设定。这正是这本书的核心观点。人们在关注意向性事物，从而生成意义的过程中融入意图，意味着人们的意义生成与意义消费并非单纯的被动活动，而是有着主动的寻求意义趋向，一定程度上体现了精神的主体能动性。

"意义"在更宽泛意义上主要指的是探索世界于"我"的意义。人们既是在客体中寻找意义，也是在不断地设定意义（意图）。当明晰了"意义"的客观之"意"，"意义"的主体之设定，才有进一步体味附于其上的价值对"我"的主体设定实现与否的"意义"，并于这一层次进行反思——这也是在

---

① 张雷. 媒介革命：西方注意力经济学派研究［M］. 北京：中国社会科学出版社，2009：2.

② Edward O. Wilson. The Meaning of Human Existence［M］. New York：Liveright Publishing Corporation，London：W. W. Norton & Company Ltd.，2014：12-13.

重构意义。重构意义不仅思考价值，更是在思考“去除遮蔽”（“去除遮蔽”的希腊文原意是“真理”之意），寻求与“我”生命意义设定密切相关的联系，理解“真实”、洞见“真我”。人类的进步，某种意义上，也是在这种寻找意义、重构意义的过程中的提升。

三、“上瘾”与无意义

意义并非仅仅指确切的理性含义，“义”受“意”的限制，“意”也受“义”的限定，即意义是在非物质性的范围内对主体有价值的东西。对主体有价值的东西，刨除实用性物质满足外，在精神满足范围内，也包括情感体验的满足。

人们精神性的满足，大体可以分为理性与情感两部分，事实上，二者很难明确切分。自柏拉图以来，理性学脉就排斥情感学脉，但理性完全摆脱人的情感因素就会走向非人的歧途，情感无理性的把持也会坠入迷狂的深渊。理性的发生离不开感性基础，感性基础离不开情感体验，情感体验离不开人的生理反应，生理反应往往是基于生命需求而对客观事物的本能反应。情感包含情绪内容，在情感发生过程中往往伴随各种情绪反应，情绪堆积也会使主体对客体产生情感的质变。非理性常常与情感有密切关系。非理性不一定不合理，尤其是符合情感需求的非理性自有其合理之处，即其往往符合于生命的意义追求。因此，对意义的理解，不能仅注重含义的理性内容，而忽视了情感因素的意义价值。同时，情感因素的意义价值也可以构成意义的内涵。喜、怒、忧、思、悲、恐、惊等情绪体验可以构成意义的价值基础，喜欢、爱慕、憎恶、仇恨、幸福、美等情感体验也可以构成意义的内涵基础。情感（情绪）体验构成意义，并不排斥理性。没有理性的把控，情感意义就会走向过度化的“上瘾”与无意义。

“上瘾”又称成瘾，多指药物成瘾或者人的行为成瘾，多源于物质性刺激，其与人的生理关联密切。研究发现，上瘾和脑部的愉悦功能区有关。这些脑区包括“腹侧被盖区、内侧前脑束、伏隔核、中隔、丘脑和下丘脑”，

“这些区域产生的愉悦刺激，程度各不相同”。① 正常情况下，作为对人们生存选择正确的奖赏，这些脑区偶尔分泌多巴胺，促进生理对相应刺激产生愉悦反应，有益于人们的身心。但过度依赖尤其是通过人为的方式反复刺激多巴胺，就会“破坏了大脑多巴胺的天然运作机制，致使多巴胺‘绑架’了人们的大脑”②，形成病态反应。有一些药物或食物，人们往往无法控制其摄取量，如毒品、烟酒、美食等；有一些行为，人们容易沉迷，如赌博、性爱、购物、游戏、上网等；一旦过度，都会因过度刺激多巴胺分泌，紊乱了大脑奖赏功能，而显现上瘾的病态反应。③

情感价值之所以被理性内涵排斥，一个重要原因就是情感价值往往会过度依赖生理反应，而一旦持续进行反复刺激，情感价值的愉悦就会转而为一种“上瘾”的症候。个体对文化意义的消费分为三种情况：第一种是服务于生产再生产需要的文化消费，例如各类从事生产的知识储备等；第二种是服务于个人的全面自由发展的文化消费，比如上各种兴趣班、提升文化修养的意义消费；第三种是为了消耗精力（英文中的 kill time 式）的消费，也即是耗损，比如通宵玩各种电子游戏的疲劳消费。应该说，前两种文化意义消费过程中，理性内涵处于主体，而第三种文化意义消费，情感价值生成的内涵居主体。当有理性把控、有理性参与情感价值作为内涵进行意义生成时，对于以这样的情感价值为基础的意义，人们的消费是有尺度的，所谓适度消费，有益于身心健康。换句话说，意义的核心虽然既可以指理性内涵，也可以指情感、情绪等价值意义，但对于理性内涵而言，其一定对人有价值满足的意义，对情感、情绪等价值而言，其要构成内涵，也需要理性的参与、把控。人的意义既离不开理性，也同样离不开情感、情绪等感性反应，因为人是生

---

① 程志良. 成瘾：如何设计让人上瘾的产品、品牌和观念［M］. 北京：机械工业出版社，2017：9.

② 程志良. 成瘾：如何设计让人上瘾的产品、品牌和观念［M］. 北京：机械工业出版社，2017：11.

③ 适度“上瘾”，只要不影响身心健康，并无不可，但一旦“上瘾”，往往会发展到过度程度，影响身心健康。本文所述的“上瘾”，主要指过度“上瘾”。一般地理解，不过度，不被称为“上瘾”。

命体验的复杂体。

当没有理性把控，仅仅由情感、情绪等作为价值独自生成意义时，以这样的情感价值为基础的意义往往会流于无意义。意义是对主体的正面价值，而非负面价值。没有价值或负面价值也即是无意义。没有理性把控或参与的价值会转化为“上瘾”的病态症候，这种价值对人这一主体，总体上是没有价值或有负面价值的。比如一款简单游戏，在理性的把控下，人们偶尔消闲玩几次，既能对游戏内容有内涵性把握，又能放松身心、有益于健康，但在此满足基础上，持续不断地、彻夜不眠地玩同款游戏，多巴胺的分泌会紊乱，精神消费或转化为“上瘾”的病态依赖，精神活动或转变为物化行为、病理现象。极端的“粉丝”现象也与之类似，粉丝对偶像的情感依赖，一旦失去理性的控制，转为“上瘾”症候，不追星就会出现“戒断反应”，其对粉丝主体的身心健康而言是无意义的。从意义管理的视角来说，笔者认为，我们既应该要求意义消费者能自觉地用理性把控自我，因为意义的生成根本上是主体（消费者）的意义生成，消费者具有相当大的主动性，同时，也应该要求文化意义的生产方与管理方，在生产环节、传播环节乃至消费环节，进行理性把握与宏观监控，防控意义转化为无意义。

情感价值与生理联系密切，易于发生“上瘾”式依赖，理性内涵如果被情感把控，也同样会发生“上瘾”式依赖。比如沉迷学术是好事，对学术产品的消费无疑有益于学术的进步，但过度对学术名利所带来的愉悦情绪“上瘾”，就会无视自己或他人的身心健康，做出过度过格的行为。此外，其他的意义价值内容，如伦理价值、美学价值等，笔者认为都可以视为情感价值元素，因为这些价值都掺杂着大量主体的情感因素在里面，但它们又不同于人们一般性理解的情感价值，它们自身渗入了理性成分，对这些价值的把控不同于一般的情感价值，它们可以自身生成理性内涵，从而兼顾意义的理性内涵与情感价值，从而生成意义。还有，有意义与无意义具有相对性、辩证性，也为此，存在那种争议性的文化意义，自然也存在基于争议性文化意义的文化产品或文化服务。

第二节 生命需求的精神升华
——意义、“需求—欲望”及人性假定的联系

意义作为精神取向的范畴，不是无中生有的产物，它源自人们的生命意识，即基于人的生存需要而生的精神升华。从某种意义上来说，人的意义取向都有具体的精神内涵，这些具体的精神内涵都密切联系着人的生命需求，而这些精神需求若有若无地联系着人们的生理机能。

一、生命基础奠定“需求—欲望”体系

人是一种高级动物。在漫长的进化过程中，人类一步一步通过适应环境而进化出复杂而系统的生命生理系统。这一系统有明显的动物性痕迹——动物的原始本能通过人的生理系统得以延续，同时，这一系统又有着明显的指向非动物性的趋向——人作为社会的人的需求与欲望。

由于现代科技限制，人们对这一生命系统的研究尚处在无法完全实证的阶段。但是本着人类自身生理与心理的体验性总结，一些学者提出的需求或欲望理论不断被大众以自己的体验所认同。这说明其中确实存在尚无法完全探知的人类行为与生理/心理活动的共同规律。关于这些需求或欲望问题，有的学者会将一两种比较单一的需求或欲望归为人类的根本需求或欲望（比如弗洛伊德、阿德勒、埃里克森、卡尔·罗杰斯等人的理论），而有的学者则倾向于认为人类的需求或欲望具有多样化（比如威廉·詹姆斯、威廉·麦独孤等人的理论）。需求或欲望是有度的，一般认为社会普遍性的需要是需求，而超出社会一般需要的需求则常常被视为欲望。但二者之间通常没有严格界限，具有辩证的相对性。笔者也认同人类具有复杂、多样的需求—欲望系统的观点，那种把人类需求或欲望单一化的观点，虽然能达到一定的认识深度，但其偏颇之处是显而易见的。

基于复杂与多样化的认识，有学者根据人的生理机能与欲望系统关系，构建了彼此间的联系体系（图 4.1）：

人
1. 神经受动性感觉系统——舒适欲、视欲、听欲、嗅欲、味欲、触欲、审美欲等
2. 神经能动性控制系统——支配欲、控制欲、协调欲、思考欲、自我保护欲等
3. 信息系统——求知欲、见闻欲、发现欲、交流欲、联络欲、安全欲等
4. 运动系统——动欲、自由欲、健身欲、作为欲等
5. 消化系统——饮食欲、大便欲
6. 呼吸系统——呼吸欲
7. 泌尿系统——小便欲
8. 生殖系统——性欲、支配欲、繁殖欲、亲子欲、养欲等

图 4.1 人体生理—欲望体系图①

研究者由这个系统，归纳出十种人类基本的欲望——“呼吸欲、饮欲、食欲、大便欲、小便欲、性欲、舒适欲、控制欲、求知欲和动欲”②，认为“这些基本欲望是人类衍生其他各种欲望的基础和源泉”③。这里除了控制欲和求知欲外，其他都基本属于人的生理欲望。应该说，这种看法有一定的道理。对人的欲望的认识，脱离人的生理性—动物性一面，也就脱离了人作为动物的生命基础。但这种认识，也存在疏忽了人的社会性质变的一面。马斯洛与史蒂文·赖斯两位学者各自从人类社会性出发，实证性地总结了人的社会性需求，笔者认为对本书的研究具有重要意义。

马斯洛在其出版的《动机与人格》一书中，提出了五种基本的需求类型，在 1970 年的新版书中，马斯洛又将人的基本需求修正为七种，即生理需求、安全需求、归属和爱的需求、自尊需求、自我实现需求、认知需求、审美需求。④ 马斯洛显然意识到人的需求的复杂性，也不再强调需求层次的高低的层

① 对原图略作修改，参考张振学. 欲望的世界：欲望与精神心理学［M］. 北京：中国商业出版社，2017：8.

② 张振学. 欲望的世界：欲望与精神心理学［M］. 北京：中国商业出版社，2017：15.

③ 张振学. 欲望的世界：欲望与精神心理学［M］. 北京：中国商业出版社，2017：15.

④ ［美］亚伯拉罕·马斯洛. 动机与人格［M］. 许金声，程朝翔，译. 北京：中国人民大学出版社，2007：30-33.

次区分。例如，他认为认知需求对某些人是基本的安全需求，对智者来说则是自我实现的需求。① 此外，马斯洛还意识到许多例外的情况。但笔者更为认同五种基本需求的划分，五种划分似乎更能代表马斯洛思想的特点，七种划分中增加了认知需求、审美需求两个层次等级，可能会引起争议。美国学者史蒂文·赖斯既不从生理认识出发，也不从社会性经验揣度，而是从社会终端，基于对6000人的实证调查，将人们的基本欲望归纳为16种：权力、独立、好奇、接纳、有序、收集、荣誉、理想、社交、家庭、地位、反击、浪漫、食欲、运动和安宁。② 综合马斯洛的需求理论与史蒂文·赖斯对人们的欲望的划分，笔者略作修订，做了一个“需求—欲望”的列表（如下面的“需求—欲望”表4.1所示）。

表4.1 “需求—欲望”表③

需求系	欲望系
自我实现需求（理想、成功、求知、健康等）	野心、探险（猎奇）、长生欲等
自尊需求（生存自信、尊严、自由）	权力、财富、地位、名声、荣誉、炫耀欲、孤僻
爱与归属需求（爱、家庭）	浪漫欲、唯美欲、依赖欲、交际欲
安全需求（求生避险、卫生、稳定）	反击（竞争）、救助示好、洁癖、有序（组织、保守）欲
生理需求（吃喝、性、活动、休息等）	饮食欲、色欲、超能欲、娱乐欲、懒散等

① ［美］亚伯拉罕·马斯洛. 动机与人格［M］. 许金声，程朝翔，译. 北京：中国人民大学出版社，2007：31.

② ［美］史蒂文·赖斯. 我是谁：成就人生的16种基本欲望［M］. 陈楠，译，杭州：浙江人民出版社，2014：4.

③ 笔者认为需求是基于存在与发展的人的生理与社会的基本需要，欲望则是过度的需求，需求与欲望之间存在一一对应的关系；大多数学者视二者为同意。与以往归纳相比，此处略作修改。原归纳可参见：秦勇. 意义的生产与消费——文化经济学新论［M］. 北京：首都师范大学出版社，2017：46.

这两个需求或欲望系统，各有侧重。笔者比较认同马斯洛早年提出的五层次学说的一个重要原因就在于他认为五层次之间存在逐层升级的关系。人的任何需求和欲望无疑都有生命基础，也可以说，生理需要是最基本的基础，在此基础上，升华出社会性的需求或欲望。例如，性欲是人的生理本能，是生命基础，但爱情则是基于性需求的社会性、精神性的升华。对待性欲，我们可以说其是生理需求，但对待爱情，我们只能认为它是社会需求，它与纯粹的性欲相比已经发生了质变。所以对具有社会性的人，不能忽视其生理需求，但也不宜过度放大其生理需求。作为社会存在的人，其本质还是社会性，是建构在一切社会关系之中的社会性的需求—欲望。

二、人性假设即“需求—欲望”的假设

人有什么样的需求和欲望就是什么样的人。需求及以需求为基础的欲望，塑造了人的形象，同时也奠基了人性。人性某种意义上是对人的一系列“需求—欲望”的概括。人作为社会性的动物，随着时代与社会的发展变化，人的需求—欲望会发生变化，人们对人性的理解也会发生改变。即使在同一时代，人们所处境况不同，对人性的认识也会不同。例如同处春秋战国时期，诸子百家就提出了林林总总的人性观，孟子的“人之初，性本善”①、荀子的“人之初，性本恶”②，或者是告子提出的“人之初，性本无”③ 等等，都是基于对人的某些“需求—欲望”的把握而得出的结论，但又都在某种程度上存在一定的片面性，我们既不能承认它对，也不能完全否定它，只能称为人性假设。人性假设简约了“需求—欲望”体系，但却极大地扩展了想象的空间。

人文社会科学有诸多的人性假设，不一而足。建立在对人性的“需求—欲

① 孟子原句为：“人之性善也，犹水之就下也”（《孟子·告子章句上》）。
② 荀子原句为：“人之性恶，其善者，伪也”（《荀子·性恶》）。
③ 告子原句为：“人性之无分于善与不善，犹水之无分于东西也”（《孟子·告子章句上》）。

望”认识基础上的经济学、管理学，有如下几种主要的人性假设（表4.2），即“经济人”假设、“社会人”假设、“自我实现人”假设、“复杂人”假设等。

表4.2　人性假设与需求层次表

<table>
<tr><th colspan="2">人性假设</th><th>需求系</th></tr>
<tr><td rowspan="5">“复杂人”假设“文化人”假设①</td><td>“自我实现人”假设</td><td>自我实现需求（理想、成功、求知、健康等）</td></tr>
<tr><td rowspan="2">“社会人”假设</td><td>自尊需求（生存自信、尊严、自由）</td></tr>
<tr><td>爱与归属需求（爱、家庭）</td></tr>
<tr><td rowspan="2">“经济人”假设</td><td>安全需求（求生避险、卫生、稳定）</td></tr>
<tr><td>生理需求（吃喝、性、活动、休息等）</td></tr>
</table>

“经济人”假设视人为物质利益至上的动物，一切行动以物质利益为转移，从事生产活动只是为了获得物质利益。亚当·斯密基于这种假设构建了由“看不见的手”掌控的自由市场理论体系，弗雷德里克·温斯洛·泰勒利用人们的物欲心理构建了“泰勒制”管理体系。尽管这种人性假设适合于早期的资本社会，促进了人们的生产积极性，但显然这种人性理论是概括性的人们生理需求—欲望的抽象化，放大了人们的生理需求（吃喝、性、活动、休息等）的重要性，为饮食欲、色欲、超能欲、娱乐欲、懒散欲等欲望张扬提供了理由，是人类发展较低级阶段的反映。“社会人”假设在“经济人”假设基础上，将人性提升到一个日益远离物欲需求的新的高度，认为企业员工不是唯利是从的纯经济动物，而是作为社会群体所属的社会成员之一，人的社会需求（爱、归属、尊重等需求）、人际关系比经济报酬与福利待遇更能激励员工作为社会人的工作热情与提升工作效率。无论是生产领域还是消费领域，对人的社会归属感的强调、对情感因素的凸显，都是一种刺激经济发展的因素。相对于沉迷物欲的“经济人”，“社会人”彰显的是标记有社会符号的需求与欲望。但社会归属标记也在某种意义上淹没了作为个体的独立的价值追求的实现。“自我实现人”假设基于“经济人”“社会人”，继续升华对

① “复杂人”假设、“文化人”假设包含“经济人”“社会人”“自我实现人”等诸多内涵，也间接对应各种需求。

人的意义的认识，认为只有做能实现自我价值的事情，才能克服“经济人”与“社会人”的物欲化与“异己”感，才会让人们能不知疲倦地努力工作，因为一切努力都是为了自我的意义目标，工作成为自我实现的一部分。理想、成功甚至长生的个人欲望都可以成为推动人们积极努力工作的长远目标。

作为现实的人，所处的情况是复杂的，人的“需求—欲望”也是复杂的，因而“复杂人”假设主张因时因地的不同而区别性地看待人性。人可能是被某一种人性需求支配的动物，也可能是被多种欲望包围的动物。不能僵化地看待人性，也不能僵化地看待人们的需求与欲望，人性是会发展变化的。“文化人”假设则视人为文化的动物，人性如何，或者人的需求与欲望如何是由所在的文化环境决定的。在一个确定的文化氛围中，人们往往具有由该文化氛围所决定的人性。“文化人”假设其实也就是环境决定人性的理论的转化。① 人性假设是人的“需求—欲望”的假设，但“需求—欲望”是社会环境使然的结果，人性的状态离不开社会的发展状态。但一个清晰的路线可以看到，即人们的“需求—欲望”越来越脱离动物性、生理性，虽然以之为基础，人性的假设越来越精神化而非物欲化，人的层次越来越高。正如马斯洛所言：“对不同需求层次的雇员应该采用不同的管理方式。其实，对于那些处于较低需求层次的人，我们没必要花太多精力去制定相应的管理方针，我们的主要目的是进一步明确由人类天性决定的个人发展过程中的高层次需求。”②

三、意义：超越物性中的精神升华

人处在物质与精神之间，不断走向精神至上性，却始终离不开物质性的生命基础，物质性的生命基础奠定了人们的需求与欲望。但吃、穿、住、行等物质性满足，从来不是人之为人的本质。人有一种不断超越物质性、生理

① 关于“经济人”假设、“社会人”假设、“自我实现人”假设、“复杂人”假设、“文化人”假设的内容与分析，详见本书附录1. 人性假设剖析。

② ［美］亚伯拉罕·马斯洛，德博拉C. 斯蒂芬斯，加里·海尔. 马斯洛论管理［M］. 邵冲，苏曼，译. 北京：机械工业出版社，2013：21.

性的精神追求。生理需求到社会归属需求、自我实现需求的发展，经济人到社会人、自我实现人的假设提升，无疑证明了这一点。人的本质也即人的意义，“不依赖外部的环境，而只依赖于人给予他自身的价值”①。正是人自己对于自身的赋值，给予了人的意义感。意义感是一种超越物性过程中的精神向度，或者称之为人的“需求—欲望”的精神升华。人们通过意义的生产与消费，不断体验对物质性的超越，理解他物的内涵及其对自身的价值。意义作为一种精神体验，伴随着社会发展而逐渐成为社会性的消费需求。

基于“需求—欲望”精神升华的意义追求，不仅主导了个体的生命方向，也主导了社会的生产发展。在社会生产无法满足消费者基本需求的阶段，消费者更看重物品的效用性满足，这个阶段的消费需求与物品的生产体系基本上是一致的，生产体系着眼于满足消费者的生理“需求—欲望”。随着社会生产力的发展，消费者在满足生理“需求—欲望”的基础上，谋求个性化的自我实现——需要实现在社会发展中的自我定位，物品的象征意义需求开始大于实效需求，物品也开始符号化，作为符号其能指（象征意义）开始脱离所指（实效需求）。某种意义上，在社会层面上，符号性的生产与消费完成了一次超越物质性的精神升华。因为正如卡西尔所说，人既是文化的动物，也是符号的动物，“应当把人定义为符号的动物（animal symbolicum）来取代把人定义为理性的动物。只有这样，我们才能指明人的独特之处，也才能理解对人开放的新路——通向文化之路。”② 当社会的生产与消费进入对符号象征意义的生产与消费之后，人们的“需求—欲望”体系直接转化为象征符号，在整个社会层面上，进行了一次超越物质性的精神升华。文化产业化的出现与发展，加固了这种升华的趋势。在这一大趋势下，即使物质性商品的生产与消费日渐在文化化、意义化。对这种符号化意义的消费，鲍德里亚有句话说得很贴切：“被消费的东西，永远不是物品，而是关系本身。”③ 这个“关系”

① ［德］恩斯特·卡西尔. 人论［M］. 甘阳，译. 上海：上海译文出版社，1985：10.

② ［德］恩斯特·卡西尔. 人论［M］. 甘阳，译. 上海：上海译文出版社，1985：34.

③ 鲍德里亚即布希亚，中文译法不同。引文参见［法］尚·布希亚. 物体系［M］. 林志明，译. 上海：上海人民出版社，2001：224.

象征与揭示了某种“需求—欲望”。

意义能主导人的精神追求方向，但却无法彻底改变生成意义的“需求—欲望”体系，乃至奠基“需求—欲望”体系的生命基础。环境的改变、社会的发展、人的质变，才会铺就“需求—欲望”彻底精神化升华的可能。在当下，物质性的需求—欲望仍旧制约着意义的升华程度，尤其是在谋求剩余价值的市场环境中，符号化的意义往往是现实社会阶层的关系意义的反映，难以真正达到超物欲的自我实现。正如鲍德里亚所批判的：“生产体制在所有的层次组织这种关系/物的身份。所有的广告都在暗示，活生生的、有矛盾性的关系不应干扰生产的‘理性’体制，暗示说它应该像所有其他的事物一样，自我消费。它应该‘个性化’，以便被整合于生产体制之中。在这里，我们汇合了马克思所分析的商品形式：就好像需要、感情、文化、知识、人自身所有的力量，都在生产体制中被整合为商品，也被物化为生产力，以便出售，同样的，今天所有的欲望、计划、要求，所有的激情和所有的关系，都抽象化（或物质化）为符号和物品，以便被购买和消费。比如伴侣关系：它的客观目的性变成了物的消费，而且还包含了过去象征此关系的物品的消费。”①

但我们不能因为看到符号化的意义在超越物性方面具有局限性，而否定“需求—欲望”精神化升华的重要价值。不经历物欲化的过程，意义也不会纯粹化为一种精神追求。欲望、情感、意义的商品化过程，也正是人们熟悉、洞悉内在各类“需求—欲望”的过程，狂欢式的消费、鲍德里亚式的批判都是人类自我进步的重要环节。基于此，我们才能更深刻地认识人性、认识自我，从而设定个体乃至集体的意义方向。生命基础奠定“需求—欲望”，“需求—欲望”铸就人性之基，意义则是生命、“需求—欲望”、人性的升华。

---

① ［法］尚·布希亚. 物体系［M］. 林志明，译. 上海：上海人民出版社，2001：224.

第三节 意义管理——管理理念的发展方向

在“我与他人”的关系中，“我”怎么看待“他人”，也就会在管理中对“他人”如何进行管理。这种“我”怎么看待“他人”的设定，并不仅仅是由个体自我认识出发，往往是一个时代、一个社会作为人类的发展状态从总体上决定了个体在处理“我与他人”关系的态度与方式。作为个体的管理者，既要结合具体的语境来确定具体的管理理念，也需要考虑人类社会的未来的发展趋势，具有前瞻性地发展出科学的管理理念设定。

一、社会发展三种形态所反映出来的管理理念

就人类的发展状态而言，马克思、恩格斯把人的发展分为三种形态：第一种形态——人类最初的社会形态是以人的依赖关系为基础的，在这种形态下，人的生产能力只是在狭窄的范围内和孤立的地点上发展着；以物的依赖性为基础的人的独立性，是第二种形态，在这种形态下，才形成普遍的社会物质交换、全面的关系、多方面的需求以及全面的能力的体系；第三种形态，也即人类发展的第三个阶段，是建立在个人全面发展和他们共同的社会生产能力成为他们的社会财富这一基础上的自由个性。① 以人的依赖关系为基础的“权力本位”社会属于人的发展的第一形态，以“金钱”等物质为依赖本位的社会属于人的发展的第二形态，而人的第三种发展形态是建立在一种人的全面发展的基础上，个人与人民群众集体高度融合、高度一致的自由个性的发展——这个阶段的人是不被简单的人际束缚、物质束缚的自由自在的人。这种形态的人，个人与集体高度一致，个人主义的物质土壤已经被消灭。人类要达到自我的真正发展，必须逐步摆脱低级而极端的人的形态意识，把自

① 马克思恩格斯全集：第46卷（上）［M］. 中共中央编译局，译. 北京：人民出版社，1979：104.

身的发展指向未来的自由存在。

依照马克思、恩格斯对人类社会发展状态的三个阶段的总结，我们可以将各种管理理念予以分阶段放置。第一种发展状态，也就是以人的依赖关系为基础的社会状态，例如奴隶社会、封建社会，这样的社会生产力低下，一个阶级必须依靠强制力来役使另一个阶级，从而维持特权阶层的生存需要。在这样的社会，"权力本位"是核心管理理念，即任何管理都会从掌控他人的役使权力为出发点，所谓管理，也只是权谋之术而已。中国漫长的封建社会中，随处可见的"权力"之争，可见一斑。在这种社会状态中，提高生产效率并不是核心，掌控他人的权力才是核心。在这种情况下，有利于社会生产力发展的社会变革只要影响到权力阶层的特权，就会被阻碍或者扼杀。古代社会的管理理念大体上都是"权力"管控。进入现代社会，这种管理理念并没有彻底消失，而是被转化或渗透融合在部分人的管理思维之中。

第二种发展状态，也就是以物的依赖关系为基础的社会状态。例如资本主义社会，这样的社会生产力获得一定的发展，社会物质财富基本能满足社会群体的生存需要，但"物欲"成为这种社会生产力发展的动力，一个阶级除依靠强制力外，更多地通过"物欲"来诱使另一个阶级接受剥削奴役。在这样的社会，"金钱本位"是核心管理理念，即任何管理都会从最终的金钱效益为出发点来进行人、财、物的配置，当掌控他人的役使权力与提高金钱效益发生矛盾时，管理者并不介意放弃部分掌控权力。这一点决定了资本主义社会相比古代社会，更注重社会生产率的提高管理问题。同样，资本主义社会相比古代社会，社会变革也相对容易些，金钱与权力发生矛盾时，金钱效益永远是第一位的。在这样的时代，所谓管理，也就是提高生产效率与效益的管理。这一管理理念是现代的管理理念，与古代管理理念的区别就在这里。当然在这样的社会发展状态，人们的社会归属感加强，多种社会需求（爱、尊重等）出现，伴随"金钱本位"，也出现"社会本位"的趋势，即强调管理中的社会总体效益的出发点。

第三种发展形态，是以个人的全面发展为基础的社会状态。例如，共产主义社会，这样的社会生产力获得了高度发展，足够丰富的社会共有财富使个体的生存摆脱了对他人的依赖或者对物质财富的依赖，每个人都能自由发展自我的各种能力，实现自我的自由个性。在这样的社会，仍然会有管理，但在这种社会状态下，权力或者物欲都不足以让被管理者服从管理命令，也就是说无论是管理者还是被管理者，都是一种绝对平等状态，任何一方不希求从另一方得到任何物质性的东西，另一方也无权控制他者。在这种情况下，人们的生产活动，只能基于共同的理想或理念，从而形成共同目标而暂时服从管理的“合作”关系。在这种“合作”关系中，各类（经验的或者理论的）生产权威会充当起管理者的角色，经验或理论欠缺者则暂时处于被管理者的合作角色。对这样的管理者与被管理者而言，没有控制对方的权力欲，也没有获得更多财富的物欲，有的只是怎样更好地实现共同理想的合作目标。

纵观马克思、恩格斯的社会三种形态理论，可以概括出三种具体的管理理念的嬗变趋势，即从“管人”到“管物”再到“合作”。

二、管理理念嬗变：“物性”向“人性”转化

源于古代社会权力观念的“管理”，有根深蒂固的控制人的“管人”意味。进入资本主义社会后，社会生产力获得巨大发展，管理者将管理的重点放在对“物”的管理上，效益提高是“管物”的根本目的。适应早期资本主义生产需要的“经济人”假设其实质就是将人当作机器零件般的“物”，视为生产流程中的一环，按照经济的原则去处理对“人（物）”的使用，这种雇佣工人进行生产的方式和租赁生产设备生产没有本质上的不同。“人”这一维度的性质被严重忽视了。在资本主义市场经济的失业体制下，资本家可以将被管理者像零件一样更换，而不必再处心积虑谋求对被管理者的权力控制。这一点相对于古代管理理念在生产力提升层面上是一种进步，但本质上仍是对人之为人的人性的否定。同时，某种程度上，古代“管人”的理念与模式，在“管物”的主体思维下并没有消失，而是转化为“管物”理念的附属与辅助因素。虽然现代管理者没有古代社会生杀予夺的力量，但各种“非人化”的“管人”模式并不少见。“管物”与“管人”实质上都没有把人当作独立

自主的人，都是把人当作“物”来看待。所以，在资本主义市场“管物”时代，古代的“管人”理念仍然存在并且得以发展。

因为认识到“管人”和“管物”的“非人化”的一面，随着生产实践的发展，管理学研究者提出了基于“人性”需要考虑的“社会人”等人性假设理论。这也说明当代社会管理者在普泛意义上意识到人作为人的独特性，人不是物品，不能用对待物品的态度和方式来对待有血有肉的人。如果说“管人”与“管物”的管理理念或者“经济人”的理论假设中对被管理者显得过于“苛刻”、过于“硬”，“社会人”等人性假设理论驱动下的福利管理体制则相对显得“宽容”“软”。① 但无论是“管人”还是“管物”，都还停留在“管控”层面上，也正如当代的一些研究者所看到的，“以往的管理思想，无论是古典科学管理理论将人视为‘物’来管理的思想，还是行为科学以人的行为激励为中心，以及追求企业管理数量化、系统化的管理思想，本质上都是人管人的模式”②，或者人管“物”的模式。麦格雷戈也看到了这一点，他说：“从变革趋势看来，管理方式正在远离‘刚性’，趋向‘柔性’，但每次变革都是如此短命，而且总能找到失败的理由。很明显……简单地取消控制并不能解决问题，退让不是代替独裁管理的有效方式。员工需要的满足与生产力的提高之间没有直接联系。”③ 真正地要改变现状，最有效的思路是顺应人性，转化员工劳动的“异化”感、“被动”感为“同化”感、“主动”感。马斯洛“自我实现人”的人性假设的提出，无疑建议了一种相对有效的思路。“自我实现人”理论强调激发被管理者的工作积极性与主动性，来弥补“社会人”管理理念有可能造成的工作惰性。当然，我们知道，要真正地改变人们工作的“异化”感，实现人生价值，更为关键地在于改变社会——克服私有制带来的“异化”感、“异己”感。人本社会的构建，某种意义上，也是在努力消除私有制造成的人们的“物化”，以真正地实现人性的解放。

---

① 事实上，很多管理实践证明，过于宽松的管理体制，会造成工作纪律松弛，工作效率下降。某些企事业单位出现的人浮于事、工作效率低等问题，与此并非没有关系。

② 于省宽，李蕾. 人文管理简明教程 [M]. 北京：机械工业出版社，2010：28.

③ [美] 道格拉斯·麦格雷戈. 企业的人性面 [M]. 韩卉，译. 杭州：浙江人民出版社，2017：68.

现代管理学之父德鲁克预见未来社会的人本化改变，虽然他并不认为可以消灭私有制，但他认为员工可以成为资本的所有者。因为在现代社会随着高等教育的不断普及，越来越多的劳动者从事知识创意类工作。他们的工作内容主要是“构思、信息和观念”①，他们拥有的知识与创意是最为重要的生产资料。某种意义上，他们既是生产者又是知识资本的所有者，尤其是许多知识型员工还掌握着各类“专利”。传统的管理的思路和方法已不适合于这类知识分子的管理。随着知识创意型行业的不断生成，未来社会将有越来越多知识创意型岗位，如理查德·佛罗里达所谓的“创意阶层”正在崛起。为此，德鲁克认为：“企业越来越需要采取管理‘合作者’的方法管理‘雇员’，而合作关系的定义也指出，在地位上，所有合作者都是平等的。合作关系的定义还指出，不能向合作者发号施令，他们需要被说服。”② 这显然给当下的管理者提出了更高也更艰难的管理任务，以属于马克思、恩格斯所说的第三种社会发展形态的管理理念——“合作”理念来指导当下的管理工作。这样，结合前文所述，管理理念嬗变趋势又可以总结如下（表 4.3）。

表 4.3 管理理念嬗变趋势列表

<table>
<tr><td colspan="5">管理理念嬗变趋势</td></tr>
<tr><td>管理时代</td><td>古代管理</td><td colspan="3">现代管理</td></tr>
<tr><td>管理本位</td><td>权力本位</td><td>金钱本位</td><td colspan="2">人本位</td></tr>
<tr><td rowspan="2">管理理念</td><td rowspan="2">权谋之术</td><td>“经济人”假设</td><td>“社会人”假设</td><td>“自我实现人”假设</td></tr>
<tr><td colspan="3">“复杂人”假设、“文化人”假设</td></tr>
<tr><td>管理理念的具体体现</td><td>管人</td><td>管物</td><td colspan="2">合作</td></tr>
</table>

① ［美］彼得·德鲁克. 卓有成效的管理者［M］. 许是详，译. 北京：机械工业出版社，2015：60.

② ［美］彼得·德鲁克. 21 世纪的管理挑战［M］. 朱雁斌，译. 北京：机械工业出版社，2015：18-19.

各种管理理念或管理模式，最终都可以归纳到“管人”“管物”与“合作”三种总的管理理念范畴之下。从“管人”到“管物”“合作”，从“经济人”到“社会人”“自我实现人”，总的趋势是——管理越来越人性化，越来越顺应人的发展需要，因为整个历史的发展就是人性逐渐解放的历程，人类社会最终会趋向于人本社会，人的全面发展是最终的目的。当然，在现实性上，我们也需要看到，无论是“管人”“管物”还是“合作”的管理理念，彼此间并不是替代性的关系，大多数时候各种管理理念与管理方法是并存性的。尤其是在当下市场经济环境中，“管物”的管理理念仍处于主流，“管人”的传统理念并没有在管理实践中消失，而是处处体现在“管物”的管理实践活动中，“合作”的管理理念虽然刚刚出现，并不居于主导地位，却随着文化产业、创意产业等产业发展，非常活跃，代表着未来管理的发展方向。

在当下市场经济时代，“管物”指向的不仅是一种管理理念，而且是全球范围内的管理目标——增加物质经济效益，即使所谓提升社会效益，也往往是以经济产品或服务的数量和质量为表征的。“合作”则是基于“人本位”的未来发展，一方面延续着社会效益的福利共同体的目标，另一方面是在努力推动个体的全面独立自主的发展。“合作”化管理是越来越多创意型组织的优选，也更加符合“社会人”“自我实现人”等管理理念提出的人性化管理需求。

就文化管理而言，文化产业的管理目的在于领导被管理者提高文化产业效益，文化事业的管理目的则在于提高公共文化服务的质量，人的因素是达成上述目标的关键。领导合作者的目的是处理好“人”和“物”的关系，从而达到带动“人”实现“物”的提升的管理目的。当然，就管理的最终目的而言，还是要服务人的存在与发展，“物”的效益的实现是达成人的目的的间接条件而已。

三、意义管理的出场

随着时代的变换，未来人本社会发展方向的逐步确立，知识阶层、创意阶层的日益壮大，“管人”与“管物”的管理理念会越发不适应管理实践。“管物”的管理理念过于冷酷无情，强化了被管理者的“异化”感，不利于劳动积极性的提高。同样，对正常的管理工作来说，如果过于频繁地使用权力管理的“权谋”之术，也会引发员工的负面情绪，正如某些基层员工所言：“好好干活的人，谁愿意被管理？有创造力的聪明人正忙着优化您的产品，想着下一步新产品如何更加受市场和客户欢迎呢。”① 德鲁克早就指出，已经不能用“管人”来概括管理工作了，管理“不是‘管理’人……管理的目标是充分发挥和利用每个人的优势和知识”②。而要充分发挥和利用每个人的优势和知识就要激发被管理者的主动性、积极性。“自我实现人”理论提示了被管理者的主动性、积极性的根本来源，即所从事的工作对实现自我价值有重要意义。“文化人才特别重视工作的价值和意义，追求自我价值的实现”③，尤其是在一个相对富裕的社会，在生存不成问题的情况下，意义的指引作用要比财物的诱惑、权谋的设计对一个有意义追求的知识分子更有价值。在一个合作型组织中，管理者与被管理者平等的合作关系决定了彼此会拥有共同的理想、目标、意义追求，这些是激发合作者之间群策群力的最好动力。即使在一个非合作型组织中，管理者说服被管理者认同组织的意义目标，也同样会起到激发组织成员积极性、自觉性的作用。

组织的本质并非实体，也不是各类文件文本，“从根本上看，维持组织的不是形式上的文本，而是组织成员对这些文本的认同。组织的本质应该在于它的意义系统，而文本只是该系统的部分表达形式而已。”④ 既然组织的本质是意义系统，那么组织的结构和组织成员的行为模式归根结底，都应该是由意义系统决定。组织的管理，本质上也即意义管理。正如我国学者宋苏晨所

① 一个海归工程师眼中的中国制造“七宗罪”［EB/OL］. 搜狐网，2016-09-26.

② ［美］彼得·德鲁克. 21 世纪的管理挑战［M］. 朱雁斌，译. 北京：机械工业出版社，2015：19.

③ 何群. 文化产业管理学［M］. 北京：中国人民大学出版社，2016：230.

④ 宋苏晨. 意义管理在组织管理中的意义与作用［J］. 上海交通大学学报（哲学社会科学版），2003（5）：49-53.

说："如果组织的行为模式有赖于它的意义结构的话，那么有效的管理自然应该是意义的管理。"① 在意义管理的视野中，组织管理工作就是对组织意义结构进行建构、统一组织意义的过程。"管理组织最难的工作就是管理组织成员的认识。一般认为，组织成员能否认真贯彻执行组织领导层的战略意图很大程度上取决于他们是否认同和分享这些意图。意义管理就是要从这一层面解决这一问题，组织的意义结构是一个非常复杂的系统，它是组织成员有关组织阐释的综合，其特点就是内在的异质性和矛盾性。那么管理这一系统应该以管理差异为主，就是说，应该把管理的过程看作是一个不同观念和观点的谈判过程。对于领导层来说，统一认识应该是一个倾听、理解和说服的意义共建过程，而不是机械控制的过程。"② 学者姚鸿健也认为，管理即建构，核心内容是对组织共同理想目标的建构。他认为"理想这件事，就相当于在戈壁滩上突然找到了方向。它就像心中的一个愿景，一个价值观，引导你去这个方向……"③ 近年来，企业文化建构热，某种意义上也是在进行一种组织的意义系统建设。

但意义管理绝不只是一个企业的企业文化管理，它是一种广泛意义的管理视角与管理模式，既包括企业组织的意义系统的建设与推广，也包括企业组织管理工作中的战略意图的层层实施，更包括产品或服务的生产、提供、分配乃至消费的管理，在更宽泛意义上，宏观层面的行业管理、社会层面的公共服务管理，都是一种意义管理。意义管理是伴随着社会发展、管理理念进入"合作"阶段而产生的新的管理视角，是历史性的出场。强调组织行为的意义是自古以来就存在的管理现象，但我们说的意义管理，不只是一个管理现象、一个单一的管理行为，而且是宏观性、整体性的管理思维，是融合当下管理实践成果的一种管理模式，"我们可以从学校和书本学到许多精致的

---

① 宋苏晨. 意义管理在组织管理中的意义与作用［J］. 上海交通大学学报（哲学社会科学版），2003（5）：49-53.

② 宋苏晨. 意义管理在组织管理中的意义与作用［J］. 上海交通大学学报（哲学社会科学版），2003（5）：49-53.

③ 姚鸿健. 管理哲学新论——管理即建构［M］. 济南：山东大学出版社，2015：44.

管理的原则和技能，但真正的挑战是要能够把这些管理的原则和技能（包括像工程预算、薪酬制度等）很好地同组织的实际（目的、员工的素质和期待、环境的需求等要素）结合起来——使之具有意义。"① "使之具有意义" 成为统筹管理思维的核心与主导。简单地说，意义管理 "是通过管理组织的象征和意义体系来达到领导、管理和变革组织的目的"②，复杂地讲，意义管理是把意义思维贯彻于管理活动始终的管理思维与管理模式。文化产业管理本质上是意义管理。文化产业管理不仅从管理思维、管理模式上，也从管理内容上，为意义管理提供了一种进行阐释与实践的很好的样板。文化产业管理健全了意义管理的内涵，它既是管理思维上的意义管理，也是对意义内容的意义管理。

① 宋苏晨. 意义管理在组织管理中的意义与作用［J］. 上海交通大学学报（哲学社会科学版），2003（5）：49-53.

② 宋苏晨. 意义管理在组织管理中的意义与作用［J］. 上海交通大学学报（哲学社会科学版），2003（5）：49-53.

第五章

文化产业宏观意义管理的机制与理路

文化产业的宏观意义管理指对社会层面上的文化产业整体意义方向的引导与监督。当然这一引导与监督并非单向的，在不同的引导与监督机制下，政府、民间组织与公众会有不同程度的“合作”乃至“共建”。在意义引导的向度上，宏观意义管理表现为弘扬文化精神与追求文化利益的辩证统一；在意义监督的向度上，宏观意义管理更多地表现为一种底线导向的监督。

第一节　宏观意义管理的引导与监督机制

宏观意义管理也是一种公共管理。市场经济环境下，对应公共管理的主要模式，宏观意义管理大体也可以划分为政府主导、民间主导、政府与民间共建三种引导与监督机制。但无论是采用哪种宏观意义的引导与监督机制，政府都应该是宏观意义管理的最后把关人。

一、政府主导的宏观意义引导与监督机制

文化产品（文化服务）是一种极为特殊的呈现意义的产品，在市场经济环境中，文化产品既具有商品属性，又具有非商品属性。就商品属性而言，美国等奉行自由市场经济政策的国家，其政府相信对文化及其产品或服务管

得越少越好，自然也就对文化及其产品或服务所呈现的意义不需要引导和监督，市场管理会按照市场需求自发地进行资源配置，文化产品与文化服务的意义呈现也会顺应市场机制进行方向性改变。只有减少政府的直接干预，文化行业才能按照市场规律进行产业化的运营，文化意义指向也会有自发的调节。然而以法国为代表的欧盟国家则认为文化产品不同于物质产品，是一种“例外”，按照通行的管理物质商品的管理原则管理文化行业，会破坏文化意义的独特性与其作为国家或民族文化整体象征的独特地位，因为文化意义关系国家意义、社会意义、民族意义的宏观走向，关系国家、社会与民族的独立性。欧盟在既往的《关税及贸易总协定》与当下的《马拉喀什建立世界贸易组织协定》（《WTO 协定》）中提出“文化例外”原则，本质上是在保护自我对文化产业的宏观意义管理权力。

以法国、韩国等为代表的奉行“文化例外”原则的政府，多采取政府主导的引导与监管机制。这种机制既顾及了文化产业作为产业的总体运营，也关注到文化产业所呈现的意义指向问题。法国是一个文化行业先发国家，在19 世纪及 20 世纪初期，法国的文化产品在全球文化贸易市场中占有主导地位，但经历了第一次世界大战和第二次世界大战后，随着社会主体经济的衰退，法国文化已抵御不住美国文化的“进攻”，一方面在国际文化贸易中法国政府开始采用以“文化例外”为盾牌的守势；另一方面积极地通过政府主导文化的发展与建设，谋求提升文化及其产品的竞争力量。法国政府不谈文化产业化，更关注文化的意义引导，对文化行业实行行政垂直管理与地方双重管理模式，在中央有文化和通讯部的十个司局管理具体的各类文化行业与文化事务，地方则有大区政府与地方文化局的双重管理，同时文化部也有许多直属文化艺术单位，由政府官员组成的理事会进行管理，文化部直接拨款经营。法国政府主导对文化行业的管理，有效地保护了法国文化的民族特色与宏观意义指向，使法国成为欧洲最具魅力的文化旅游目的地。

韩国的文化行业在 20 世纪 80 年代还一文不名，但在 20 世纪 90 年代后期，韩国政府开始重视文化行业的发展，1999 年韩国文化观光部、产业资源部、信息通信部合作建立了推动全国游戏产业发展的“游戏综合支援中心”

“游戏技术开发支援中心”“游戏技术开发中心”等；2000年，韩国文化观光部专门成立了领导全国文化行业发展的韩国工艺文化振兴院、韩国文化产业支援中心；2001年，在扩建原有部门的基础上设立了“文化内容振兴院”（文化艺术局、媒体政策局）；组建了在政府统一领导下的各类文化产业协会、文化基金会，打造了全国产学研结合发展文化产业的蓬勃势头。韩国国土面积相对较小，国家产业发展重心比较明确，在政府有效主导下，韩国在一二十年里其游戏、卡通、影视剧行业都获得飞速发展。① 在促进文化产业发展的同时，韩国政府相关管理机构非常重视对文化消费的意义引导。以游戏为例，为了对青少年文化消费观进行正向引导、防止青少年沉迷游戏等娱乐活动，韩国政府组织了各类针对家长、老年人的游戏培训服务，目的在于让父母家人“提高教育能力和防控能力，改善家庭环境……”② 正因为韩国政府的刻意引导，韩国文化现在已经建构出富有民族独立性与独特内涵的“韩流”意义。

二、民间主导的宏观意义引导与监督机制

以美国等为代表的一些国家，其政府否定“文化例外”原则，主张政府少参与文化管理事务，多采取民间主导的引导与监管机制。美国等国家政府管理者相信自由市场经济的市场规范能较有成效地对文化行业进行约束和管理，政府过多地参与反而会破坏市场经济自发的资源配给，但这些国家的政府组织也相信有市场失灵情况存在，因而主张应该由民间组织自发地进行微调与管理。民间主导并非由文化生产企业来主导文化行业的发展，而是由没有利益瓜葛的非政府组织（NGO）与非营利组织（NPO）来参与文化行业管理。

非政府组织主要指那些国际性的民间组织，根据1952年联合国经济及社

① 熊澄宇. 世界文化产业研究［M］. 北京：清华大学出版社，2012：131.

② 朴京花. 基于文化资本理论的文化产业人才培养——对韩国经验的借鉴［J］. 山东大学学报（哲学社会科学版），2019（6）：58-66.

会理事会决议定义：凡不是根据政府协议建立的国际组织都可被看作非政府组织。非政府组织大多以代表民意为宗旨，在一定程度上非政府组织可以自下而上表达一定民间群体的利益，也具有一定的公益性。非营利组织主要指那些不以获取利润为目的，而是以实现社会公益为目标的民间组织。非营利组织并非不从事经营，而是要将营利所得用于公益。非政府组织大多是非营利组织，非营利组织也有部分是非政府组织。非政府组织、非营利组织是近几十年来在全球影响越来越大的民间组织形式，它们不仅是一种组织形式，更体现了“公正”“公平”“公益”等群体观念的意义指向。政府在社会管理实践中，存在许多不足，社会需求与政府供给间常存在巨大落差，而秉承“公正”“公平”“公益”的非政府组织与非营利组织可以从微观层面上自下而上地调和各种矛盾与落差，保证文化产业的宏观意义指向性符合公众的需求。

由于大部分非政府组织、非营利组织所从事的事业和艺术、慈善、教育、政治、公共政策、宗教、学术、环保等议题相关，相比其他行业，其意义指向性更强，其作为引导与监督文化产业宏观意义走向的主体，发挥作用更为直接。某种意义上，一个社会越是发达，其非政府组织与非营利组织就越为发达。比如美国虽然奉行“小政府大社会”的原则，其政府较少参与社会事务管理，但却有 160 万个非营利组织（非政府组织）从事各行业本该由政府管理的事务。美国绝大部分文化行业的资金投入都由非政府组织与非营利组织来进行民间管理，它们比政府更了解文化行业的宏观意义应该指向何方。比如，非政府组织美国艺术基金会每年帮助美国政府实施文化艺术创作专项资助资金的拨款，美国人文科学基金帮助美国政府实施对人文科学研究进行资助，美国博物馆协会帮助美国政府对国家博物馆进行行业管理，等等。同时，美国的慈善事业发达，有很多行业基金组织，可以自主地对非营利文化行业进行资助与管理。比如，全美有 190 余家歌剧院属于非营利组织，各类基金捐助是该类文化行业发展的保障，作为资助机构的基金会同时也对该类非营利文化机构有意义指向的引导与监督的职责。

三、共建共管的宏观意义引导与监督机制

以英国、澳大利亚等为代表的国家，奉行“一臂之距”的原则，多采取政府文化部门适度集权，政府与民间共建的监管机制。

所谓“一臂之距”，是指政府虽然有管理文化之责，但要离具体的文化管理有一定距离，由民间组织辅助政府实现管理与监督的职能。“一臂之距”既是政府与民间共建监管机制中最重要的理念与原则，也是实施引导监督机制的具体手段与方法。英国最早推行了这一原则，并将之应用于1945年成立的英国艺术委员会。设立艺术委员会这样的机构“一方面是为了保证政府不干涉文化艺术，目的是保证文化艺术与党派政治脱离，防止政府不正常的审查，并在政党轮替时维护文化政策的连续性；另一方面是为了使文化经费的具体分配使用做到客观公正，不受党派政治倾向的影响。”① 现如今，这项原则已经成为避免利益分配上的“瓜田李下”，保证政府在文化产业宏观管理中公平性的有效原则。比如英国各级政府都设立了代理艺术行业管理的非政府组织——艺术委员会，英国各级政府每年都会对大量非营利的文化企业或文化行业进行资助，但这项资助并非直接拨给资助对象，而是通过各级艺术委员会等非政府民间组织来拨款，由起到“一臂之距”作用的文化组织代表政府进行资助。这样，文化行业或文化企业虽然受到了资助，却不必因对政府“感恩”而影响文化业务所呈现的意义指向的独立性与方向性。只有文化发展具有了这种独立性，才会有自主发展的积极创造性。

相比政府主导的意义引导与监督机制，政府、民间共建的机制能较为有效地调动民间非政府组织与非营利组织参与文化行业宏观意义管理的积极性，避免政府主导机制的独断性与片面性；相比民间主导的引导与监督机制，政府、民间共建的机制又能相对地保持中央政府对宏观文化意义管理的把控力度，而且参与政府管理文化事务中起到“一臂之距”作用的非政府组织，往往是由政府主导设立的独立机构，能更好地传达政府的管理文化意图。相比

---

① 熊澄宇. 世界文化产业研究［M］. 北京：清华大学出版社，2012：112.

政府主导的宏观意义引导与监督机制、民间主导的宏观意义引导与监督机制，政府与民间共建的机制达成了一种相对的妥协。由于英国政府在管理文化意义方面的示范作用，澳大利亚、丹麦、芬兰、奥地利、比利时、瑞典、瑞士等国也都不同程度上采用了这种引导与监督机制。

四、反思文化产业宏观意义管理的引导与监督机制

对文化产业的宏观管理，既包括经济管理也包括意义管理，还包括法制管理、行政管理等多方面内容。多种管理机制与模式需要配合与互补。但无论采用哪种管理机制或模式，政府都应该负担起把关人的职责，即使所谓民间主导型，政府也要积极地参与引导、监督，才能保证在社会层面上文化产业整体的意义方向符合社会发展的最大利益。政府与民间在对文化产业的宏观意义管理的引导与监督过程中“合作”，不代表放弃参与，而是以合作的姿态，平等地对待民间组织、公众对意义指向的建议，充分发挥自下而上的公众力量。事实上，无论是自上而下地对文化意义的引导，还是自下而上地对文化意义的监督，都是非常重要的。

在全世界，对文化产业的宏观管理上，只有美国一家标榜“无为而治”。这与其在第二次世界大战后所取得的独一无二的政治、经济、军事等领域的强势地位有密切关系，美国的强势地位推动了其在文化产品与文化服务输出中优势地位的形成。基于这种优势地位，如果各国政府不干预文化贸易活动，美国的文化产品与文化服务必将无往而不胜。所以，美国政府反对“文化例外”原则。相反，除了美国之外，世界上绝大多数国家都主张政府应该参与到文化行业的发展与经营当中，并对文化产业的宏观意义进行引导与监督。英国等国政府管理者主张政府与民间组织共建一个积极的监管机制，法国等国政府则强烈主张政府主导文化的保护与贸易。法国学者贝尔纳·古奈在《反思文化例外论》一书中说，对文化行业而言，“当市场不能代替或者仅在很小范围内代替传统的资助人时，求助于国家这个大资助者（国家这个词是

广义的，对某些国家来说是联邦）就更为必要。"① 尤其是面对文化行业"市场失灵"的情况下，当文化产业发展走向不利于公众利益的方向时，政府作为对整体社会意义进行宏观调节的最大力量，就必须及时地给予引导与监管。无论是对文化行业的宏观经济管理，还是宏观意义管理，都该如此。

在对文化产业宏观意义管理的问题上，每个国家都会根据自身的历史文化与经济政治特点进行现实的选择。这些选择对我国文化产业引导与监督机制建设有积极的启发意义，即要有针对性地合理及时地调整管理策略：对优势文化行业，充分鼓励其按照市场规律进行运营，引导民间力量对其意义导向进行积极的监督管理；对弱势文化行业与文化遗产开发秉承"文化例外"原则，应动用政府力量进行宏观保护与积极扶植，引导其意义发展方向符合社会发展需要；在对文化行业进行资助或利益分配问题上，要充分发挥非政府组织与非营利组织的作用，避免不当的引导或陷入利益纠葛之中，要保证宏观意义引导的公正性、公平性与公益性。

第二节　宏观意义引导：弘扬文化精神与追求文化利益的辩证统一

相比物质产品生产产业而言，文化产业具有其特殊性。世界各国针对文化产业的特殊性，从政体、传统、管理现实、文化发展现状等方面出发，因地制宜，采取了不同的文化意义的引导与监督机制。无论采取何种机制，绝大部分实行市场经济政策的国家，其文化管理的总体目标不外乎是：保证文化发展的繁荣、实现文化产业的利益。目标中的前者有保护民族文化发展与意识形态的动机，目标中的后者则主要是出于对经济效益的追求。文化产业的宏观意义引导，既不能偏离文化意义的方向，也不能脱离产业的利益诉求。对文化产业的宏观意义引导，笔者认为主要体现在：既要顾及文化利益，又

---

① ［法］贝尔纳·古奈. 反思文化例外论［M］. 李颖，译. 北京：社会科学文献出版社，2010：4.

要弘扬文化精神。

一、何谓弘扬文化精神

文化精神作为一个偏正词组，其核心指向是“精神”。《云五社会科学大辞典》中对什么是文化精神做了概括：“社会学家译作‘民族精神’或‘国魂’，是指一种文化的特有精神；一种文化中具有决定力的价值体系；由此价值系统所构成的文化模式；在态度、评价及情绪倾向等上面所表现出来的精神品质，这些精神品质即是一种文化的特色，并且使得该文化独具一格。萨默（W. G. Summer）在他的《民风》（Folkways，Boston，1906）中给‘文化精神’一词所下的定义是：‘使一个群体不同于其他群体的那些特质之总和’。”① 由此可见，所谓文化精神不是精神文化，而是指文化所传达的核心价值观，也就是文化意义最核心的内容。这些核心价值观念体系会使文化具有某些与众不同的特质。

不同的文化内容有不同的文化精神。文化的分类方法有很多，可以按照种群分类（如黑人文化、少数民族文化等），可以按照地域分类（如亚洲文化、非洲文化等），可以按照时间分类（如原始文化、古代文化、现代文化等），可以按照形式分类（如物质文化、非物质文化等），可以按照群体年龄分类（如老年文化、青年文化、少年文化等），如此等等。这种分类更多的是从外部因素对文化笼统地进行划分。文化精神作为一种价值体系，是从文化内部生长出来的一种特质。文化内部结构层次分类比较混乱，有三分法、四分法、五分法、六分法，甚至有十余层次划分的，但总体上说，殷海光的四分法（文化分为器物层次、制度层次、行为规范层次、价值观念层次）影响较大，而三分法（文化分为器物层、制度层、观念层）更为中国的文化研究者普遍接受。

放在我国语境中，弘扬文化精神主要是指弘扬中华民族优秀的传统文化

---

① 王云五，芮逸夫. 云五社会科学大辞典：第 10 册（人类学）［M］. 台北：台湾商务印书馆，1971：51.

精神。总体上，不同时代有不同的文化精神，有传统文化精神、现代文化精神、与时俱进的文化精神，但无论哪种文化精神都是一个长期的价值观凝聚的过程，因而可以说任何一种文化精神都是传统文化精神。我们这里说的“弘扬文化精神”，就是弘扬中华民族优秀的传统文化精神。这个“传统”不仅指古代文化传统、现代文化传统，更是指当代形成的文化传统。在 2012 年 11 月召开的中国共产党第十八次全国代表大会上宣读的十八大报告中，正式提出的社会主义核心价值观——这实质上是我们当代社会的文化传统，即倡导富强、民主、文明、和谐，倡导自由、平等、公正、法治，倡导爱国、敬业、诚信、友善。其中，“富强、民主、文明、和谐”是国家层面的价值目标，“自由、平等、公正、法治”是社会层面的价值取向，“爱国、敬业、诚信、友善”是公民个人层面的价值准则。三个层面的核心价值观构成了中国当代文化精神最核心的基础。

对文化的“弘扬”既是一种阐释，又是一种发展。任何阐释都是当代人根据当代社会发展的可持续需要做出的解释说明，所谓一切历史都是当代史，一切阐释只有密切结合当代的语境才能赋予传统文化精神以普世性。任何“弘扬”又都是一种发展，因为只有结合社会未来的发展方向才能赋予文化精神以生命力。任何文化都有正面的优势文化，也有负面的劣势文化。在不同文化的碰撞与融合过程中，只有优势文化才能因其生命力被真正地发展与弘扬光大。

根据文化内部层次的分类，弘扬文化精神可以针对不同层面有多种形式：可以是器物层面的文化精神弘扬，例如北京奥运会期间，中国北京的各式宏伟的古代、现代建筑，展示了中华民族文化的蓬勃生命力；也可以是制度层面的文化精神弘扬，例如中国的改革开放，创造出社会主义市场经济这一崭新的社会体制，让中国经济飞速发展 40 余年仍不停息，展示了中国制度的合理性与先进性；还可以是观念层面的文化精神弘扬，各类直接诉诸观念创造的哲学、文学、艺术等都能起到弘扬中国当代文化先进性的作用。

二、追求文化利益的多重理解

利益也即好处。追求文化利益也即寻求文化带来的好处。传统的看法是，文化是非功利性的，一般与利益无涉，利益往往最终指向物质性。但事实上，利益具有多重指向，既可以是物质性的现实回报，也可以是非物质性的回报；既可以是一种指向当下的回报，也可以是指向未来的回报。由于获取回报的主体不同，对回报的理解也会不同，即对利益的理解有很大的主观性。有的利益在他人看来不是利益，但在被回报主体看来却是真正的利益。比如拾金不昧，在有贪欲的人看来占有拾到的金钱财物是最大的利益，而在无私的人看来将拾到的金钱财物归还给失主，获得心理上的道德感满足才是最大的利益。

文化本身和物质利益有一定的距离，追求文化利益比一般意义上所谓的追求物质利益情况更为复杂。首先，文化会产生无形的利益，无论是对个体还是对社会群体。任何一个伟大的民族要获得可持续的发展就需要有自己的民族文化，具有特质和生命力的文化是社会最为宝贵的财富。历史上任何一个创造伟大历史成绩的国家都创造过辉煌的文化成就。从四大文明古国的文化，到欧洲文艺复兴中崛起的英法文化，到第二次世界大战以来的美国文化，都达到了当时世界的制高点。对寻求伟大复兴的中华民族来说，创造伟大的当代文化成就其实就是推动中国走向复兴之路的重要部分。对个体而言，文化的非物质属性也同样重要。文化内涵虽然未必能直接转换为金钱资本，但却是个体走向社会的一种重要依仗，甚至是进入某些群体的“门槛”。法国哲学家布尔迪厄将社会财富分为金钱资本、社会资本与文化资本，认为文化资本是决定个体在社会中所处的社会地位的重要衡量指标。① 在布尔迪厄看来，文化资本在适当的时候可以转化为社会（权力）资本与金钱资本。这也是发达国家高等教育繁荣的重要原因。

---

① ［法］布尔迪厄. 文化资本与社会炼金术：布尔迪厄访谈录［M］. 包亚明，译. 上海：上海人民出版社，1997：192.

其次，文化利益即物质利益。随着全球一体化进程的加深，文化开始经济化、经济开始文化化，文化成为物质财富的重要增长点，文化产品也成为工业化的重要目标。为了最大限度取得文化产品的规模效益，通过批量复制，许多文化产品发展成为大众文化产品，艺术或精英文化被明码标价，并且受供需规律支配，在工业化一统格局下，“文化”从无功利变为功利性极强的事物。在这种规模效益意识的驱使下，文化产品呈现出配方化、类型化①的大趋势。即使是标榜反传统、反艺术、反主流、反正常的审美亚文化，以往只能在少数群体中传播的东西，在文化产业化趋势下，只要有市场需求，都可以被批量生产。应该说文化产业化并不是今天才有的现象或趋势，但是在消费型社会转型与全球化时代，文化产业化以超过以往的巨大规模席卷一切开放的市场，更为彻底地改变了人们对文化的态度与认识。

正是在上述意义上，文化产业获得“二重化”的属性特征，从事精英艺术的创造者将文化艺术作为非功利性的事物看待，从事大众文化产业的制造者将文化艺术视为赚钱的文化投资项目。当然，还可以“多重化”地理解文化利益。无论以何种态度看待文化利益，都有一定的正当性。只要不违法，不违反社会伦理底线，不超出一定的“度”，都符合在社会主义市场经济时代人民大众追求文化利益的合理性。

三、弘扬文化精神与追求文化利益的辩证关系

弘扬文化精神与追求文化利益是在经济与文化全球化语境下产生的关系社会整体发展的文化经济问题。任何社会形态都会追求自身的文化独立、文化的弘扬与发展，只有一个民族的文化精神产生世界性的影响，才会有力地支撑这个民族的国际地位与未来的发展。这种有利于社会发展的文化影响力建设，本身就是一种文化利益。但文化过度脱离物质基础，成为空中楼阁，

---

① “配方化”指文化生产常常选择以广泛接受的题材做摹本，抽取其中被大众广为接受的核心要素（例如，传奇主人公，有波折而完美结局的爱情等）重新搭配组合，结合新的时代背景予以再现。“类型化”指总结出大众习惯接受的文艺题材（例如，打斗题材、爱情题材等）进行复制化、模仿性生产。

对文化发展也没有好处。随着全球“文化—经济”一体化的发展，文化自身通过附在物质载体上也可以产生经济效益。这种经济效益构成了一种特殊的文化利益，与一般意义上的物质基础并无二致，也能达到有效地巩固与推进文化这一上层建筑的发展作用。尤其是针对文化类行业而言，文化利益更是在市场经济环境生存的必要条件。文化行业有了好的口碑与实际的文化经济效益，才有能力创造出更多的文化精品，从而更好地弘扬社会文化精神。

从宏观意义管理视角看，弘扬文化精神的本质是弘扬核心主流价值观，突出文化中最优秀的东西，促进社会的进步与发展。一个社会的文化越发达，其表达核心主流价值观的文化精神在世界的影响力就越大。但作为文化发展的战略诉求，过度注重“阳春白雪”，往往会“曲高和寡”，失去既有的利益基础，从而也失去发展文化与弘扬文化精神的动力。对于许多文化行业来说，有时候，刻意表现文化品位与高调的文化精神，会导致疏远大众，甚至引起大众的反感。弘扬文化精神的过程中，要注重文化精神的高雅与通俗、大众与小众、主流与非主流、非功利性与文化利益性的协调。任何文化都有自身的价值取向、价值诉求与价值载体。在宏观意义管理的视野下，弘扬表现社会主义核心价值取向的文化精神，并不是要消灭非核心价值取向的文化精神，而是要突出其主导地位。

追求文化利益的本质是创造有利于社会发展的精神与物质环境。一个人人讲爱心、有公德、有理想的精神文化环境，不仅使处在这个环境中的公民心情愉悦，也能使其有更强的信心参与建设美好的未来社会。通过文化产业化的发展，不仅能普及大众文化，提升高雅文化，还能为从事文化产业的员工提供充足的物质基础保障，使其充满从事文化普及与推广的积极性。这都是在当前社会主义市场经济形势下，追求文化利益的最大好处。但是追求文化利益也不是无原则、无底线的。在当前形势下，社会主义文化市场尚处在初步确立的过程中，追求文化利益的底线是不违背我们社会的各项基本法制法规政策，不违背这个社会群体长期生活传统所形成的基本文化伦理底线。当然，随着社会发展，追求文化利益的底线也会不断提高。在一个发达成熟、讲求精神文化品质的社会环境中，在追求文化利益过程中，不仅违反社会基本法律法规底线不被允许，甚至触及社会文化伦理底线，或者表现出文化粗俗的一面，都会被社会主流文化所抛弃。

弘扬文化精神为社会的文化发展指出了一个总目标，追求文化利益则给出了一个社会的文化行业的具体操作实践目标。虽然弘扬文化精神更多地指向更高的文化层次，追求文化利益更多地表现为向下夯实基础，但二者具有一致性，即从上下两个方面全方位地推动社会文化发展，进而推动社会的进步，实现人民大众的经济与文化利益。不注重弘扬文化精神的总方向，过度追求文化利益，甚至不惜以阻碍文化精神的弘扬来攫取文化利益，对一个社会来说是舍本逐末。不结合现实形势，过度追求弘扬文化精神，甚至不惜以损害人民大众的基本文化利益来宣扬所谓的文化精神，使文化精神的弘扬流于教条与僵化的形式，则不只是曲高和寡的问题，更是缘木求鱼。弘扬文化精神与追求文化利益是辩证统一的关系，要处理好这个关系，既要理解社会文化与经济发展的总体目标，把握住人民利益高于一切的基本原则，还要在二者的对立转化中注意处理尺度问题。

第三节 宏观意义监督之文化产业化的伦理底线导向

文化产业的宏观意义监督，是综合文化法律监管、文化行政管理、文化舆论管理等调节手段的监管形式。在政府主导的文化产业监管中，相关监管部门主要考虑的是文化的繁荣发展与经济效益的获取，即使对文化繁荣的思考，也大多是以“经济”繁荣为主要参考点的。文化产业本质上是文化意义经济，文化意义的存在与发展是文化产业化的前提条件。市场化的文化意义既要遵循自身的意义发展脉络，又要辐辏于经济效益需求，二者并不矛盾。无论是产业还是文化都要遵守法制与伦理的底线，只要不跨越法制与伦理底线，文化意义与经济效益就是一致的。法制底线是任何社会行为与组织活动都必须遵守的，宏观意义监督既包括伦理底线监督也包括法制底线监督。法治社会对法制底线的监督无须赘言，伦理底线监督尚不完备，笔者认为有必要就文化产业宏观意义监督的伦理底线问题进行一定的阐释，而且笔者也认为文化产业的宏观意义监督更多的应该是伦理底线的监督。①

一、文化产业化的伦理问题的提出

当下经济的发展更多的是由一种“欲望”机制在助推，这种欲望是没有底线的，适度的话能符合人性的需求，不适度的话则会产生巨大的负效应，影响社会的长远发展。文化产业直接谋求的是对人的心理满足。基于“欲望”诉求的文化产品如果不进行底线设防，很容易产生急功近利的伦理问题。

近年来，国内文化生产中，就文化产品的内容（或称文化产业内部）来说，出现了迎合低级趣味的“三俗”② 现象，出现了偏向刺激生理欲望的情色文化③，出现儿童文化产品的成人化等问题；文化外部的产业化运作中，出现了抄袭、盗版、粗制滥造等既违伦理又违法的现象。这些问题对受众的伦理底线构成冲击。如果对此类现象，不能通过文化产业的及时监管予以引导或纠正，此类现象将会像“病毒复制”一样，产生难以逆转的负效应，甚至反伦理的现象会成为正常现象，符合伦理的事物反而会被大众认为不正常。例如，拥有大量粉丝的某青春偶像作家抄袭他人作品大获成功，即使法院判定其作品抄袭，该作家仍拒绝道歉，其“粉丝”坚决拥护其抄袭作品，甚至有粉丝认为其抄袭之后的作品比原作好。这种不以为耻反以为荣的文艺现象，是产业化“销量为王”标准下对伦理底线的突破，其深层原因是社会转型期社会价值体系没有及时构建起来、消费主义思潮泛滥的结果。又如，某国内

① 后文中笔者谈及文化产业的宏观意义监督时，既会谈伦理底线监督，也会论及法制底线监督，只是在笔者认为不必要面面俱到的时候，会一定程度上省略对法制底线监督的论述，而侧重讨论伦理底线监督的内容。

② “三俗”，即“庸俗、低俗、媚俗”的简称，主要是针对文艺界一些表演者为迎合大众一味低俗化的现象。

③ 例如，近年来屡见不鲜的农村丧葬中的脱衣舞表演，严重地败坏了社会风气，扰乱了农村文化市场的秩序。——详见周玮. 文化部严查农村“脱衣舞” [EB/OL]. 新华网，2015-04-23.

热播剧的著名编剧，利用版权法不超过20%的借鉴不算抄袭的漏洞，屡屡通过抄袭核心桥段取得影视剧改编的成功，引起了作家与编剧界的集体公愤。对这种打“擦边球”的取巧者，亟待以伦理为底线的行业自律进行管束。更有甚者，有些文化企业甚至将“违法”“反伦理”的色情内容视为营销的“噱头”，看作获取“注意力经济”成功的重要方法，这不仅涉及伦理规范问题，而且已经触犯了刑事法律。

这些问题已经引起相关文化管理部门的高度重视。例如，国家互联网信息办公室就网络文化传播问题提出了需要坚守的“七条底线”，即“法律法规底线、社会主义制度底线、国家利益底线、公民合法权益底线、社会公共秩序底线、道德风尚底线和信息真实性底线”①。这“七条底线”就网络文化传播提出了监管思路，某种意义上，也为文化产业的宏观意义监督提供了参考。

除了明显违理又违法的文化产业化现象外，在时下迎合大众的躲避崇高、解构英雄、消费历史、虚无真实等文化创作表现也很突出。例如，某杂志为吸引读者、制造“噱头”，曾推出“戏改”红色经典小说。以粗鄙化恶意歪曲经典英雄形象，损害中国文化的尊严感，是近年来文化“低俗化”的极端表现，但其影响没有因时间而消除，“戏搞”“恶搞”红色经典成为一种风气。这种非社会主义伦理观的文化表现，尤其是文化产业化的急功近利导致价值取向倒向严重的金钱崇拜，或严重歪曲严肃的历史与现实，以致影响社会大众的整体价值判断，即违背了社会主义伦理底线，都必须通过文化批评与文化产业的宏观意义监督予以纠正。

二、辩证剖析文化产业的伦理底线

文化产业的伦理底线是社会受众对文化资本化运作所带来的违背伦理问题的最大宽容度。不同时代、不同地域、不同社会伦理体系中，对文化产业化过程中出现的伦理问题的宽容度不同，有一定的相对性。例如，对待文化

① 人民日报. 中国互联网大会倡议共守“七条底线”[EB/OL]. 人民网，2013-08-16.

产业化中的暴力化、色情化趋向，我国是设置禁止的伦理底线，欧美许多国家（包括日本等亚洲国家），则容许暴力或色情文化产业化——只是大多以分级制形式严格限制未成年人消费。但在市场经济条件下，大多数国家对待文化产业化中的伦理问题又有一些基本相同的底线。例如，认为盗版等行为破坏文化产业秩序应该制止，文化产业化要突出对未成年人进行保护，要保护民族文化遗产，等等。因此认识一个国家的文化产业化的伦理问题，要看具体的语境，不能照搬国外的模式，要按照国情或社会历史现实条件具体问题具体分析。

此外，由于大众伦理具有滞后性（一种伦理规范的产生有一定的周期，其消失也同样有一定的周期），同时法律是统治阶级的意志表现，不一定代表大多数人的意志，所以伦理问题与法制问题虽然有很大的交集，但并不完全是一回事。违反伦理道德的，不一定是违反法律的；违反法律的，不一定是违反伦理道德的。即使生活在同一个国家，由于不同人群的活动环境有别，不同人群之间也存在相互区别的伦理规范。例如，我国农村存在的伦理规范就与城市的伦理规范有所区别。因而任何一个国家都存在国家层面上的适应全社会的伦理规范。作为社会主义国家的中国，也存在立足于大多数人民利益的、以工人阶级意志为代表的社会核心的伦理规范。这个适应全社会核心的伦理规范即核心价值体系。我们的法律是立足于我们社会主义核心伦理规范（核心价值体系）构建的，因此二者存在坚实的一致性基础，违反社会主义法律的，一定是违反社会主义核心伦理规范的，只有轻度违反社会主义核心伦理规范的，才不一定违反社会主义法律。

在对文化产业宏观意义的监督中，当然要以法律为准绳。任何文化产业化的行为都要遵守法律，即使某些法律规定滞后于社会现实发展，也不能以此为借口违背法律或超越法律，因而笔者对此不做过多的讨论。笔者要讨论的是如何规范那些尚未违反法律却违反了社会主义核心伦理规范的文化产业问题。当这些文化产业的反社会伦理问题出现后，如何及时引导，如何不使其因危害社会稳定与安全而触犯法律，这是笔者提出设置文化产业的伦理底线监督问题的原因。以经济效益为导向的文化产业化需要以伦理底线来设防，但不同于传统的文化政治标准的设置。根据违反社会伦理规范“度”的不同，文化产业化的伦理底线一方面要设置禁区底线，以法制为准绳；另一方面要设置限制底线，以社会核心伦理（价值）为参照。

三、我国的社会核心伦理规范与监管思路

改革开放以来，我国进入社会转型时期，新的符合中国当下国情的伦理价值规范一直在形成过程中。这也为文化产业问题的伦理监督提出了新难题。没有完善的社会主义核心伦理规范体系，伦理监督无从谈及。因而，过往的文化产业运行中出现的各种违背伦理道德的问题，往往仅能诉诸媒体谴责，却不能制止类似的问题重复出现，同时这种于事无补的状况也会增加社会的负面情绪的积累。党的十八大报告正式提出了社会主义核心价值观——这既是我们当代生成的文化传统，也是我们社会当下的核心伦理规范，即倡导富强、民主、文明、和谐，倡导自由、平等、公正、法治，倡导爱国、敬业、诚信、友善。

就文化产业运营来说，如何将社会主义核心伦理价值观应用于文化产业的宏观意义监督实践中，可以初步做如下解读：任何有违促进国家“富强、民主、文明、和谐”的现象都违背社会核心伦理，即社会主义核心伦理鼓励文化产业化发展，以此带动文化与经济的繁荣发展，鼓励文化的民主意识，反对炮制专制主义封建糟粕的东西，鼓励市场经济推动文化宣传文明意识，反对不文明现象，鼓励文化经济促进社会心理和谐，反对制造社会心理问题的文化产品；任何有违促进社会“自由、平等、公正、法治”的现象都违背社会核心伦理，即国家鼓励文化的生产自由与消费自由，反对文化经济发展中钳制文化自由的现象出现，鼓励文化产品中表达人人平等、法制公正等理念，反对宣扬等级门第观念、宣扬权力意识等非法制的文化意识；任何有违促进个体间“爱国、敬业、诚信、友善”的现象都违背社会核心伦理，即国家鼓励文化产业化生产中多出文化精品，宣扬国粹，凸显爱国意识，反对崇

洋媚外，或历史文化虚无主义，鼓励文化产品中宣扬精益求精的精品意识，凸显文化产业的专业化、精品化，反对以次充好，反对庸俗、低俗、媚俗的文化产品，鼓励文化产品宣扬诚信、友善的价值观，鼓励人本的东西，反对文化产品中充斥尔虞我诈、两面三刀的“腹黑”文化，至少要求文化产品带给消费者的是向“善”的文化意识，而不能是向“恶”的文化糟粕。

在具体的监督实践中，还需要具体问题具体分析。有时候虽然一些文化产品没有违背伦理底线，但已经有了可能性的趋势，就需要监管部门及时进行引导，乃至通过一些行政管理行为来暂时“急刹车”。例如，前些年出现的《Q版语文》就是一个较为极端的例子。传统文化中的经典文章，甚至历史记载的传奇故事在《Q版语文》中都被改成了不知所云、如同呓语般地笑话，这些笑话大多没有深度、没有主题，只是把当前社会中的形形色色的荤段子、俏皮话插在文中而已。读了这些改写过的文章后，很让人有莫名其妙之感。知识阶层读了会觉得是一些低级玩笑，中小学生读了可能会把这些当成“正史”或奉为作文“权威”。据说《Q版语文》的目标定位是白领阶层，为白领阶层减压，但是其实际行销对象却是广大中小学生。该书的封面上醒目地标有“全国重点幼稚园小班优秀教材”“全球神经康复医院推荐读物”等搞笑字样，但在实际销售中这类书却常常被放在中小学教辅书籍专栏里，这无疑是在诱导中小学生去消费。无论作者的出发点如何，这种对经典作品的消费主义取向会造成何等精神文化后果是难以估计的。虽然《Q版语文》尚未触犯相关法律，但相关的监管部门发现其对社会正面伦理价值观的巨大颠覆性后，及时责令该书出版社停止发行①。

又如，某出版社曾出高价稿酬聘请了某位作家重新翻译泰戈尔的名作《飞鸟集》，不想该作家通过曲解与错译，将《飞鸟集》翻译成一部有色情化元素的庸俗诗歌集，该《飞鸟集》一经出版引起了极大的负面反响。出于维护严肃文学作品的形象价值、避免对青少年的低俗化影响，该出版社自行召

① 张弘.《Q版语文》获令停止发行［EB/OL］. 网易网，2005-03-03.

回该版图书，下架、销毁。这一召回举措引起了部分人的反对，但我们认为这是动用非法律手段对违反文化伦理底线的产业行为进行纠偏的积极做法。许多时候，只依靠法律法规，不一定能真正及时地达到推动社会主义文化健康发展的目的，更多地要依靠参与文化推广与产业化行为中的个体与集体自觉地维护文化产业的伦理底线。出版社要自觉地接受善意的文化批评，担当起自觉维护出版道德伦理底线的角色，不违背出版社的道德良心。这就是社会主义核心价值理念所积极提倡的文化自觉。

在具体的监督实践中，虽然要时刻注意社会主义核心伦理规范的价值导向，但也不能规定得过严、过死。全球化的文化经济发展趋势是，在日渐融合的大形势下，逐渐走向包容。这种包容体现在两个方面，一方面是在内容、伦理价值方面的包容。信息时代，没有纯然中性的媒介，任何媒介都会在传播信息内容的同时传播一种价值观、一种立场，甚至一种主义。在一个社会的文化伦理价值体系中，要稳定该价值本系，就必须确立社会核心伦理规范的主导性。这就需要鼓励与推动产出表现社会主义核心伦理规范的文化产品。同时，也要明确，社会主义核心伦理规范更多的是作为一种底线约束，而不是用一种硬性的规定去限定诸多文化产品所承载的意义。越是有发展潜力的自信的社会，其包容性越为宽泛，其社会中存在的文化表现样式也就越为丰富。另一方面随着社会财富的累积，共享化互联网信息技术的发展，越来越多的有识之士提倡在保护文化创意版权的同时，尽可能放宽版权管制，让更多的消费者能享受“免费文化”，因为“过度管制阻碍了创造力，扼杀了创新。它赋予了行业老大否决未来的权利，白白浪费了数字技术赋予民众的创造机会”①，也阻止了更多人从消费者转化为创造者。

凸显文化产业宏观意义监督的伦理底线意识，不是为了针对文化产业化问题进行事后处罚（这更多属于法律管辖范围），而是为了便于对文化产业发展的事前监管。因为有彰显的社会伦理规范的制约，文化产品的生产者与消

① ［美］劳伦斯·莱斯格. 免费文化［M］. 王师，译. 北京：中信出版社，2009：165.

费者也都会有意无意地进行对照检查，避免进一步违规以致违法。一旦文化产业运营中出现违法问题，就不只是违反伦理规范那么简单的问题了，说明已经产生了实质性的社会危害，影响了社会的稳定与发展。文化产业宏观意义监督的伦理底线监管思路的提出，正是为此谋求一个缓冲区，以促进社会经济文化的和谐发展。

第六章

城乡文化休闲的空间意义管理：意义的传承与重建

从乡村到城市，从普及到提高，城市化发展趋势似乎天然地规定了城市是乡村的归宿。其实无论怎样发展，城市终究取代不了乡村，工业文明也终究不能完全取代农业文明。只要人们还需要吃穿用度，乡村就有存在的土壤。文化治理既是一种管理，也是一种服务，它并不是用一种文明或文化取代另一种文明或文化，而是从文化的视角去取舍去构建乡村或城市的样貌、人们的生活方式，从而让身居其间的人们可以感受到文化的传承，并产生某种意义的领悟。文化产业的发展需要适合文化休闲的城乡空间环境，文化产业意义管理的视角也同样可以去透析城乡发展文化产业的空间状况。基于意义管理的城乡空间治理，其目标是文化意义与文化利益的统一，即如何将乡村或城市打造成适合文化产业发展的文化意义空间，即乡村如何进行文化休闲化的空间改造、城市如何进行文化街区与社区建设。

第一节　回归自然：乡村文化意义的传承与产业再造

在习惯性认识中，在全球化的影响下，不论是乡村的发展还是城市的发展其实都被设定了固有模式，即工业化席卷下的城市化。按照这种视野看乡村的发展，对乡村而言，城乡差别日渐消失带来的一方面是乡村转化为城市，另一方面是乡村在向城市转化。作为全局性的公共管理角色，政府在其中扮演主导角色的意义非凡——或者顺应市场化趋势，即全球化趋势，减少政府在乡村发展中的作用，这是经济视角下的经济管理；或者保持传统政府的主导作用，“政府的手”无处不在主导乡村向城市转化，这是政治视角下的统治管理。

区别于纯粹经济或者纯粹政治的视角，笔者持有“文化治理”的立场，也即以文化意义的视角来看待乡村发展的问题。文化意义视角更多的是反思的（哲学的）、融合的（人本的）思考。文化治理不同于统治管理或者经济管理，是一种在对既有问题的反思基础上的，具有文化意义理想指向的人本管理与服务。文化治理的前提是确立一种经得起反思的“文化观”，在此基础上，既可以运用经济管理手段，也可以运用政治管理手段。“看不见的手”与“看得见的手”都是一种实现“文化观”的手段，而不是目的。这也是打造乡村文化空间的依据。

乡村文化治理主要体现在乡村空间的文化改造上，要使乡村文化符合文化意义的目标。就文化产业视野而言，乡村文化治理就是要具有文化产业的特色。在乡村的未来发展问题上，大体上有三种“文化观”：①建设城市化乡村，确立趋同于城市的文化；②保持古朴乡村的本色，恢复复古的乡村文化；③构建城市与乡村的过渡类型，打造休闲的乡村文化。这三种文化观指导下的文化空间治理，在具体的点上，有可能是矛盾的。例如，某个古老乡村，空间有限，不可能既进行乡镇化改造又保留整个村落的“原始”古朴的面貌。但放眼空间范围较大的局部区域甚至整个国家，依据各种文化观改造下的乡村空间都有其存在价值。当整个地区都是乡镇化发展时，个别乡村保留独特的古老风格，就会使其成为一个“文化特区”，具有独特的文化味道，也会具有发展旅游文化产业的稀缺资源的优势。同时，由于人们的审美是有差异的，不同群体、不同视点、不同心境下，人们看待同样的乡村景观会产生不同的审美需求。中国刚刚改革开放的时候，大部分城乡发展落后，刚涌入的外国游客却倍感新奇，无环境污染的古朴乡村样貌也使其倍感亲切，为此有国外学者呼吁中国不要进行彻底的工业化改造——这当然不是发展中国家所能接受的观点，但当整个中国各地都在工业化模式下日渐趋同后，我们又不得不重新思考如何进行城乡景观的差异化发展。

具体到乡村的发展问题上，我们既要有所保留，又要有所重建、再造。保留什么？笔者认为需要保留乡村文化意义的传承。乡村的文化意义不在于城市的工业意义，而在于远离城市的自然意味——它永远和回归自然、回归土地、回归乡情密切联系。乡村的空间包括自然保留空间、农业生产空间与村民生活空间三个主要类型。对于自然保留空间，无论是山林植被还是湿土地形，都要尽量原貌保护，维持自然生态体系，使其成为人类可以依傍的家园。自然保留空间对于城乡居民的意义在于它可以帮助人们恢复对自然的初心。人类源自自然，最终也会回归自然，自然孕育了一切，也能治愈社会生活带给人们的一切疾病。对人类来说"回归自然"本身就是意义，回归自然也是人们放松身心的最佳途径。我国乡村发展过程中，长期存在过度开发、破坏自然生态资源的现象。2005 年 8 月 15 日，时任浙江省委书记的习近平同志就针对这一问题，提出了"绿水青山就是金山银山"的观点，2017 年10 月 18 日在党的十九大报告中，习近平同志再次论述了这一观点，阐释了保护环境、节约资源的国策。应该说这一思想的提出是十分及时与必要的，如果任由糟蹋、破坏自然资源而不顾，我们失去的将不只是资源开发的可持续性，更将是人们的"心灵家园"。满目千疮百孔的大地、寸草不生的秃山，任谁会热爱这片土地？

对于农业生产空间来说，它既是自然空间的延伸，也是人们改造自然、再造自然的见证。在自然意义上，农业生产空间，无论是种植谷物、放牧牲畜、水产养殖与捕捞，或是开发矿产资源，都要依托于自然空间，依托于其再生能力，从而获得可持续发展，所以农业生产空间的打造，要保留自然的风貌与韵味，对自然的改造、再造要以不破坏自然环境为底线。农业生产空间的改造要使人们产生回到农田地里就有回归自然之感，要保持农业与工业的区别，即使实现工业化的发达国家的农业生产，也仍然不会用厂房代替庄稼地、用玻璃缸代替养鱼池，营造的仍旧是鱼塘百亩、稻浪千顷的自然景观。农业生产空间是再造的自然，但宽阔、有序、绿色等这些自然风貌的特点仍然适合它。打造农业生产空间就是用现代化技术手段进行农业生产的同时，有意维护农业格局的自然风貌，规范、有序、绿色、环保等特色不变，着意于延伸回归自然的感觉与意义。例如，西北地区的农业梯田景观，既有工业现代化的改造痕迹，同时又延续了大自然鬼斧神工的韵味，使农业生产具有自然美感。农业生产空间，不只是生产空间，更是美化空间，延续自然的意义就是其美化的内在理念。

相对于自然保留空间与农业生产空间，村民生活空间有较大不同，因为它很大程度上体现了人为改造的痕迹，较为彻底地体现了人们乡村改造的三种“文化观”。我们不能像对待自然保留空间与农业生产空间那样，规范其以自然意义传承为主的韵味，但基于“文化观”对其进行统一规范，显然也有一定的必要性。我们在此简单阐释下三种“文化观”对村民生活空间的再造。

一、趋同于城市文化

随着工业全球化的发展，全球向工业化转型的国家都在处于急剧的城镇化过程中。以中国为例，改革开放之初，中国的常住人口城镇化率只有17.9%，城镇常住人口仅有1.72亿人，而2018年的人口统计数据显示，中国的常住人口城镇化率已达到59.98%，城镇常住人口近8.4亿。① 但这种城镇化趋势，照比西方发达国家78%的城镇化率仍有差距。按照我国目前的城镇化速度（年均0.69%②），按照发达国家的城镇化率指标，我国未来几年里仍将有1亿以上的农村人口继续转为城镇人口。当下的城镇化途径，一种是村民移居城市，另一种是乡村改造成城镇。随着农村人口的城镇化，城市的文化态势必会反流回乡村，从而加速乡村的城市化趋同，从而进一步加速城镇化的速度。这种发展趋势，足以说明城市文化相对农村文化的优势。

受工业化的影响，城市拥有最先进的科技、最发达的经济体、最流行的文化元素……而相对闭塞的乡村，往往要依靠人口的流动，将城市的科技、

① 国家统计局. 70年来中国常住人口城镇化率提高48.94个百分点［EB/OL］. 中国新闻网，2019-08-15.

② 国家统计局. 70年来中国常住人口城镇化率提高48.94个百分点［EB/OL］. 中国新闻网，2019-08-15.

经济、文化返销到乡村。这种单向流动，势必会加剧城市文化与乡村文化的对立，加速乡村文化向城市文化靠拢，虽然这种靠拢永远是追赶型的，永远不可能完全趋同。这种趋同，体现在建筑文化上，即村民离开院落搬入楼房，楼房越来越向城镇楼群的布局、设计等方面趋同；体现在消费文化上，广播电视、网络通信、移动物流等传播技术使村民消费城市文化元素成为可能。这种城市文化趋同对乡村的影响是颠覆性的，完全再造了乡村文化，为乡村转型成城市奠定了基础。这种改造，越靠近一线城市的乡村、越是富裕的乡村表现得越明显。以中国北京为例，随着北京城市化改造的不断深入，北京周边的乡村已经与三四线城市差异不大了。但是，这种城市化的发展只是趋同，很难超越城市的发展，也就是说乡村文化在城市化过程中，很难超越城市文化，从而吸引到大众的注意力。这种趋势的积极意义只是推动乡村城镇化的发展。

二、复古的乡村文化

随着全球化进入“后福特”时代，追求个体体验式的消费理念深入人心，越来越多的文化产品生产者开始有意回避趋同化的工业模式。这种表现不仅体现在产品生产上，也体现在人们的生活内容乃至居住环境上。消费者体验不仅指生理感受，更多的是意义领悟。在乡村文化再造过程中，越是能体现乡村意义传承的文化，越能与城市文化拉开距离，也就越能吸引城市消费者的吸引力。因为城市旅游者走向乡村的重要目的是回归自然，感受与城市不同的意义。

首先，乡村文化再造中“复古文化观”的首要要求是保持原有古老乡村的建筑景观，例如，古庙、古井、古老的宅院等。这些古老的建筑景观，不仅有一定的历史文化价值，更重要的是能引领消费者感受乡村古老的文化传承。比如，山东泰安大汶口镇的乡村文化再造过程中，着意保留了古老村落的标志性建筑——民国年间的小学校园、囤放谷物的大型谷仓、老百姓的老宅旧院等，这些景观成为旅游、参观、度假者的回味之处。即使某些乡村没有古老景观，但几十年前村民生活日常的用具，比如，磨盘、耕地用具、辘轳井等，都可以使游览者联想到过去的乡民生活，产生今昔对比，从而发现意义。

其次，我们可以通过“再造”进行文化复古。人们并不介意通过人造伪景观来了解历史旧貌。这种人造景观，可以是根据原址古老景观的重建，也可以是凭空添置的历史“遗迹”。例如，现在有一些缺少历史文化资源的地区为了打造历史感，兴建了崭新的“古城区”（如杭州的宋城等），有的凭空建起了不存在的历史遗迹（如“孙悟空”墓等）。这些伪景观大多位于城市近郊的乡村，为乡村文化的产业化转型奠定了基础。因为这些伪景观意图唤起的并不是大众对历史的考察之心，而是力图唤起大众的怀旧感。怀旧是一种普遍性的集体情感。怀旧不等同于感怀历史，它不追求历史的准确性，也不介意虚构历史，它注重唤起对既往历史的情感体会，注重自我的意义启发。在消费时代，营造怀旧感也是“复古文化观”指导下的一种文化治理，体现了对人的意义的追索。

最后，“复古文化观”指导下的文化治理追求的不只是外在景观的复古重现，更关注古老风俗的再现、淳朴民风的保存、真挚乡情的升华。乡村相对城市并不具有经济、科技的优势，但其之所以具有不同于城市的魅力，是因为市民是由村民发展而来，就像集体无意识一样，乡土之情永远存在于市民的民族记忆之中。当城市人群厌倦了城市过度注重商业利益的氛围后，重回乡村，体验村落的风土人情，能得到心灵的慰藉。如画的自然风景、火热的稻田丰收场面、质朴的乡民热情，这些城市不具备的东西，会使人性中美好的一面重焕生机。试想，如果来到乡村，看到的是微缩、简陋的城市，荒芜的自然，青黄不接的秧苗，乃至处处算计的乡民，一幅“穷乡僻壤出刁民”的场景，给诸多游客的感受一定会是避而远之、永不再来。中国导演贾樟柯早期电影《站台》《小武》等所展现的小县城就是这样的一幅场景，村不村，市不市，大家都一心往大城市奔，将乡村与县城本色的东西丢失殆尽。尽管贾樟柯在电影中展现的主要是小县城的环境，但也像一面镜子，间接地印证了乡村急剧向城市化过渡所带来的负面效应。从文化治理的视角看，大城市的示范效应对乡村的文化影响是难以避免的，然而人为打造文化氛围可以在一定程度上避免乡村因找不准定位而产生迷失感。例如，我国有些乡村的村委会会组织乡民演绎古老风俗的经典场景、定期组织乡民的集会活动等，这些都可以在一定程度上营造出古老的风俗氛围。同时，积极发挥村委会作用，健全乡民的互动机制，让乡民的团结、信任与友善交往成为日常，这也是吸引游客驻足的文化软环境。通过文化治理，复现古老景观与风土人情，既保全了乡村的文化特色，又起到吸引游客、将乡村空间转化为文化经济空间的作用。这种管理思路与模式并非不可能。

三、打造休闲的乡村文化

在回归自然的意义上，乡村不同于城市的一个重要特点是“闲”。这个“闲”并非没事干，而是一种闲适的心态与样态。在农业地区，生活内容单调，乡民的生活节奏永远是不紧不慢的，无论是走路还是做事，都缓慢而持久。这和城市里人们紧张地赶地铁、搭班车，公司里紧张地打卡、开会、写策划，构成了鲜明的对比。在回归自然的意义上，乡村不同于城市的另一个重要特点就是“静”。这个“静”不是没有一点儿声音，而是人造声音稀少，自然界的声音多，尤其是夜间，乡民缺乏夜生活，乡村往往显得鸦雀无声，但也不乏犬吠鸟鸣之声。这和城市里车水马龙，甚至不夜城的喧嚣状况构成了鲜明的对比。“闲适安静”这是市民热衷去乡村休闲的重要动因，“喧嚣热闹”则是乡民愿意奔向城市的重要动因。但是要大多数市民真正地长久地热衷“闲适安静”又不太可能，因为习惯城市生活的人群很快就会感觉寂寞与无聊。因此出现了一种市民走向乡村的过渡型文化——乡村休闲文化，这是使乡村呈现出产业化景象的重要文化治理模式。这种模式会针对市民的需求，侧重打造模拟农民生活的场景，又适当引入城市生活内容，使市民减少厌倦情绪的产生。总之，这是一种侧重乡村生活体验的文化治理模式。这种休闲是体验而不是实践，是一种浅尝辄止的过渡，是一种对回归自然意义的领悟而不是真正地融于自然。

依托这种文化观的文化治理，在外部文化景观的打造上，完全可以引入城市的生活品质，即在乡村中修建城市的柏油路、塑胶路，把宅院修建成城市小别墅，在生活设施上依照星级宾馆进行改造，使进入乡村的市民依然能享受城市的现代化生活品质；在休闲内容上，主要让游客体会乡民的生活内容，去自然保留区游览的同时可以采摘野菜，去农业耕作区体验农业耕作的同时可以采摘有机蔬菜，去养鱼池体验渔民捕捞的同时可以钓鱼尝鲜，去家禽饲养基地体验饲养家禽的同时可以抓几只散养家禽品尝……严格来说，这不是农民的真正生活，因为其中长时间劳动的艰苦是难以体会到的，但这却是改变生活场景、满足市民体验需求的文化产业。生活方式是最重要的文化内容，人们总是对不同的生活方式感到好奇，休闲的乡村文化正好可以满足这种改变需要。例如，被《卫报》评为“英国10个最佳度假式农场”之一的“林肯郡布莱克农场”，虽然是农业村落，但其很好地利用了“回归自然”的意义需求，用原生态的乡村植被、体验式的农民耕作、有趣的农场化动物喂养，吸引大批家长带年幼的子女来此度假；度假者所住的房屋虽然有古老的外观和“粮仓”“马厩”等名字，但里面切切实实的是“五星级”装修，一切设施甚至比城市酒店还高档，丰盛的农产品酒宴甚至比城市酒店更奢侈……这一切组成了乡村与城市的混搭，消除了市民对去乡村生活的担忧。

休闲的乡村文化更像是趋同于城市文化的乡村文化与复古乡村文化之间的一种过渡文化，它既积极接轨城市文化的节奏，又不排斥复古乡村的古香古色并以之为产业化的重要资源，只是它并不保持单一性，即它不会完全照搬城市的模式，也不会完全保持复古的特色，而是尽量融合诸多文化元素于其中，增加参观者、游览者的猎奇兴趣，满足不同层次不同需求消费者的体验之需。我国国内当下比较流行的“农家乐”、采摘农业等产业化模式，某种意义上都是一种休闲乡村文化。比如，我国当下乡村比较流行的文化大院的建设，农民自建演出团体自助演出，既可以丰富乡民的文化生活、加强乡情建构，又可以在乡村休闲文化产业中扮演重要的产业角色——弥补乡村相对城市夜生活的匮乏问题，从而使游客的夜间生活不因过度安静而显得无聊。

乡村休闲文化，所指向的目标无外乎两个，一个是保持乡村区别于城市的特色，另一个是保持乡村与城市的联系。这种区别与联系的关系是直接的又是辩证的。保持乡村区别于城市的特色就是保持乡村回归自然的文化意义的传承，保持乡村与城市的联系是使这种文化意义的传承在产业化再造中有所指向，即吸引城市游客流动。没有回归自然的文化意义，没有乡土、乡情的渲染，也就没有乡村文化的吸引力；没有产业化的再造，没有适应城市需求的改造，也就没有市民向乡村流动机制生成的可能。乡村空间的文化管理，是一种有审慎文化理想指向的文化治理，是回归自然的意义的传承与再造。

第二节　意义重建：从“街区展示”到“乐活社区”

城市与乡村的不同之处是城市受到工业化直接影响，市民不仅脱离了自然、农田，也脱离了乡民的情感生活。工业化促成的越来越烦琐的分工，不仅细化了人们的职业，也造成了人与人之间的沟通障碍。如果说回归乡村是对自然意义的回归，那么奔向城市则是对自然意义的背离。面对完全不同于天然的土地赐予，城市是彻彻底底的人造物——钢筋、水泥、混凝土的半封闭空间。回归自然的乡村意义，在城市基本没有传承。这么多年的城市发展，整体上注定了城市意义与乡村意义背道而驰。然而，从文化治理的视角看，城市在工业文化观支配下的发展，固然取得了不菲的成就，但已经走到了瓶颈期，城市与自然和谐发展的文化观正在焕发重建意义的生机。

一、街区展示：从“物”到“文化”的意义重建

就“城市”的字面意思来讲，“城”是由土石围成的防御空间，“市”是市场、市集等交易场所。城市最初就是用砖石墙封闭起来的集市空间，逐渐发展出工商业，居民居住环境分化出居住区与消费区。城市产生之初就有抵御外界入侵的意味，封闭的空间隔开了自然界。这种隔绝的思维一直延续到今天（比如环路画圈的城市扩张模式），回归自然的意义也就随之被隔绝。既

然隔绝了自然界成为独立的空间，就需要物品不断填塞其中，让其自给自足——虽然事实上做不到这一点，但表面上，市民一直在发展自给能力，生产出诸多自然界不存在的东西。最初填塞城市空间的是猎物、谷物、衣物、瓷罐等，直到工业化发生后，市民"物"的生产呈现几何级的倍增。城市街区建起来各类商铺、商场，琳琅满目的商品充斥其间，产品的丰盛可以满足人们吃、穿、住、行等方方面面的需求。这些"物"使城市变成了一个典型的仓库，各类商铺就像一个个货架，不断被充盈，又不断被掏空。在"物"满足的基础上"物"不断升级，它的神奇使人们产生了对"物"的崇拜，一切能带来"物"的东西都具有魅力——货币、纸币甚至数字币，因为它们不仅意味着"物"，更意味着物背后人的自我膨胀的唯我精神。某种意义上，有了"物"，包括制造物的技术，人们可以为所欲为，似乎不再需要自然界乃至自然界的所谓生态平衡的循环理念。正是在这个"物"极度充沛的时代，貌似出入自由的交通使城市越发封闭，产生了各种"宅"。城市作为展现人类战胜自然、创建奇迹的展示场所，展示自身也成了一种展示。

随着"时间—历史"维度的融入，城市的展示物逐渐堆积，街区"物"的展示逐渐获得了对历史的呈现特质——文化就此产生。从各类博物馆、购物中心或主题公园到超大的博物馆、超大的自选市场、超大的主题公园，它们将"物"成群结队地展示，并且逐渐升级，升级到人们在一天时间里难以转完一个大博物馆、一个大超市或一个大公园。这确实意味着人类的成功与奇迹，意味着人对自然改造的胜利。这些"物"原本来自自然，现在却与自然再无联系。无论是"物"的展示还是堆积"物"而成的"文化"的展示，所有的展示者与展示品都是"人自身"，大自然在这里是缺席的。虽然城市也不乏林荫街道，但树木是被固定地作为点缀与装饰，草坪则被修饰与扭曲成各类奇形怪状，自然界的"自然"特点荡然无存。

从文化治理的视角看，上述街区展示，是传统的、现代的街区展示，而不是未来的、后现代的街区展示；城市发展要突破瓶颈，就要改变人类社会与自然的对立状态，打破城市与乡村的隔阂，要扭转单纯的"物"化，使城市重新获得自然的意味。这并不是说要让城市变为农村——事实上，城市也不具备创造乡村景观的最为基础的土地资源，而是要打破城市的封闭性，重获与自然相沟通的机能。在人类征服自然后的城市，人们已经不必为防范自然界的侵袭而构建围墙，但观念上根深蒂固的“围墙”仍然阻碍着人们构建城市的景观。要重建城市的“物”与“文化”，就要打破这种“围墙”的固有观念。

首先，要打破城乡的隔阂，使城市与乡村相接通。城市的围墙、城市周边道路的环形发展，造成的一个奇景就是城市居民个体无法轻易离开城市远足到乡村。因为缺少通往乡村的各种路，无论是步行还是单车的出行都只能在城市的封闭中获得相对自由。要从乡村来到城市，或者从城市去往乡村，往往只有一条或有限的几条道路，往往只能依靠汽车或火车。从城市跨到乡村，在临近点上，经常会有无路可走之感。这一点在城市内部也往往能够体现出来，城市交通中没有给汽车、地铁外的出行方式留出足够的路来。在乡村，乡民可以邻里相望。在城市，居民可以走街串巷。但要从城市到乡村或者从乡村到城市，却十分困难。以北京为例，要进入北京或者走出北京，需要沿着环线绕行到一个非常远的距离才可能偶遇一个出口进入下一个环线。城市要焕发生机，需要乡村与城市“物”与“人”的方便流通。这不是要消灭城市，而是要逐渐消灭城乡差别，让城市在沟通自然的意义上重建。

其次，城市自身要打破封闭。城市的每条环线都像在加固对一座城市的封闭，城市的每个小区都像封闭起来的微型城市。这种防御感、碉堡感，在城市中处处可见。要见到“物”的展示，往往要进入一个又一个“碉堡”才有可能。城市是对自然的隔绝，也是对自然的模仿，其自身的生态系统需要模仿自然的开放系统才能获得循环自在的生命力。为改变这种城市的封闭状态，使其具有自然的状态，我国政府也制定了相关改变城市的政策，比如要求“新建住宅要推广街区制，原则上不再建设封闭住宅小区。已建成的住宅小区和单位大院要逐步打开。”① 政策实施几年了，可效果不佳。好政策不能

① 中共中央、国务院. 关于进一步加强城市规划建设管理工作的若干意见［A/OL］. 中华人民共和国中央人民政府官网，2016-02-06.

实施原因是多方面的，但一个重要的原因就是人的问题——城市治安不够理想，小区需要围墙像防范对立的自然界一样防范危险人群。要使城市突破发展瓶颈，成为人类自然的环境，首要的是需要人的素质的全面发展。只有守善之区才具备构建开放城市格局的可能。当然，人的素质的提高，又和整个社会的教育、法制、经济发展制度建设状态密切相关。城市的第二次自然化，需要在城市高度发展的基础上实现。

最后，也是城市获得自然意义最为重要的一环——构建开放的文化。借用在文化层次划分中影响较大的四分法（文化分为器物层次、制度层次、行为规范层次、价值观念层次），文化体现在城市发展上也可以体现在这四个方面。器物层次的城市文化可以体现在“物”的景观上（如城市建筑、标志性物品等），制度层次的城市文化可以体现在城市的各种文化制度法规上（如公共文化提供服务的相关规定等），行为规范层次的城市文化可以体现在城市居民的行为上（如衣、食、住、行的审美风格等），价值观念层次可以体现在城市居民的思想意识上（如对男女权力关系的认识等）。就城市文化的展示性而言，其主要针对器物层次的城市文化在“物”层面上进行景观展示。要创造“开放的文化”，也即要打破对文化空间限制，就要把“文化开始从自我封闭、单一用途的博物馆、购物中心或主题公园当中转移出来，进入街道、都市购物小区和互动、多用途的展示渠道（如新的‘发现’公园、各种艺术和技术中心）。崭新的集展示和娱乐为一体的中心已经开始在城市当中出现，成为景观建筑，而城市街道已经被重新设计为社交和娱乐的地方。”① 这种景观式的设计，打破了文化的封闭性，将文化从局部的展示扩展为城市整体的展示，将文化从展示台渗透到人们的生活场景之中。一种文化之所以具有生命力是因为它存活于人们的生活之中，当下城市中“物”的展示性的“文化化”扩展趋势，正是在重构一种回归自然的意义。

---

① ［英］贝拉·迪克斯. 被展示的文化：当代“可参观性”的生产［M］. 冯悦，译. 北京：北京大学出版社，2012：3.

二、乐活社区：城市化中的乡村景观

从文化治理的视角看，城市文化建设除了上述的“物”的文化建设外，更主要的是构建城市制度层、行为规范层与价值观念层的文化。这三个层次的文化主要关系“人”的意义重建。城市中的人是处在一定生活、居住环境中的人。以我国为例，现代的城市管理已经由传统的单位管理体制逐步过渡到了居民社区管理体制。社区是当下中国，也是世界主流的居民居住环境。城市社区的建设也同样面临“自然”意义回归的必要。

现代社会的发展，尤其是城市社区的发展，让人群越发地聚集。社会竞争激烈的大城市，土地资源有限，往往寸土寸金，居民聚集的密度也就相对更大。在这种情况下，空间关系的接近，貌似会拉近人际关系，形成更为亲密的人际群落，但现代城市的发展却证明与之相反——越是人口密集的城市，人们之间的防范之心越重，人们的交往越为谨慎，“宅”的人就越多，同住邻居而不知对方姓名的情况也就越普遍。城市越发展，娱乐文化越发达，生活其中的“陌生人”“忧郁的栖居者”越多，患有“城市病”的人就越多。正如社会学家西美尔所说：“就会发现这殿堂里的纷乱人群越是闪亮，越是嘈杂，越是迷狂，疲倦与耗竭，就会越悲惨，失去自身存在的困扰也会更折磨人。”① 乡村生活中的居民似乎较少有这种“城市病”。乡村中地域相对宽广，住宅院落相距较远，村民之间讲亲情、讲乡情、讲传统，虽不见人却常可以鸡犬相闻，无论住在同一个村落的哪里，整个村落村民之间都彼此相识。相比城市的现代化而言，不能说乡村更具吸引力，但乡村所具有的乡村文化特点，正是城市社区因城市化而欠缺的。乡村面临着保护“自然”的现代化升级问题，而城市社会则面临着重建具有自然意义的乡村景观的问题。这一乡村景观不是真的去复现鸡犬相闻的村民老宅，而是要构建人文化的社会文化——重建社区中回归自然的人的意义。

① ［德］齐奥尔格·西美尔. 时尚的哲学［M］. 费勇，吴曹，译. 北京：文化艺术出版社，2001：119-120.

社区文化景观的重建，除了在社区公共设施上提供便于社会文化建设的硬件外，在精神文化层次上，面临着制度层、价值观念层与行为规范层的文化重构任务。社区的制度决定了社区的重构走向。以我国为例，传统的单位体制下的小区，居民的一切公共服务都是免费的，但居民也缺少参与小区生活的公众决策权，一切都是由小区所附属的企事业单位来统一决定；而在当下，商品经济环境下，社区型小区的一切决策权来自小区居民的业主委员会，小区的各种规章制度主要来自遵守各种法规前提下业主们的民主选择。当然要构建一个具有回归自然意义的社区中的乡村景观，单纯依靠业主们的自主选择有时很不够，在社区“调控失灵”的情况下，仍需要依托“城市—区—街道—社区”这种一体化的城市文化治理体系的指导与调控。例如，禁止社区居民养大型宠物、禁止居民私搭乱建等制度，既然是城市法规的规定，那么理应成为社区的规范制度，但在具体制定和实施中会遇到各种阻碍与麻烦，单纯依靠居民自觉很难彻底地贯彻执行，这时就有必要依靠一体化的统一行政强制力来彻底实施。

社区制度与社区的价值观念、社区居民的行为规范有直接的关系，体现着社区的文化价值观，具体表现为社区居民的行为规范。比如，社区要树立一种尊老爱幼的人本主义的价值观，首先，要在社区制度规范的制定上体现出尊老爱幼、以人为本；其次，要有一定的行政执行力，推动尊老爱幼、以人为本的价值观贯彻、体现在社区居民的行为规范之中，而单纯依靠居民自觉很难彻底贯彻执行。例如，搭乘电梯老幼病残孕优先、社区公共座位优先为老幼病残孕提供等，需要社区依靠一定的行政力量予以执行，对不遵守社区制度规范的行为、有意破坏社区规章制度的行为，要有一定的处罚措施。当然，社区制度、社区价值观、社区居民的行为规范的推广，主要还是需要依靠社区“软文化”活动来进行潜移默化的熏染，依靠软文化环境来改变社区居民的观念乃至行为。重建社区的乡村景观，构建社区居民的文化融合氛围，需要社区工作人员与社区义工、社区志愿者们持续地投入与努力。

具体到社区文化活动展开，活动空间是必要的。例如，社区广场、社区活动室等，这些硬件设备是社区建设之初就应该配备的。具体到社区文化活动内容，当然以喜闻乐见的文娱活动为主，以寓教于乐的形式传播价值观。广场举办文艺表演、联欢促进社区居民的日常交流；多功能活动室举办报告、讲座，进行公益文化宣传；举办各类社区展览，来传播社区的价值观；建设好社区的网络论坛，传播社区正能量等（具体内容可以参看表 6.1）。

6.1　上海市、青岛市社区文化中心公共文化供给内容表①

上海		青岛	
供给内容	考核指标：要求社区文化中心每天开放，服务常态化、定期满意度测评	供给内容	考核指标：不定期开放
多功能活动	报告讲座、小型集会、联谊活动、数码电影放映、文艺表演的多功能服务	一年组织大型文化活动	≥3 次
展示、展览	作品展示、形势宣传、科普展览、藏品陈列等展示陈列活动	举办展览、采风等	≥10 次
休闲娱乐	按需设定娱乐型项目，例如，游戏室、亲子活动、棋牌、视听等服务	举办文教讲座、培训	≥10 次
体育健身	健身锻炼项目、乒乓室、台球、健身、市民体质监测站、老年活动等	主办文化宣传	≥12 期
团队活动	按需设定文艺团队和培训活动，如音乐、排练、绘画、工艺等	一年组织创作、演出的作品、节目	≥2 件
数字化服务	社区图书阅读、东方社区信息苑、电子阅览、信息资源共享工程等	举办民间艺术活动	≥2 次
社区教育	普通培训，包括老年学校、阳光之家、社区学校、心理咨询等	举办民间艺术培训	≥6 次

在社区文化建设中，要明确一点，即要在其乐融融的文化活动中传播正

① 郭剑雄. 城市社区文化中心公共文化服务供给研究——基于上海与青岛、济南比较的视角 [J]. 四川师范大学学报（社会科学版），2018，45（3）：16-23.

能量的价值观，要打破“城市病”造成的社区居民的隔膜与防范，要消除人际间的自私冷漠，要构建社区中的乡村景观就要通过各种类型的社区文化活动吸引居民参与。社区中的乡村景观建设，并非要把社区建成乡村，而是汲取乡村景观的人情、互助的文化模式优势，改善以至解决城市现代化带来的各种人际问题，使社区居民能够快乐地生活在社区、享受生活。所谓“乐活”，是享受生活，是与众同乐，而不是“独乐乐”。社区文化的乡村景观建设，是在建设一种回归自然、回归乡情的群体文化，在这一点上看，城市不是乡村的发展方向，相反，乡村反而是城市需要时时观照的对象。

城乡文化空间管理，离不开对“自然”意义的传承与重建。对乡村来说，失去自然生态与乡土传承的乡村已不再是乡村，乡村不能盲目攀比城市的发展，当然破败、落后更不是乡村该有的样子，现代乡村应该是现代化意义上的回归自然的乡村。对城市来说，城市的发展与城市治理涉及方方面面，是一个庞大的系统工程，但城市的现代化发展不是要走到自然和乡村的对立面，脱离了自然、脱离了乡村的城市是无源之地，是不宜居之地，理想的城市现代化是处处体现自然意义的城市，是富有乡村人文景观的城市。意义管理视角下城市文化治理的乡村景观重建，并不是要将城市建成乡村。在高度城市化后的回归自然，和原本落后城市的类似乡村的自然是两回事。前者是在体现人类改造自然成就下，主动向自然回归，体现的是科技化、现代化态势下的自然意义；后者就是自然的原生态，表现的是人类的被动自然化，所能表现的意义不是回归自然，而是无法超越自然。城乡差别，包括城乡景观差别，是社会分工、人群分流的结果。随着时代发展，城乡差别的缩小，人们生活自由选择可能性的增加，城市与乡村会慢慢趋同，这将是人与自然日益和谐发展的必然。

第七章

文化行业的意义管理：意义的评价、引导与监督

文化产品与文化服务具有“文化例外”的亚属性，而且，在我国，传统的文化行业或多或少都具有文化事业的特点。虽然在市场经济环境中，大多数文化企业都开始了产业化经营，但站在宏观意义管理视角上，我们仍旧需要对面向大众的文化产品与文化服务进行意义的引导与监督。对各类文化行业，文化产业宏观意义管理并非要“堵”，而是要“导”，以“导”为主，以服务大众为主。文化行业的门类丰富，文化行业管理涉及的内容也比较繁复，在此笔者仅以影视行业、网络文学行业与直播行业为例，就这三个行业文化内容的意义评价、引导与监督等问题，来阐释宏观意义管理的理路。

第一节　影视剧管理：意义的生成与疏导

电影、电视剧具有系统属性的特点，既是作为消费性的文化娱乐商品，也是国家政治宣传的意识形态媒介。因而，对影视剧的引导与监督，既要注重其作为文化娱乐商品对消费者心理需求的满足（消费意义的生成），也不能忽视对其所承载的大众文化意义的疏导，因为影视剧产业作为文化产业的“龙头”，有示范意义。符合社会需求的影视剧作品，有引导社会风气、荡涤“三俗”，同时传达主流文化价值观的重要作用。在对影视剧意义的引导与监督工作中，相关管理机构既要充分利用市场环境下的自我监督机制，也要在

市场失灵的情况下，主动介入，通过事前引导与事后治理，避免产生负效应。

一、作为公共文化产品的影视剧意义

电影、电视剧具有共同消费的公共文化产品属性，其意义的生产也具有公共意味。公众的组成具有复杂性，各种意义之间既有矛盾性也有统一性。自下而上的大众文化意义虽源于市场机制的开放性生产，但也会产生对市场机制的反制；自上而下的主流文化意义虽能引导大众文化生产，但也往往受制于大众文化生产。整体上，影视剧所传达的意义大致可以分为大众文化意义、主流文化意义与精英文化意义。

（一）影视剧源自现实的大众文化意义

影视剧的大众文化意义源自其对大众文化需求的满足。对大众而言，这种需求与现实生活是密切相连的：一方面表现为对自身相关的现实的关切；另一方面连接于人们感受中的“趋乐避苦”。大众文化意义可以由此归纳为源自现实的内涵认知与价值满足。

对影视剧任何接受上的喜好都离不开现实的物质基础。作为对生活的最直接记录，影视剧有着共同的本质——影像。齐格弗里德·克拉考尔在《电影的本性》一书中将影像归纳为“物质现实的还原”①，具体一点说，就是对生活的连续性（克拉考尔称为“生活流”）的近亲性，表现生活中具体的情境、事件之流以及它们通过情绪、含义和思想暗示出来的一切东西。在克拉考尔的思考中“生活流”主要是表现生活自身的物质现实，作为其延伸，也可以包括精神领域。苏联导演塔可夫斯基也认为，影像是对生活（时光）最好的记录方式，所以他称拍摄电影为“雕刻时光”。在大众文化意义上，约翰·费斯克将影视剧观众称为“意义和快感的生产者”②，笔者将快感视为一

① ［德］齐格弗里德·克拉考尔. 电影的本性［M］. 邵牧君，译. 南京：江苏教育出版社，2006：98.

② ［美］约翰·费斯克. 理解大众文化［M］. 王晓珏，宋伟杰，译. 北京：中央编译出版社，2001：33.

种价值意义，据此，也可以说影视剧的主要文化价值在于其所传达的大众文化意义。影视剧的大众文化意义在于其对真实生活的连续性（生活流）表现，也即由观众参与构成意义的生活流。任何影视剧只有吸引一定比例群体的兴趣，才能表现“生活流”，真实生活世界的内在真实对影视剧而言，是具有一定群体性的集体经验与集体记忆。集体经验与集体记忆正是观众所营造意义的内在底蕴。只有观众所形成的意义接通集体经验与集体记忆，影视剧才能对生活产生影响。

影视剧的大众文化意义来自与现实的联系。无论是让观众产生对现实生活的联想或者对过去生活的怀旧，甚至是不自觉地对某类虚拟生活的“上瘾”，都是对一定现实生活基础的直接或间接的反映。“生活世界”是大众文化的源泉，也是影视剧的大众文化意义的源泉。近百年前，德国哲学家胡塞尔提出一个“生活世界”的构想。在胡塞尔看来，我们所在的世界应该是一个由我们所创造的富有意义的世界，而不是死物构成的物质世界。“这个周围世界只具有我们的经验，我们的思考，我们的评价等各自赋予它的存在意义。”① 观看影视剧如今已经成为信息时代人们生活密不可分的一部分，影视剧成为人们窥视社会的“窗”。影视剧折射出现实社会人们的集体经验与集体记忆，同时通过播映也会影响现实中人们生活的方方面面。

影视剧是人们审视生活、享乐生活、创造意义世界的审美途径。正是在这个角度上，我们说建立在集体经验与集体记忆基础之上，复现富有意义的生活本质是影视剧的重要属性。既往，过度政治化与精英化的影视剧制作思路某种程度上影响了我国影视剧的发展与繁荣；在市场化时代，影视剧制作体制的变革解放了影视剧贴近生活的“自由”，观众已成为准作者，开始参与影视剧的创造意义。中国近年来的影视剧正因为越来越注重影视剧观众所参与创造的意义，而获得日益攀升的观影率与收视率，获得了观众越来越多的认可。

---

① ［德］埃德蒙德·胡塞尔. 欧洲科学的危机与超越论的现象学［M］. 王炳文，译. 北京：商务印书馆，2017：133.

（二）影视剧的主流文化意义

任何社会文化中都存在主导的文化内容，这一主导的文化内容较多地承载了维护社会稳定与发展的意识形态内涵。在中国传统社会里，儒家文化是社会存在的思想基础与文化主流。新中国成立以来，马克思主义文化、中国特色社会主义文化是我国社会的思想基础与文化主流。影视剧作为主要的文化传播样式，既有活跃大众文化生活的作用，也有通过对主流文化的倡导促进社会和谐、稳定的作用。中国社会是以马克思主义文化、中国特色社会主义文化为主流文化的社会存在。影视剧面向市场，实现经济价值的同时，也要面向社会稳定需要，凸显主流文化意义。总体上，中国当下的主流文化意义内容主要体现在以下方面。

1. 以马克思主义为基础的中国特色社会主义思想

马克思主义思想是我国的立国之本，任何观念、文化意识都不能违背马克思主义的基本原则。影视剧的文化思想传播，一方面，要以马克思主义原则为基本准则，要以历史唯物主义、辩证唯物主义为影视剧内容生产的出发点，要弘扬中国特色社会主义思想，不能肆意传播唯心主义、宗教主义、历史虚无主义等违背马克思主义核心内涵的消极文化。另一方面，我们也应当看到，在全球化文化一体化的大形势下，存在着违背马克思主义原则的各类文化思潮。坚持影视剧的主流文化传播，就是要在全球文化中，突出主流文化的价值。

2. 中国社会的主导价值观

主流文化的核心内涵是主导价值观。20 世纪 80 年代以来，由社会转型引发的传统价值观颠覆、新价值没有确立起来的局面，在 2012 年中国共产党第十八次全国代表大会召开之后得以改变，党的十八大报告明确提出了社会主义核心价值观，即倡导富强、民主、文明、和谐，倡导自由、平等、公正、法治，倡导爱国、敬业、诚信、友善。这十二种价值观是稳定我们社会发展的最为重要的价值观念。我国影视剧文化不能违背这些文化观念，应以弘扬内蕴这些价值观的意义为己任。

3. 宏大叙事的主流文化与部分传统文化内容

新中国的建立、改革开放是全国人民历经数年艰苦奋斗取得的成果。电影、电视剧表现中国革命的历程，表现中国改革开放的成就，有利于巩固社会的既有成就，有利于加强全国人民对中国社会发展的信心，是推动社会主义宏大事业发展的文化叙事。虽然中国现在以马克思主义文化、中国特色社会主义文化为主导，但传统文化对塑造中国历史、提高华夏民族的凝聚力，有重要的意义。在抛弃糟粕、取其精华的基础上，影视剧表现中国传统文化、特色文化，对构建中国的历史传承、塑造民族形态有重要的文化价值。经过过滤与筛选的传统文化应该成为中国主流文化重要的组成部分。

4. 符合国家宣传需要的其他文化内容

每个历史时期，我国都有重要的社会建设任务与宣传任务。电影、电视剧的文化宣传无疑能起到重要的推广作用，从而间接地促进我国社会建设事业的发展。比如“一带一路”建设是我国近年来最重要的经济发展倡议，要保证“一带一路”的顺利开展需要全社会公民的积极参与。影视剧对这一题材与内容的表现，无疑对带动民众积极参与“一带一路”建设有积极意义。其他如及时表现中国社会发生的重要事件，及时宣传与推广有利于表现中国国家形象的文化内容等，都是符合我国宣传需要的主流文化内容。

（三）影视剧的精英文化意义

电影和电视剧略有不同。就电视剧而言，其基本都是大众性的或主流性的，几乎没有精英型的电视剧。电影有些特殊，随着富有个性的导演们的不断努力，独立电影、作者电影等形式赋予了电影越来越多的精英意味。精英是一个社会中各个行业的主流人群。精英文化在一个社会中具有高导特点，超过了这个社会的一般水准。就影视剧的精英文化而言，主要表现在：①所表达的思想超越一个时代，例如，对某个哲学观点的影视化阐释；②艺术上具有探索性、创新性，例如，意识流的画面剪切、对时间观念的画面处理等；③技术上具有一定的超前性，例如，电影《阿凡达》在 2009 年上映时，其 3D 艺术水准远远超过了全球同时期的电影。

影视剧具有“系统本质”的特征，“其既具有艺术属性，也具有经济属性，同时还兼具意识形态属性”①。当然，还需要补充一点，这个“系统本质”也应包括“技术属性”。近年来，我国学者陆续提出并论证了“新主流电影”的概念，其实这是对近年来不断重复的“主旋律电影商业化”“商业电影的主旋律化”“艺术电影商业化”等观念的综合②，即将电影的艺术属性、经济属性、意识形态属性融合一体，这正是电影系统本质的必然表现。作为综合艺术，电影就其系统本质来说，不排斥任何一个维度的属性表现，其发展趋势是积极地包容尽量多的属性在其本质系统之中。

影视剧的精英文化意义表现具有相对性。不论超越时代多少的精英思想，都会被后续的发展所包容与超越。在市场化的发展中，在全球经济与文化一体化的大形势下，精英文化也在日渐与主流文化、大众文化合流。在当下社会的各类作为评价与奖励的机制中，兼具艺术性、商业性与主流属性的影视剧的频繁胜出，就证明了这一点。

二、影视剧的“评价—引导”机制

媒介是影视剧传播的途径，也是有效评价与引导的途径。根据媒介形式与掌控话语权的主体不同，对影视剧的“评价—引导”机制大体可以分为主流、精英主导的传统媒介/影视评奖的“评价—引导”机制与“多元”的新媒介“评价—引导”机制。前一种机制会放大主流、精英的意义取向，而后一种机制更倾向于大众文化主导的意义取向。

（一）主流、精英主导的传统媒介/影视评奖的“评价—引导”机制

在传统媒介时代，掌控主要媒介（报纸、杂志、广播、电影、电视等）话语权的机构或人员，决定了对影视剧的评价机制。自影视诞生之日起，西欧、北美地区发达国家的影评机制一直依赖资产阶级主流人群与精英阶层的

① 秦勇. 核心价值视阈下的影视文艺研究［M］. 北京：中国社会科学出版社，2017：1.

② 张卫，陈旭光，赵卫防，等. 界定·流变·策略——关于新主流大片的研讨［J］. 当代电影，2017（1）：6-20.

品位。例如，北美电影评价的主要权威媒介《电影评论》被高端影评人掌控，《综艺》杂志作为好莱坞影视业界信息最全面的杂志，其话语权掌控在资本集团与资深记者手中。总体上看，在传统媒介时代，某种意义上少数从事电影艺术研究的学者与业界报道的资深记者以及媒介资本掌控者是影响北美电影评价导向的主流人群。这些主流人群的品位在某种程度上影响了普通受众的选择，其所传达的文化意义取向无疑贴近于社会主流阶层与精英阶层的意义需求。

作为影视风向标的各类电影节、电视节的评奖活动，在影响影视观众的选择上有举足轻重的作用。各类影视节受到官方机构的评价体系与影视公司的公关影响，不同影视节评奖有不同的选择取向。但无论是电影节还是电视节，其主要的评价话语权也同样掌握在精英、主流人群手中，其引导的评价机制也基本上是主流、精英的意义取向。例如，意大利威尼斯电影节、法国戛纳电影节、德国柏林电影节普遍的择片取向是电影的艺术性，因为评委大多是资深的演员、导演及相关影视制作人，这些人的艺术品位偏向于高导；美国奥斯卡电影节的评奖标准虽然相对而言更偏向电影的市场接受认同，但其评委依然是来自业界的资深人士，只不过范围更为宽泛。

就中国国内情况而言，传统媒介时代，电影、电视、报纸、杂志等各类媒介都归属国有，作为国有文化机构，它们承担着宣传职责。在电影、电视剧的评价体系中，兼顾影视剧的艺术属性与商业属性的同时，影视剧的意识形态价值更被看重。在改革开放后，受西方影视思潮的影响，电影的艺术价值与商业价值被提到国内影视剧评价的议事日程上来。同时，立足满足大众文化意义需求的评价媒介也开始出现。例如，侧重于电影信息传播的《大众电影》杂志，在20世纪80年代，单期销量就达947万册①，曾是国内也是全世界销量最高的电影杂志；《大众电影》在推动大众文化意义生成中，起到了重要作用，经过其正面评价、郑重推荐的电影及演员，往往会成为观影群众热捧的焦点。但鉴于我国文艺事业明确的社会主义性质，无论是大众化文艺

---

① 大众电影新版发行量破76万 跻身行业第一［EB/OL］人民网，2014-03-13.

还是精英化文艺，都统摄在主流文化意义指向之下。

我国的影视节及相关的评奖活动也同样对电影、电视剧的意义方向有积极的引导作用。虽然当下各类私营机构也在积极组织各类影视节及相关的评奖活动，但基于官方的信誉度与文化传统，我国官方组织的影视节及相关评奖活动在国内仍旧最具影响力。华表奖、“五个一工程奖”是我国最具影响力，也最能体现主流文化意义取向的官方奖励。华表奖创办于1994年，由国家广播电影电视总局主办，其前身可以追溯到1957年设立的中国文化部优秀影片奖，在华表奖评奖中对影片思想意义的重视程度较为突出①。“五个一工程奖”由中共中央宣传部1992年设立，它覆盖面较宽，电影、电视剧、戏剧、图书、理论文章评奖都包含在其中。其他如创办于1962年的大众电影百花奖，创办于1981年的中国电影金鸡奖，虽然各有侧重，一个侧重大众文化意义②，一个侧重精英文化意义③，但总体上都秉承了主流文化的意义方向——以正确的舆论引导人，以高尚的精神塑造人，以优秀的作品鼓舞人。近年来，国内受欧美影视节活动的影响，相关管理机构及国有企事业单位也举办了一些比较有影响的影视节，比如，北京电影节、上海电影节、大学生电影节、上海电视节、四川电视节等评奖活动，评选的标准基本上延续了国家级影视奖的主流文化意义取向。

综观国内外主流、精英主导的传统媒介/影视评奖的“评价—引导”机制，可以看出掌控传统媒介所有权的阶层或机构有足够的话语权制定对影视剧的评价标准，进而引导影视剧思想内容的意义方向。出于社会稳定需要的

---

① 2005年之前，常有华表奖获奖影片票房惨败，鉴于此，2005年之后华表奖评委会规定参评影片必须票房达500万元以上，票房与投资比至少要1∶1持平，同时电视放映的观看人次要超过2200万等条件。

② 大众电影百花奖创办于1962年，以观众投票方式产生奖项，某种程度上在注重思想意识取向的同时，偏重于影片的群众性与商业性，2014年该奖更是明确规定了参评影片需要票房超过500万元的基本指标。

③ 中国电影金鸡奖创办于1981年，不同于百花奖的观众投票，金鸡奖的评委全部由导演、演员、剧作作者、评论专家、学术研究者、摄影音乐美术等专业领域的专家组成，相对而言，在注重影片思想意识倾向的同时，更注重影片的艺术性。

主流文化意识与社会精英阶层的品位，在决定影视剧的评判标准方面起了主要作用。

（二）“多元”的新媒介“评价—引导”机制

随着互联网、数字通信的出现与普及，现代社会的媒介发展呈现出新媒介取代旧媒介的趋势。网络大电影年产量已经超过了院线电影，网剧收看率超过了电视剧，电子图书随着“网生代”的崛起日渐普及，网络新闻已经替代报纸成为人们主要获得资讯的途径。平板电脑、智能手机乃至亚马逊 Kindle 等专属阅读器已经成为人们普遍使用的主要媒介硬件。网络通信，尤其是各类主流网站及相关影视的应用 App 已经成为影视媒介话语的主要提供平台。以我国为例，我国网民规模现已达 9.4 亿，互联网普及率达 67%①，网民已经可以被视为大众。借助新媒介，大众的文化意义取向相比传统媒介时代日渐突出。

在影视剧新媒介“评价—引导”机制上，大众意义取向日渐突出，一方面在于媒介经济扩大消费者群体的需要；另一方面在于网络通信技术提供了大众表达意义的平等机会。以互联网为依托的新媒介产品的突出优势是复制成本趋近于零，特别适合规模经济的批量化生产与销售。参与的消费者越多，新媒介经济的效益越高。利益驱动下，新媒介平台的资本掌控者有热情将新媒介平台大众化。同时，由于文化内容的传播具有发散效应，观影或收视群众参与得越多，其发散效应越呈倍增趋势。越大数量的消费者参与对影视剧评价之中，也就会发挥出越大的群体效应，大众评价的权威性就越高。在技术层面上，大众有给影视剧评价的平等评分权，大数据给予了大众提供标准的可能。通过技术手段，平台可以通过大众的评分，总结出大众的意义导向。这种引入最大多数受众对影片进行评价的机制，内含着对传统权威话语权的争夺意图。在传统媒介时代，一部电影或电视剧好与不好，少数人具有极大的话语权，而在新媒介时代，互联网的即时呈现，大众有机会提供自己的选

① 中国互联网络信息中心. 第 46 次中国互联网发展状况统计报告［R/OL］. 中国网信网，2020-09-29.

择标准。

以电影为例，新媒介时代的电影评价体系由以打分评价为主要功能的互联网网站主导（表7.1）。

表7.1 权威性电影评价网站列表①

	排序	网站名	网址
权威性电影评价网站	1	cinemascore 北美电影观众评分网	www. cinemascore. com
	2	烂番茄	www. rottentomatoes. com
	3	互联网电影资料库（IMDb）	www. imdb. com
	4	Metacritic	www. metacritic. com
	5	Allociné	www. allocine. com
	6	雅虎日本，日本电影评分网	movies. yahoo. co. jp
	7	韩国电影售票评分网	movie. naver. com
	8	香港电影评分网	hkmovie6. com
	9	豆瓣电影	movie. douban. com
	10	猫眼	maoyan. com
	11	淘票票	dianying. taobao. com

这种主导体现在大众的打分机制上。一般的打分网站都提供针对某部影视剧的网站打分，大多将其分数区间设置为1~10分，针对各种不同的建议标准，观众会打不同分数，网站根据一定的算法会给出一个最终得分，即某部影视剧的最终评分，根据评分可以看出电影被大众认可的程度。例如，国内电影打分网豆瓣电影采用10分制，将分数分为5个级别，即五星评分，一星（2分以内）对应“很差”，二星（2~4分）对应“较差”，三星（4~6分）对应“还行”，四星（6~8分）对应“推荐”，五星（8~10分）对应“力荐”。由于每个人对“很差”“还行”等划分的认识不同，打分会与网站分档有一定的差异性，有网友根据参与者打分情况做了进一步总结，归纳为：7分

① 一只柚子. 电影人不能不知道的50个网站大汇总［EB/OL］. 搜狐网，2018-12-23.

以上为“佳片”、5.4~6.5分为“普通影片”、4~5.2分为“平庸之作”、4分以下为“烂片”的标准。① 配合这种评分，每个参与者可以同时在网站留下对某部电影的具体评价。浏览者可以通过评分及具体评价，理解大多数人对该电影的意义评价取向。这种每个人都参与评分、评价，然后利用大数据技术得出最终评分，即得出最终评价结果的形式，大体能反映出大众的意义取向与评判标准。相对于传统媒介的少数人话语权，网站打分机制能反映出最大多数人的意向，大体可以认定为大众的意义取向。但这种新媒介的“评价—引导”机制又不是绝对大众化的，而是在大众意义凸显的形势下，呈现出的多元化趋势。

影视剧新媒介“评价—引导”的多元化趋势的产生可以归为两方面原因。一方面是主流与精英群体仍旧会参与大众化的网络打分，并且在大众化网站打分中争夺自己的话语权；另一方面是大数据技术手段的分化，决定了多元化取向生成的可能，即新媒介打分机制既可以通过给主流或精英观众的打分加权，影响对影视剧的总体评价，也可以通过引进传统媒介评价数据来给影视剧做出综合评价。

例如，豆瓣电影的打分机制保证了其在肯定大众意义取向的同时，总体上更倾向于精英意义取向。豆瓣打分总体上采用平均分的形式，但会根据每个参与打分的网民各自的在线时间、发帖打分的次数与数量等情况，给予每位网民不同的加权值，那些热衷于电影艺术的“发烧友”会有更高的加权分。这些“发烧友”长期沉浸于对电影的理解，其见解往往贴近于小众精英，而非普通大众。比如，对国产电影《地球最后的夜晚》（2018）的评价，简单算平均分的猫眼评分只给了2.6分的最终分，而豆瓣给出了7分。②《地球最后的夜晚》是有一定艺术探索性的小众文艺片，并不受猫眼打分的大众化意义取向青睐，却与豆瓣的文艺精英意义取向很合拍。又如烂番茄，它的评价机制与意义取向在向传统媒介回归，它引入了专业影片人的打分机制。网站

① 聂伟、张洪牧宇．“互联网+”语境下电影评价机制研究——以国内主流电影评分网站为例［J］．当代电影，2016（4）：134-139.

② 万珮．《地球》营销错位：赢了票房，失了口碑［EB/OL］．搜狐网，2019-01-03.

工作人员会收集影片人的评论，再根据收集得来的数据进行估分，其数据来源为“美国报纸每日 Top100、美国报纸 Top100、美国杂志 Top100 和娱乐出版物 Top10，一些重要电影的评论搜索量可达 250 篇”①，这种对传统媒体的权威评论的认同机制，呈现出不同于一般大众评分网的娱乐认同，意味着传统媒介主流声音的不可替代性。

鉴于不同评分机制意味着参与群体所追求的文化意义不同，有些网站也同时会推出不同的打分机制与系统。例如，IMDb 就有网站评分与榜单评分两种打分模式，网站评分由所有用户的评分平均之后生成，榜单（Top 250 电影）评分则向专业评分靠拢，对参与评分者的评分频次和评分公允度等内容会生成评分权重，加权后再得出最终评分。相对而言，榜单评分与权威评分、专业评分的一致性更为接近。

在大众意义凸显的趋势下，电影评分大都被认为能左右电影票房发展，评分与票房之间关系被假设为正相关。② 国内外的许多售票网也继而整合了电影评分的功能，用以作为电影票房的辅助参考。如美国的在线购票评分网站 Fandango 收购并使用烂番茄的数据、在线购票网 Moviefone 使用专业评分网 Metacritic 的数据，国内的在线票务网猫眼则是开发出猫眼评分的功能。也正是由于商业利益集团的介入③，购票与评分网站刷票、刷分的现象屡见不鲜。在“市场失灵”形势下，影视剧的“评价—引导”就需要相关监管机构进行

---

① 王伟.“初始锚定”与“算法正义”——美国电影网络评分机制与电影产业［J］. 当代电影，2017（5）：10-16.

② 事实上，电影评分与电影票房没有明确的正相关关系，低分高票房、高分低票房的情况都存在。有研究者认为相关电影的非正式渠道的信息交换，即“口碑”的热度与参与口碑数量、关于电影的具体评论内容等对电影票房影响更为明显，也有研究者认为电影评分的频次与数量及电影首映到正式上映期间的评分对电影票房有影响作用。参见王伟.“初始锚定”与“算法正义”——美国电影网络评分机制与电影产业［J］. 当代电影，2017（5）：10-16.

③ 美团于 2012 年推出美团电影，2013 年将其改名猫眼电影；2014 年阿里集团推出兼具在线售票与打分功能的淘票票；腾讯 QQ、微信的在线购票网“微票儿”在 2015 年与提供电影打分服务的格瓦拉电影网合并，并于 2016 年改名“娱票儿”；2016 年万达集团拟全资购入 2005 年成立、兼具打分与在线购票功能的时光电影网；2018 年猫眼票务占有 61. 3%的市场，淘票票占有 23. 2%的市场。

宏观意义的把控了。

三、影视剧的意义引导与监督

在新媒介的推动下，影视剧的文化意义取向在向多元化发展。但这种多元化发展并不是平衡的，尤其是在资本利益集团介入的情况下，常常会发生“市场失灵”。对影视剧意义取向进行监督管理的部门，有责任也有义务引导与监督影视剧的意义导向，使其有益于人民的利益，有益于社会的健康、稳定的发展。基于宏观意义管理的视角，笔者认为，影视剧的宏观意义管理在引导层面上，要凸显对多元文化意义取向关系的协调、要协调好文化意义取向与产业利益的关系；在监督层面上，要突出对影视剧意义导向的伦理底线与法制底线的监督。

（一）“一主多元”的文化意义取向

文化的本质是意义，意义内含着价值观取向。一个社会需要多样化的文化意义，也需要主导性的意义取向。“价值观念和价值体系的冲突成为社会主义初级阶段社会转型时期社会冲突最突出最激烈的表现”①。越是如此，在多元化文化意义发展趋势下，宏观意义管理越有必要坚持主导与多元统一的引导方向。

一个社会的主流文化一定是统治阶级文化，而不能是其他文化。影视剧所传达的主导文化意义也应该是主流文化意义、统治阶级文化意义。毛泽东《在延安文艺座谈会上的谈话》讲道：“世界上没有什么超功利主义，在阶级社会里，不是这一阶级的功利主义，就是那一阶级的功利主义。”② 影视剧作为当下重要的意义呈现载体，当然也要以主流文化为导向，即便对与产业利益相关的大众文化，也需要主流文化主导下的大众文化，而不是盲目的、混乱的大众文化。近年来，标榜创作自由的好莱坞电影凸显出来的“政治正确”

---

① 秦勇. 核心价值视阈下的影视文艺研究［M］. 北京：中国社会科学出版社，2017：32.

② 毛泽东选集：第三卷［M］. 北京：人民出版社，1966：821.

就可见一斑。① 同时，在一个社会的文化体系中，不仅需要主导性的主流文化，更需要提高型的精英文化，还需要融合主流与精英文化的大众文化。主流文化、精英文化与大众文化之间并不是相互排斥的关系，而是主流文化主导下的“一主多元”的“百花齐放”关系。主流文化可以大众化，大众文化也可以主流化，主流文化、大众文化都需要融合精英文化进行提高。正如毛泽东所提出的：“现在是‘阳春白雪’和‘下里巴人’统一的问题，是提高和普及统一的问题。”②在 2018 年召开的全国宣传思想工作会议上，习近平提倡文艺创作要“不断推出讴歌党、讴歌祖国、讴歌人民、讴歌英雄的精品力作”，即主流文艺作品也需要有高层次的精品力作。主流文化、精英文化与大众文化可以是相互融通的关系。《中华人民共和国电影产业促进法》明确提出了“鼓励创作思想性、艺术性、观赏性相统一的优秀电影”，具体而言，可以说是提倡思想上的主流、艺术上的精英、观赏上的大众统一。我国电影创作领域出现的融主旋律、文艺片、商业片元素为一体的“新主流电影”正是这种取向的积极表现。

（二）文化意义与产业利益的兼顾

影视剧是一个复合型的产业类型，意识形态性、艺术性、技术性等都是促进其发展的重要属性，但在市场经济环境下，我们同样不能忽视其产业属性。这既是市场环境下文化发展的必然，也是影视剧生产获得可持续发展的重要动力。

经济全球化的发展，促进了经济的迅速增长，消费品的生产在满足人们基本生活需要之后，带动整个社会由生产本位转入消费本位。进入消费时代后，任何消费环境中的大众都要面对消费对象的不断“越界”问题：由消费物质到消费文化。越界的结果之一便是文艺日渐失去了往昔的庄严感、严肃

---

① 好莱坞电影一直不乏意识形态性，奥斯卡获奖电影（如《拯救大兵瑞恩》《绿皮书》等）有明显的意识形态导向，电影作为美国文化竞争“软实力”的重要内容，也一直被美国政府作为价值观输出甚至“和平演变”的重要手段。

② 毛泽东选集：第三卷［M］. 北京：人民出版社，1966：821.

感、封闭感，开始作为娱乐消闲之资，并且呈现大众化、规模化、普及化态势。反过来，文艺大众化的发展，也促进了文艺产业效益的进一步增长，从而给作为大众化的文艺产业提供了进一步发展的动力。大众化的文化发展与产业利益增长之间呈现正相关的关系。同样，大众对文化意义的需求与追求，在深度与向度上，会进一步促进大众文化与产业利益的发展。影视剧正是大众文化或者说是大众文艺的重要代表。对影视剧的大众文化意义的开发与引导，需要在影视剧制作的题材与类型上放宽，需要在意义呈现上给予影视剧创作相对较大的自由。大众不仅是影视剧意义的消费者，也是影视剧意义的生产者。近年来，大众参与度较高的网络大电影、网络剧的飞速发展，证明了大众在意义生成与产业促进中的重要作用。①

兼顾影视剧的文化意义传播与产业发展，不仅需要相关机构在引导与监督中进行适度把握，更需要在管理手段上与市场接轨。在对影视剧的引导与监督工作中，《中华人民共和国电影产业促进法》第五条中明确提出“国家制定电影及其相关产业政策，引导形成统一开放、公平竞争的电影市场，促进电影市场繁荣发展”的目标。《中华人民共和国电影产业促进法》第四章中，明确提出了促进电影产业发展的具体方式：①加大产业资金、基金的投入；②提供税收优惠；③将电影院建设和改造纳入国家发展规划；④鼓励金融机构从事包括保险、融资、贷款等电影金融服务；⑤推动电影的境外推广；⑥鼓励社会力量捐赠、资助电影产业的发展等。在未来的产业化接轨中，对影视剧的引导与监督方式、方法需要更多地接轨国际模式、符合国际规则，只有这样，才能最大限度地减少影视剧文化在国际传播中的文化折扣。

在不同的所有权形式、不同的管理机制作用下，影视剧的传播意义也会有所不同。我国影视产业的所有制形式多样，引导与监督的模式、机制要适应复杂多变的局面。实践证明，百花齐放、百家争鸣的文化发展政策，能促进文化的多样化繁荣，同时也有利于文化产业化的发展。要保证多元文化中

---

① 2018 年我国生产的院线电影有 1082 部，而网络电影有 1562 部；我国制作发行的电视剧有 323 部，而网络剧有 593 部。

主流文化的主导地位、文化产业化符合社会发展的整体战略，适度地引导与监督以保证文化意义的导向，是十分必要的。

（三）伦理与法制底线的监督

宏观意义管理视角下，影视剧的意义监督主要体现在伦理与法制的底线监督上。作为监督主体可以是政府相关管理部门、企事业组织单位，也可以是民间组织、社会公众。但一般说来，政府相关管理部门负主要责任。影视剧具有系统的本质属性，既有艺术属性、经济属性、技术属性，还有意识形态属性等。影视剧的意义取向与其意识形态属性具有一致性。对影视剧的意识形态属性，既不能用“唯意识形态论”的态度视影视剧为政治宣传工具，也不能完全否认影视剧的意识形态属性，走向另一个极端，甚至背离社会文化的主流意义。以我国为例，总体上，基于意识形态的考量，对影视剧的伦理与法制底线的监督，一方面表现在对符合社会意识形态需要的伦理底线的维护上，另一方面表现在对破坏社会稳定的底线禁止上。无论是政府相关管理部门、企事业组织单位，还是民间组织、社会公众，都可以参与这种底线监督，因为这种底线监督有切实的章法规制的保证。

在伦理底线的监督上，如前文所述，监督主体可以参照我国的核心价值观——富强、民主、文明、和谐、自由、平等、公正、法治、爱国、敬业、诚信、友善，对违背这些价值观的影视剧予以监督。同时，我国相关管理机构也制定了明确的底线监督规制，可以依照具体的规定予以纠正。2003 年，我国广播电影电视部制定了《电影剧本（梗概）立项、电影片审查暂行规定》①，2004 年更名为国家广播电影电视总局的影视管理机构发布了比较详备的《电影剧本（梗概）立项、电影片审查暂行规定》，2006 年国家广播电影电视总局废止了暂行规定，正式发布了《电影剧本（梗概）备案、电影片管理规定》。在 2006 年的管理规定中，规定了九类应予删改的内容。这九类内容大都违背了我国作为社会主义社会的伦理底线。这九项规定为：

---

① 主要规定了“凡属‘重大题材’影片、重大理论文献纪录片、特殊题材影片、合拍影片，须报剧本立项，其他类型影片报不少于 1000 字的剧情梗概立项”。

（一）曲解中华文明和中国历史，严重违背历史史实；曲解他国历史，不尊重他国文明和风俗习惯；贬损革命领袖、英雄人物、重要历史人物形象；篡改中外名著及名著中重要人物形象的；

（二）恶意贬损人民军队、武装警察、公安和司法形象的；

（三）夹杂淫秽色情和庸俗低级内容，展现淫乱、强奸、卖淫、嫖娼、性行为、性变态等情节及男女性器官等其他隐秘部位；夹杂肮脏低俗的台词、歌曲、背景音乐及声音效果等；

（四）夹杂凶杀、暴力、恐怖内容，颠倒真假、善恶、美丑的价值取向，混淆正义与非正义的基本性质；刻意表现违法犯罪嚣张气焰，具体展示犯罪行为细节，暴露特殊侦查手段；有强烈刺激性的凶杀、血腥、暴力、吸毒、赌博等情节；有虐待俘虏、刑讯逼供罪犯或犯罪嫌疑人等情节；有过度惊吓恐怖的画面、台词、背景音乐及声音效果；

（五）宣扬消极、颓废的人生观、世界观和价值观，刻意渲染、夸大民族愚昧落后或社会阴暗面的；

（六）鼓吹宗教极端主义，挑起各宗教、教派之间，信教与不信教群众之间的矛盾和冲突，伤害群众感情的；

（七）宣扬破坏生态环境，虐待动物，捕杀、食用国家保护类动物的；

（八）过分表现酗酒、吸烟及其他陋习的；

（九）违背相关法律、法规精神的。

这九类应删改的规定是对伦理底线规制的进一步具体化，是对违背社会伦理底线的纠正，对保证影视剧思想内容的主流意义方向有重要作用。当然，对严重违反社会伦理底线，即触犯了相关法律法规的底线，单纯地纠正并不适用，我国有相应的禁止规定。

以电影为例，我国在 2001 年 12 月 12 日通过并于 2002 年 2 月 1 日开始施行的《电影管理条例》中，明确规定了十类有悖社会主义主流文化意义、违背社会主义法制底线的情况。2016 年 11 月 7 日发布并于 2017 年 3 月 1 日施行的《中华人民共和国电影产业促进法》将这十类情况合并为八类情况：

（一）违反宪法确定的基本原则，煽动抗拒或者破坏宪法、法律、行政法规实施；

（二）危害国家统一、主权和领土完整，泄露国家秘密，危害国家安全，损害国家尊严、荣誉和利益，宣扬恐怖主义、极端主义；

（三）诋毁民族优秀文化传统，煽动民族仇恨、民族歧视，侵害民族风俗习惯，歪曲民族历史或者民族历史人物，伤害民族感情，破坏民族团结；

（四）煽动破坏国家宗教政策，宣扬邪教、迷信；

（五）危害社会公德，扰乱社会秩序，破坏社会稳定，宣扬淫秽、赌博、吸毒，渲染暴力、恐怖，教唆犯罪或者传授犯罪方法；

（六）侵害未成年人合法权益或者损害未成年人身心健康；

（七）侮辱、诽谤他人或者散布他人隐私，侵害他人合法权益；

（八）法律、行政法规禁止的其他内容。

这八类情况大都违反了从国家宪法到各级法律的相关规定。这些应禁止的情况不仅适用于影视剧，也适用于各行各业的法制规范的需要。

当然，在具体的管理实践中，依照法律法规与伦理底线如何解释、如何把握是一个非常有难度的问题。不同国家与地区有不同的管理要求与管理习惯，即使是一些标榜对文化产品不予监管的国家，其实也不容许影视作品违背其法制法规或伦理底线，只不过监管的手段更为隐蔽与间接而已。

第二节　网络文学的意义的生成、评价与引导

一般而言，我们对文艺作品都会有比较高的要求，因为“文艺作品中反映出来的生活却可以而且应该比普通的实际生活更高，更强烈，更有集中性，更典型，更理想，因此也就更带普遍性”①。但事实上，文艺的形式林林总总，不同文艺作品能够达到的艺术高度参差不齐，对文艺所生成的意义、艺

---

① 毛泽东选集：第三卷［M］. 北京：人民出版社，1966：818.

术水准的高低，很难达成共识。网络文学①尤其如是。如果没有一个适合的评判与引导机制，网络文学很容易呈现出一派乱象。当然，对文学艺术如果监管得过死过严，也会制约文艺的自由发展。

一、网络文学意义：源自现实的虚拟快感满足

网络文学是完全应市场消费需求而生的一种文学样式，并不包括纸媒文学转换成的网络载体内容，仅仅指基于网络媒体进行创作并服务于网络文学读者的大众文学。网络文学是伴随着网络而生的准公共文化产品。在网络上，既有免费阅读的作为公共文化产品的网络文学，也有（当然主要是）因收费而具有排他性的文学网站的网络文学。对经营性的文学网站而言，网络文学不是纯文化艺术品，而是切实可见的盈利商品。商品就要切实地满足消费者的现实需求。网络文学主流读者多为涉世不深的少年与青年，就中国的现实来说，这些年轻读者大多是动漫文化熏陶下长大的一代，他们的需求更多是幻想性的。因此网络文学多以科幻、玄幻、奇幻、武侠、言情等偏于想象的类型为主。同时，这些年轻读者大多具有青少年人的猎奇、逆反等心理特点，因而网络文学中也不乏耽美、同人等既富有幻想，又被主流文化与主流文学排斥的亚文化、亚文学。还有，这些年轻读者基本都是“网生代”，能表现网络虚拟特点的网络文学类型，例如网游小说等，也因适应网民的虚拟想象心理需求而受到欢迎。

不同类型的网络文学，常常能非常准确地对准分众读者的各种隐秘的心理需求。网络文学的商业属性也主要体现为其生产与传播的动力机制在于满足消费者普泛性的欲望心理需求。消费者这种欲望心理需求，可以是源自生理性（如择偶欲）的欲望满足，也可以是源自精神性（如成功欲）的欲望满足，总体上，从大众的心理需求而言，网络文学普遍地与欲望心理密切相关。

① 这里讨论的网络文学，主要是国内的网络文学，从作者创作与读者接受的情况看，国外网络文学并没有国内的发达，国外网络文学不能代表世界网络文学发展的现状；相对而言，中国的网络文学反而具有世界代表性。

由此，可以说，网络文学对消费者的吸引力并不是文学的艺术性或意识形态性，更多地表现为基于题材、类型、套路等因素而呈现出的“上瘾”性。

“上瘾”与生理性的欲望关系密切，但这里所说的网络文学的“上瘾”仍可被视作一种心理、精神的症候。网络文学消费的“上瘾”体现为对某种类型、模式所触发的心理感觉的依恋。这种依恋的产生原因往往有内在与外在之分。比如游戏所虚拟的“成功”感觉，往往让游戏迷上瘾。这些游戏迷大多数是未成年人，青少年身心不够成熟的特点决定了他们往往不愿意面对现实的种种限制，喜欢通过虚拟的成功感、成就感来逃避现实。成年人也有很多迷恋游戏者，也同样源于对现实困境的逃避心理，但成年人很少会为玩游戏而浪费过多时间，就在于成年人的身心相对成熟，明确地知道虚拟与现实的界限。从正面意义上看，无论是未成年人，还是成年人，游戏等文化消费的机理是一致的，都能起到一定的舒缓压力、虚拟满足的作用，也能对社会压抑起到一定的解压作用。

网络文学的作用机理比游戏更为复杂。题材，准确地说是类型，往往是基于一定量读者的趋同性接受心理需要而产生的。例如“玛丽苏”① 类型的网络小说往往是针对青少年女性的择偶心理而量身定制的。根据年轻女性渴求的虚拟满足程度不同而分为“二男追一女”“三男追一女”“多男追一女”等多种情形。有些网络文学作者会专注于写作这种“玛丽苏”小说，也有大批的女性读者专注于阅读此类型小说。虽然每部“玛丽苏”小说都大同小异，甚至情节都会一模一样，几乎等同于只换个角色名字的同人文，但只要读者没有在现实中步入婚姻殿堂，往往会沉迷于这种虚拟代入感而“上瘾”。同

① 玛丽苏（Mary Sue）被网友追溯到保拉·史密斯（Paula Smith）1973 年创造的一个科幻同人文的女主角，现在多指自恋型的女主角。“玛丽苏”型小说的女主人公一般会是小说中大多数男性角色追逐的择偶对象，这类小说根据女主角的完美度又分为“完美苏”和“平凡苏”两大类型，根据小说中男性追逐角色的多少又可以分为“二男追一女”“三男追一女”“多男追一女”等多种类型。

样，网络文学中也有为男性的这种心理需求而打造的“汤姆苏”或“杰克苏”① 型小说。

网络文学所设置的环境、情节、角色往往是现实中不存在的，这些不存在的元素构成了一个虚拟的世界——与现实世界相对峙。年轻读者，尤其是涉世不深或者在现实中处境不顺的读者，在闲暇时会习惯性地选择逃避现实，而网络小说的世界提供了一个很好的精神庇护所。绝大多数网络文学读者不会批判性地阅读网络文学作品，“代入感”是网络文学虚拟的有意制造，也是网络文学读者有意追求的结果。网络文学中也存在反映现实的类型作品或艺术探索性作品，但即使是反映现实或者艺术探索性作品，其幻想性、夸张性、通俗性、取悦读者的套路也必不可少。网络文学的生产机制决定了网络文学的表现形式。从文学与现实的关系来看，总体上，网络文学与现实的关系是网络文学间接地反映或折射现实。正因为要逃避现实，那种与现实感受相反、相对的感觉才能因满足消费者的心理需求而制造出源自现实的虚拟快感。②

二、网络文学的评价机制

相对于主流文化、精英文化的影响，网络文学基本上是受大众文化熏染而培育出的文化样式。网络文学作为大众文化的一种，天然地与大众文化消费市场联系密切。

（一）市场评价体系

由于网络文学的主流是面向市场大众提供阅读需要的，因而有研究者将其定位为通俗文学，认为诸多网络穿越小说、玄幻小说“表面上是飞到了十万八千里以外，但根子还是在现实的土壤里，这些小说是在通过幻想的镜子

① 男性视角下的自恋类型小说，男主人公往往能吸引所有其所遇到的女性或他想吸引的男性，该类小说根据男主角的身份不同，又可以分为完美苏、平凡苏、耽美苏、迂回苏、配角苏、极端苏、足球苏等类型。

② 相比影视剧表现出来的大众与主流文化价值，网络文学主要表现为大众文化意义的一统天下，因此，这里仅仅论及网络文学的大众文化意义。

来照见现实。幻想、梦想机制在通俗文学中是很基本的配置"①。因为网络文学是通俗文学，所以网络文学也要遵从通俗文学的市场机制。在题材上，要有通俗文化作为参考体系；在写作上，要有传统说书模式的黏性；在读者反应上，"要靠市场机制、广告和营销的帮助"②；在价值观上，突出了"消费的、娱乐的、日常的"③ 价值观念。④ 但网络文学的市场评价机制与传统通俗文学的评价机制不尽相同，网络文学的评价主要诉诸网络平台。

网络文学有一套自评机制。作为经营性网站推出的自评机制，它的出发点是盈利，即通过一套有利于网站盈利的阅读支付激励机制来评价网络作品的价值。

2002 年 9 月，"读写网"成为国内第一个尝试在线阅读收费的网络文学网站，一方面赚取读者在线阅读的浏览费用；另一方面也象征性地给予网络文学作者一定稿酬，以此来作为对网络文学市场价值的肯定。此后，"明扬网""天下网""起点中文网"等文学网站陆续采取阅读收费制度，根据阅读的篇幅与作品质量，按千字收取不等的费用。尤其是"天下网"与"起点中文网"制定了读者会员"VIP"制度（简称"微支付"），即初级 VIP 会员阅读该网站的网络文学作品，每千字付 3 分钱；高级 VIP 会员阅读该网站的网络文学作品，每千字付 2 分钱。同时，网站也会设立 VIP 作品排行榜，按照作品点击率支付作者稿酬。这一制度的实施，并未像某些人预想的那样减少了网络文学读者数量，由于有偿稿酬提高了作品的质量，反而使读者数量稳定地增长。"微支付"这种类似于"租书摊"的消费收益形式，传统的"纸

---

① 李敬泽. 网络文学：文学自觉与文化自觉［N］. 人民日报，2014-07-25.

② 李敬泽. 网络文学：文学自觉与文化自觉［N］. 人民日报，2014-07-25.

③ 李敬泽. 网络文学：文学自觉与文化自觉［N］. 人民日报，2014-07-25.

④ 当然，也有持网络文学远离现实观点的研究者，认为将网络文学等同于通俗文学是忽视了网络文学区别于印刷文学的独特性，尤其是忽略了玄幻、科幻、超能、修真、历史架空等网络文学类型不仅没有模仿、反映、再现客观现实，而且在有意远离客观现实，认为将网络文学等同于通俗文学的观点骨子里还是认可网络文学根子在现实的土壤里的说法（参见单小曦. 网络文学评价标准问题反思及新探［J］. 文学评论，2017（2）：24-30）。

媒”文学出版机构是不屑于去做的，却引起了文化产业资本集团的注意，随之而来的盛大集团对中国当下网络文学的兼并潮与此不无关系。

为了激励与评价作品，包括“起点中文网”在内的诸多网站都实行每月作品排行榜，根据作品在排行榜上的位置网站会给予不同程度的奖励。作品打榜要依靠 VIP 会员给予的月票数量。以“起点中文网”为例，1 元现金可以充值 100 起点币，而 VIP 读者消费 2500 起点币才可以获得一张月票，升级到高级 VIP 后，消费 1500 起点币就可以获得一张月票。为了避免不正当拉票，“起点中文网”规定每个账号每月最多可以投 5 张月票。当然，通过打赏的方式也可以给某部作品多投月票，但一次需要打赏 10000 起点币才能有一张月票。作品及作者在网站乃至读者心中的地位，需要依靠排行榜——最终月票的数量来确定，每月的打榜时间都是网络文学作者最煎熬的时刻，因而有作者甚至将自己的笔名起名为“月关”，即每月过关。

虽然讨论吧、豆瓣、微博等都有读者对网络文学作品的解读与评价内容，但相对于打榜而言，这些讨论显得过于间接。网络文学打榜的评价模式，与作者的收益及读者的喜好密切相关。可以说，网络文学网站直接让大众读者的喜好成了作品价值的评价标准。当然，我们也知道，大众喜好与专业人士的评价会有很大的差异，不一定能真正地反映文学作品的文学价值。很多时候，由于网络文学作者刻意迎合大众的欲望需求，甚至迎合大众的各种“恶”趣味，某些“烂俗”的作品也可能成为排行榜上的“大作”。

（二）主流与精英的评价机制

就文学的当下评价机制而言，我国的主流评价体系与精英评价体系有一定的契合度，即二者都比较推崇严肃文学，尤其是能表现宏大叙事的严肃文学。这一契合的传统，可以追溯到 1942 年毛泽东的《在延安文艺座谈会上的讲话》，该讲话内容从题材、创作、服务对象等诸多方面，构建了无产阶级文艺的蓝图，也奠定了中国文学创作的主流方向。从中国现当代文学史对鲁迅、郭沫若、茅盾、巴金、老舍、曹禺等主流作家的推崇，从官方“五个一工程”的文学奖励，以及“茅盾文学奖”等主流奖项的历年获奖作品，可以看出，中国当下的文学主导评价机制是一种官方主流与学院派共通的认同机制。这种机制遵循的是文学作品的思想性、艺术性以及意识形态性的综合评价体系。

1988年，文学研究者陈思和与王晓明在《上海文论》中开辟了“重写文学史”栏目，提出重新评价现当代文学史上的作家与作品的议题。“‘重写文学史’专栏最突出的特征，就是将‘审美标准’作为现代文学的内在原则来把握，以区别于那种‘政治标准’的外在原则，并最终形成了一种‘纯文学’的文学史想象。”① 1994年海南出版社编选的《二十世纪中国文学大师文库》将这种“重写”实践化，将金庸、穆旦、北岛、梁实秋等在传统文学评价体系中偏后的作家的座次大大提前，也由此引发了一系列关于文学评价标准与机制的研讨。综观这场延续到21世纪的“重写文学史”活动，可以发现，其主要倾向是削弱传统意识形态在文学作品评价中的主导影响，意在突出文学艺术属性的价值权重。这不是大众话语权的回归，某种意义上，更像是学院派精英在已形成的主流与精英高度契合的评价机制中制造的一次分裂。事实上，文学的主流评价机制的主导形势并没有由此改变，主流评价体系与精英评价体系相契合的整体形势也没有发生改变，只是话语的表现方式日益多元化。

作为对文学作品重要的评价标准——“审美意识形态”理论的提出与批评实践的应用，正是重新调和主流评价体系与精英评价体系的重要表现。所谓“审美意识形态”，不是简单的审美加上意识形态，而是指既包含审美形态又具有意识形态内涵的融合、渗透之后的属性。也有学者将其总结为：“‘意识形态’是文学的一般属性，‘审美’是文学的特殊属性。”② 审美意识形态是一体的，是意识形态的一般性与审美的特殊性的融合。因而，对文学的评价机制，既不能抛开意识形态的一般性，也不能离开审美的特殊性。审美意识形态标准，某种意义上，再次统合了主流文学与精英文学的话语，由此也成为中国当下评判主流文学与精英文学的最重要工具。

按照这一评价标准与机制，网络文学突出想象性、娱乐性等特点，距离

---

① 韩琛.“重写文学史”的历史与反复［J］. 中国现代文学研究丛刊，2017（5）：1-16.

② 祁志祥.“文学审美特征论”：童庆炳文艺美学思想述评［J］. 清华大学学报（哲学社会科学版），2017，32（3）：96-105.

主流文学紧扣现实与彰显意识形态的要求、距离精英文学张扬艺术美的追求，都存在一定差距。按照既往的主流文学与精英文学的选拔标准，绝大多数网络文学作品都会被排斥在由主流与精英话语所定义的文学之外，但事实上，据不完全统计，我国有网络文学作者 1755 万，签约作者 61 万，网络文学作品达 2442 万部①；当下国内网络文学读者已达 4.67 亿，海外用户超过 3193 万。② 无论是从现在还是未来的发展看，网络文学随着巨大的创作量与读者量的累积，都将主导文学发展的未来。如何处理主流（精英文学）与娱乐化的网络文学的关系，显得十分重要。

三、网络文学及其意义的引导与监管

就中国当下网络文学的发展来看，主导者（如当初的盛大文学或当下的阅文集团）一直是私有互联网企业，主流文学或精英文学界对网络文学存在一定程度的忽视，双方基本上是各自独立发展。在产业运营方面，相关管理部门更多的是依据相关的产业法规对网络文学进行制约与管束。而从繁荣文化角度看，相关管理部门则应着眼于文学事业的发展与繁荣，对网络文学进行引导与监督。

（一）对网络文学的收编与融合

对于网络文学，主流文学与精英文学界一直采取的是有条件的收编政策。一方面，主流文学与精英文学界不会放弃主流与精英的标准，不会采纳网络文学偏重娱乐化的市场标准来作为评判文学的标准，而是一直以主流与精英的评价标准来试图影响与提升网络文学的评价标准；另一方面，主流文学与精英文学界也在逐渐健全自己的评价体系与评价机制，注重艺术性与娱乐性兼容问题，在不违背自己标准的前提下，努力吸纳优秀的网络文学作品，推进其融合到符合主流与精英标准的文学圈子当中。

---

① 中国音像与数字出版协会. 2017 年中国网络文学发展报告［R/OL］. 搜狐网，2018-09-09.

② 《网络文学发展报告》课题组. 2020 年中国网络文学发展报告［R/OL］. 中国文学网，2020-03-27.

从普及与提高的关系看，主流文学与精英文学应该属于提高层次的文学，网络文学由于其低门槛，应该属于普及层次的文学。普及层次的文学终究要提高，而提高层次的文学也需要一定程度的普及。完全隔断二者的联系，单纯地只注重普及或只重视提高，都不利于文学的发展与繁荣。普及层次的文学作品随着影响力的增加，也可以跻身于主流（精英）文学之列，武侠文学、青春文学等大众化文学逐渐被主流文学认可就是例证。①

中国当下的主流文学与精英文学界，一直在吸纳重要的网络文学作家与作品进入其中。从 1949 年中国作协成立时的 400 多人②，发展到今天的 11 708人③，一直是主流作家协会和精英文学作家的一统天下，总体格局未变，但从 2015 年 11 月 23 日，中国作家协会网络文学委员会④成立以来，每年都会吸纳几十人加入中国作家协会，至今从事网络文学创作的中国作家协会正式会员已达 214 人⑤。虽然规模仍旧不大，但是主流文学界对网络文学谨慎接纳、兼容的态度已经很明确了。2013 年开始，由中国图书评论学会主办的“中国好书”评选活动，在“2018 年度中国好书”的评选中，首次上榜了 3 部网络文学作品。它们是郭羽、刘波的《网络英雄传Ⅱ：引力场》、吉祥夜的《写给鼹鼠先生的情书》和桐华的《散落星河的记忆 4：璀璨》。⑥ 其后，“2019 年度中国好书”的评选中，网络文学作品《浩荡》《宛平城下》《燕云台》入选⑦；“2020 年度中国好书”评选中，网络文学作品《重长雄风》入

① 原本在主流（精英）文学界不被认可的武侠文学，随着对金庸文学地位的承认，也逐渐认可了其艺术价值；原本进入不了主流（精英）文学圈的青春文学，随着郭敬明、韩寒等影响下的青少年一代的长成，其对文学界的影响凸显，2007 年作家王蒙、批评家陈晓明也力荐郭敬明加入了中国作协。

② 王军. 中国作家协会诞生记：成立时共有会员 400 余人［EB/OL］. 搜狐网，2019-06-21.

③ 张恩杰. 会员超万人 作协更加“年轻化”［N］. 北京青年报，2019-02-02.

④ 董江波. 中国作协成立网络文学委员会 唐家三少等 27 人为委员［EB/OL］. 半壁中文网，2015-11-24.

⑤ 王丽玮. 我国网络文学读者超四亿 网文出海成一大亮点［EB/OL］. 人民网，2019-05-13.

⑥ 史竞男. “2018 年度中国好书”揭晓 32 种图书入选［EB/OL］. 人民网，2019-04-24.

⑦ 张贺. 37 种图书入选 2019 年度“中国好书”［EB/OL］. 人民网，2020-04-24.

选。① 虽然网络文学作品在上榜作品中所占比例不高，但也说明了网络文学日渐在被主流与精英文化认同，开始在同一平台进行竞争。

（二）网络文学出版的监管与引导

对网络文学的审慎收编是繁荣文学事业的总体取向，但在具体的管理实践中，在面对绝大部分不符合主流（精英）文学标准的网络文学作品时，相关管理部门不可能对这些作品一一进行分类、鉴别，梳理出作品的意义价值所在及意义价值的大小。这里就存在一个间接与直接管理的问题。直接管理者只能是各个网络文学出版的平台，相关政府管理部门只能通过监管网络文学出版平台来间接对网络文学出版进行管理。

对于文学作品出版，我国有《出版管理条例》《图书质量管理规定》等正式的关于出版管理的法律法规，可用于宏观监管出版物的质量与规范。但网络文学相比一般出版物有其特殊之处，即“网络文学出版就是网络文学网站的在线发表行为”②。换言之，网络文学出版不同于一般出版物的独特之处在于，它的发表与阅读都发生在网络之中，网络文学网站是其出版的主体平台。

中国目前刊登原创网络文学的网站数量难以准确统计，重要的网络文学网站初步估计至少有数万家。从中国网络文学诞生的 1998 年算起③，到盛大文学成立的 2008 年 7 月之前，中国网络文学网站处于独立发展、多元并存的局面。自 2008 年 7 月盛大集团成立盛大文学以来，统合了国内诸多主要文学网站，2010 年前后盛大文学已经拥有国内 80%以上的原创网络文学作品，占据了网络文学 90%以上的市场份额。④ 但在 2015 年 3 月，阅文集团整合了盛大文学后，中国网络文学市场格局再变。中国当下网络文学市场作品数量占比中，大体上阅文集团控制了 72%的份额，中文在线掌控 28%的份额，掌阅

---

① 百瀛. 33 种图书入选 2020 年度“中国好书”［EB/OL］. 人民网，2021-04-24.

② 包晓光，秦勇. 燕京创意文化产业学刊：2012 卷（总第三卷）［M］. 北京：文物出版社，2012：204.

③ 以 1998 年蔡智恒在 BBS 上发表《第一次的亲密接触》为标志。

④ 王行丽. 盛大网络文学产业链发展分析［J］. 赤峰学院学报（科学教育版），2011（1）：2.

文学占有份额为 5%，百度文学占有份额为 3%，阿里文学占有份额为 2%①；在线阅读收入上，这五大网络文学平台（阅文集团、中文在线、掌阅文学、百度文学、阿里文学）的市场份额大体分别为 43.2%、6.6%、14.9%、1.8% 及 1.4%。② 在文学阅读 App 的市场占有率上，掌阅 App 和阅文集团下的 QQ 阅读 App 具有极大优势。③ 这也是掌阅文学虽然文学作品持有量较少，却能在市场收入上占优的重要原因。相比于对一两千万部网络文学作品进行内容意义的监管，对网络文学的出版平台的监管更为具有实效性。

2016 年 2 月 4 日，国家新闻出版广电总局、工业和信息化部联合发布了《网络出版服务管理规定》。该规定除了规定网络出版物不能含有宣扬封建、迷信、谣言、暴力、色情等内容外，更是针对网络出版的特点，突出了对平台进行监管的具体对象与措施，即对网络出版服务单位、网络出版服务状态、网络出版从业人员进行进一步监督与管理，每年这些网络出版服务单位要进行自检并提交报告，相关主管部门要对网络出版服务单位的设立条件、登记项目、出版经营情况、出版质量、遵守法律规范、内部管理等情况进行复检。2017 年 6 月 26 日，国家新闻出版广电总局又基于《网络出版服务管理规定》，颁布了《网络文学出版服务单位社会效益评估试行办法》。该办法细化了对网络文学出版平台的管理细则，并以奖惩的绩效模式对其意义导向进行一定的引导。具体而言，该办法根据网络文学出版单位的出版质量、传播能力、内容创新、制度建设、社会和文化影响五项内容进行细化打分，最后依据打分结果，来进行整改或作为评奖依据（表 7.2）。

---

① 因五大平台作品数量占比总额达到 110%，说明五大平台作品之间有共同持有版权或重复统计情况，因此该数据只能说明这些平台大体的市场占有率情况。——数据来源，参见中国产业信息网. 2019—2025 年中国网络文学行业市场竞争格局及未来发展趋势报告 [R/OL]. 中国产业信息网，2018-09-01.

② 吴怼怼. 阅文集团上市后，BAT 网文市场格局已定 [EB/OL]. 百度网，2017-11-17.

③ 2017 年，掌阅和 QQ 阅读的用户规模分别为 6059 万和 3752 万，与第三名拉开较大的差距。参见观研报告网. 2018 年中国网络文学行业分析报告——市场深度分析与发展前景研究 [R/OL]. 观研报告网，2018-03-14.

7.2 网络文学出版服务单位社会效益试行评估指标和计分标准表①

序号	一级指标	二级指标	计分标准
1	出版质量（45分）	价值引领和思想格调（30分）	坚持社会主义先进文化前进方向，弘扬社会主义核心价值观，注重作品价值引导、精神引领、审美启迪等方面的作用，大力出版主旋律、正能量作品，全年未发现有错误导向问题的作品，计30分
2			无明显违规内容，但缺乏积极措施引导内容创作，主旋律不高昂、正能量不突出，弘扬社会主义核心价值观的作品比例低，视情况扣10~20分
3			无明显违规内容，但以人民为中心的创作出版导向不明显，存在娱乐至上、低俗猎奇现象，价值引领作用弱，视情况扣10~20分
4			漠视公序良俗、道德规范，混淆审美，作品存在违背正确人生观、价值观、伦理观、道德观问题的，视情况扣10~20分
5			出版思想消极、格调不高的作品，被读者投诉或举报、社会影响不好的，扣1分/部
6			把关意识不强，出版内容低俗、价值取向有问题的作品，被专家或媒体评论批评，扣2分/部
7			对涉及党史、军史、国史等题材作品缺乏把握能力，歪曲历史，戏说史实，亵渎经典，主观臆造成分多，引起社会不良反响的，扣3~5分/部
8			因导向偏差，被出版行政主管部门开展的网络文学出版服务单位作品阅评点名批评，扣3分/部
9			作品违反《出版管理条例》《网络出版服务管理规定》等法律法规相关规定，被行政管理部门处罚，扣5~8分/部
10			出现严重政治差错，社会影响恶劣，实行一票否决，整体评估为不合格

① 中华人民共和国国家新闻出版广电总局. 关于印发《网络文学出版服务单位社会效益评估试行办法》的通知［A/OL］. 中华人民共和国国家新闻出版广电总局官网，2017-06-14.

续表

序号	一级指标	二级指标	计分标准
11	出版质量（45分）	文学价值和文化传承（10分）	积极出版思想性、艺术性和可读性有机统一的精品佳作，传承和弘扬中华优秀传统文化，作品整体具有较高文学水平和艺术价值，较好地满足人民群众精神文化需求，计10分
12			无明显违规内容，但缺乏积极措施引导精品创作，忽视作品艺术追求和文学坚守，较多作品文学水平低、艺术价值差，视情况扣5~10分
13			无明显违规内容，但缺乏措施传承发扬中华优秀传统文化，漠视中华文化立场及中华审美风范，视情况扣5~10分
14			内容粗制滥造，立意苍白、语言粗俗，被读者投诉举报或被媒体、专家批评，扣1分/部
15			因艺术品质低下，被出版行政主管部门开展的网络文学出版服务单位作品阅评点名批评或被专家、媒体公开评论批评，扣2分/部
16		编校质量（3分）	作品封面、插图等设计明显不符合作品思想内容或存在差错，扣1分
17			文字使用不规范，不符合《出版物汉字使用管理规定》等相关规定，扣2分
18			编校差错严重，超过《图书质量管理规定》图书差错率标准3倍，扣3分
19		资源管理（2分）	内容资源管理混乱，作品链接、作者署名、后台管理等存在较多差错或不足，扣2分

续表

序号	一级指标	二级指标	计分标准
20	传播能力（15分）	平台首页和栏目建设（5分）	未重视对践行社会主义核心价值观、弘扬真善美、传播正能量作品的重点推介，扣3~5分
21			刻意迎合市场需求，平台首页或栏目设置存在唯点击率倾向，扣5分
22			在平台首页或重点栏目推介缺乏文学内涵与艺术审美的作品，扣2分/部
23			在平台首页或重点栏目推介导向有严重问题的作品，实行一票否决，整体评估为不合格
24		排行榜设置（5分）	忽视排行榜编辑把关，缺乏有效措施发挥排行榜示范导向作用，扣3分
25			刻意迎合市场需求，排行榜设置存在唯点击率倾向，扣5分
26		投送效能（3分）	对主旋律、正能量作品缺乏宣传推广，技术、手段落后，扣1分
27			虚假宣传、夸大宣传，以不诚信手段等误导读者，诱导消费，扣2分
28			追求市场轰动效应，策划不当宣传方法，引起社会不良反响，扣3分
29		评论引导（2分）	对网站评论区管理不善，忽视评论引导作用，不实事求是，不能坚持人民评价、专家评价和市场检验的统一评价标准，误导读者或社会舆论，扣2分

续表

序号	一级指标	二级指标	计分标准
30	内容创新（10分）	丰富性和多样化（5分）	不注重内容丰富性、主题多样化，整体作品题材单一，主题单调，结构失衡，扣2分
31			较多作品内容雷同、抄袭模仿、千篇一律，同质化现象较普遍，扣5分
32		创造性和个性化（5分）	原创能力不够，作品体裁、形式、风格、叙事方式等缺少特色，扣2分
33			创新精神不足，观念陈旧、手段落后，缺乏积极措施激发和调动作者创作活力，扣3分
34			片面追求作品点击率，存在机械化生产、快餐式消费倾向，扣5分
35	制度建设（30分）	编辑责任制度（5分）	建立较完备制度，但执行不力或编校人员数量不能保障日常工作，扣2分
36			关键岗位缺失，制度不健全，内容把关不严，扣3~5分
37			未建立编辑责任制度，扣5分
38		作者和读者服务制度（4分）	建立较完备作者、读者服务制度，但未严格执行，扣2分
39			作者服务制度不健全，作者实名注册、个人信息保护等关键措施缺失，导致损害作者权益，扣3~4分
40			读者服务制度不健全，对读者反馈、合理要求不响应，导致损害读者权益，扣2~3分
41			未建立作者、读者服务制度，扣5分

续表

序号	一级指标	二级指标	计分标准
42	制度建设（30分）	作品管理及质量控制制度（5分）	建立较完备制度，但执行不力，扣2分
43			制度不健全，致使内容质量低下，扣3~5分
44			未建立作品管理及质量控制制度，扣5分
45		版权管理制度（4分）	建立较完备制度，但执行不力，扣2分
46			制度不健全，不能保护作者、消费者合法权益，扣3分
47			制度存在缺失，因抄袭、侵权盗版等行为在社会上引起负面评价，扣4分
48			未建立版权管理制度，扣4分
49		队伍建设和人才培养机制（4分）	不重视队伍建设，人才结构不合理，扣1分
50			不重视人才培养，编辑等相关岗位人员不具备相关资质或全年未参加相关岗位培训，关键岗位人员不胜任工作未能及时调整，扣3分
51			人员存在违反职业道德、职业精神问题，社会影响恶劣，扣1分/人次
52			队伍管理混乱，人员出现违法违纪现象，扣2分/人次
53			缺乏队伍建设和人才培养的有效措施、相关机制，扣4分

续表

序号	一级指标	二级指标	计分标准
54	制度建设（30分）	经营管理制度（4分）	建立较完备制度，但执行不力，扣1分
55			制度不健全，违反行业规范或市场规则，不能诚信经营，在社会上引起负面效应，扣1分/次
56			经营管理混乱，被相关管理部门处罚，扣2分/次
57		党建和思想政治工作（4分）	不重视党建工作，党组织机构不健全，未正常开展党组织活动，扣4分
58			编辑等关键岗位党员不能发挥先锋作用，扣3分
59			未采取有效措施加强员工思想教育，企业精神缺失，发展理念不足，扣2分
60			不重视员工思想动态和利益诉求，不能很好地解决员工思想或实际问题，扣1分
61			违反政治纪律和政治规矩等重大问题，实行一票否决，整体评估为不合格
62	社会和文化影响（30分）	荣誉奖项（7分）	作品获得省市级奖项、扶持或地区推介等，加1分/部
63			作品获得国家级奖项、扶持或全国性推介等，加2分/部
64			单位或单位员工获得省市级奖项、奖励等，加1分/人（次）
65			单位或单位员工获得国家级奖项、奖励等，加2分/人（次）
66			上述加分最高累计7分

续表

序号	一级指标	二级指标	计分标准
67	社会和文化影响（30分）	社会评价（7分）	作品被中央媒体或专业权威媒体宣传报道，影响积极正面，效果突出，加2分/部
68			作品被专家研究或评论，在学界产生一定影响，或被第三方专业机构重点研讨和传播，具有积极正面作用，加2分/部
69			作品读者关注度高，收藏量超过5000，影响积极正面，加1分/部
70			单位或单位员工被中央媒体或专业权威媒体作为正面典型宣传报道，效果突出，加2分/人（次）
71			上述加分最高累计7分
72		文化影响（7分）	作品版权转化出版图书，受到读者喜爱，加1分/部
73			作品版权改编影视剧、游戏等，在社会公众中产生积极影响，加2分/部
74			上述加分最高累计7分
75		国际影响（7分）	作品签订版权输出合同，或被国外研究者评论、译介，在世界舞台讲述中国故事、传播中国声音、阐发中国精神，产生良好影响，加1分/部
76			上述加分最高累计7分
77		公益服务（2分）	积极参与社会捐赠，参与全民阅读、农家书屋建设等，视效果及影响加1~2分

在这个绩效打分量化表中，不仅有监管网络文学出版平台的人员、制度、

管理等企业建设内容，而且出版的网络文学的内容与社会主流文化意义的契合度、社会影响力也被归为网络文学出版平台的管理责任。某种意义上，通过平台管理，对网络文学的内容监管转化为对平台的一揽子监管。通过绩效评比，对网络文学出版平台给予各种奖惩引导，也成为对网络文学内容与社会主流意义契合度的引导。

（三）意义控制的“度”与影响

无论是生产还是传播机制，网络文学都与主流文学或精英文学有很大不同。它更贴近大众的文化娱乐需求，更符合大众文化意义的营造与传播机制，相应地，也更适应市场运作。如果没有适当的监督与引导，尤其是被资本操控后，将遵循消费主义策略，有颠覆主流文化机制的危险。但如果过度用意识形态牵制、控制乃至强迫网络文学的发展方向，也会束缚网络文学的生机，既不符合市场需求，也无益于社会主义文化繁荣。对网络文学意义的引导与监督，存在一个“度”的问题。

这个“度”首先建立在法制底线基础上。我国《网络出版服务管理规定》中规定了十条网络出版物不可逾越的底线：“（一）反对宪法确定的基本原则的；（二）危害国家统一、主权和领土完整的；（三）泄露国家秘密、危害国家安全或者损害国家荣誉和利益的；（四）煽动民族仇恨、民族歧视，破坏民族团结，或者侵害民族风俗、习惯的；（五）宣扬邪教、迷信的；（六）散布谣言，扰乱社会秩序，破坏社会稳定的；（七）宣扬淫秽、色情、赌博、暴力或者教唆犯罪的；（八）侮辱或者诽谤他人，侵害他人合法权益的；（九）危害社会公德或者民族优秀文化传统的；（十）有法律、行政法规和国家规定禁止的其他内容的。”当然，这些底线，主要是针对网络出版物的内容而言的。就网络文学出版平台的管理而言，也要遵守相应的法制与法规底线，尤其要遵守企业管理的行政规范。

其次需要明确，网络文学的发展是有方向性的，要与主流文化意义相契合，经济效益与社会效益发生矛盾的时候，以社会效益为“度”的取向。2004 年开始，主管部门每年都要针对有不良倾向的网络文学与网络文学出版平台进行大规模整改，下架违规的网络文学乃至惩处网络文学出版平台。这些被整改的对象，其问题主要表现在：①存在色情问题（突出表现在“耽美”“成人”等类网络小说中）；②存在严重政治问题（突出表现在政治、军事、历史等类网络小说中）；③过度暴力问题（突出表现在“黑道”“帮派”等类网络小说中）；④过度“三俗”“消费主义”等问题（突出表现为恶搞红色经典、抹黑革命英雄、解构歪曲历史等以及低俗、庸俗、媚俗的内容）；⑤侵犯版权、非法出版等问题（表现在“同人”类网络小说出版、网络小说盗版等）。[①] 这些问题突破了社会主流文化意义的底线，需要予以遏制，同时涉及这些问题的部分作品与出版平台也涉嫌违背了社会的法律底线。对此，主管部门采取了较为严厉的管制手段，下架问题出版物、关闭问题作者的账号、整改乃至关停网络文学出版平台，对涉及刑事责任的作者与出版单位追究刑事责任。

在惩处、遏制网络文学的“负面”传播的同时，对网络文学的引导与监督也应积极鼓励网络文学出版的“正效应”。2015 年创作于网络的文学作品《繁花》获得了第九届茅盾文学奖。虽然这部获奖作品是大幅修订版，但这也说明富有思想性、艺术性的网络文学是主流文学与精英文学界积极鼓励的创作方向。2017 年开始，国家新闻出版广电总局、北京市人民政府、中共北京市委宣传部、北京市互联网信息办公室、北京市新闻出版广电局（北京市版权局）等单位每年都会联合主办中国“网络文学+”大会。这些年来，大会不仅组织开展网络文学作品的宣传与策展，同时以网络文学基金的形式奖励优秀的网络文学作品的出版与传播。中国“网络文学+”大会主题所宣扬的“网络正能量，文学新高峰”，正是契合了社会需要的网络文学发展的意义方向。

---

① 刺猬公社. 十几家平台被约谈整改，网络文学站在了十字路口［EB/OL］. 新浪网，2019-07-29.

第三节 娱乐网络直播监管：意义的引导与底线制约

当下时代是图像时代、互联网时代、信息时代，大众的消费娱乐形式发生了重大变化。据统计，我国网民规模已达9.4亿，互联网普及率达67%，网民使用手机上网的比例达99.2%，在网民中94.5%的用户使用网络视频娱乐，用户数达8.88亿。① 基于网络、通信技术，“通过整合平台内外资源实现联动，形成视频内容与音乐、文学、游戏、电商等领域协同的娱乐内容生态”②，直播正是在这一形势下，日渐成为体量庞大的新兴媒介产业形态。

直播分为电视内容同步化的网络直播和基于网络原生的网络直播两大类，前者包括电视直播、活动直播、自制节目直播等，又被称为版权直播，而后者按照直播主体与直播性质不同，又可以分为娱乐直播与行业垂直直播。其中，娱乐直播以娱乐内容为主，可分为泛娱乐直播和游戏娱乐直播③，现在的泛娱乐直播更可细分为才艺直播、搞笑类直播、美食制作直播、明星直播、游戏相关直播、女神/男神直播、聊天互动直播、运动健身直播、户外直播、吃秀直播等④，因为娱乐直播参与的受众较多，又被称为全民直播；行业垂直直播则以“直播+”的模式与某一行业的内容密切联系，可以进一步分为教育直播、各类企业培训直播、商业直播等。⑤ 从近年来的发展态势看，娱乐直播凸显出全民化的参与性、互动性以及虚拟经济的“众建”⑥ 性等特点，加之

---

① 中国互联网络信息中心. 第46次中国互联网发展状况统计报告［R/OL］. 中国网信网，2020-09-29.

② 中国互联网络信息中心. 第44次中国互联网发展状况统计报告［R/OL］. 中国网信网，2019-08-30.

③ 游戏直播是比较特殊的直播形式，兼具泛娱乐直播与行业垂直直播的特点。

④ 艾瑞咨询. 2018年中国泛娱乐直播营销趋势解读［R/OL］. 199IT网，2018-07-14.

⑤ 虽有不同，但笔者相关直播分类主要参考艾瑞咨询的《2017年中国泛娱乐直播平台发展盘点报告》，该报告将直播分为泛娱乐直播、游戏直播、垂直直播和版权直播，详见艾瑞咨询. 2017年中国泛娱乐直播平台发展盘点报告［R/OL］. 199IT网，2017-03-24.

⑥ 众建，笔者自编术语，指受众参与建构内容与意义。

其进入的门槛较低、发展速度较快，已成为代表直播发展的最重要形态之一。对泛娱乐直播能否良性监管，关系着整个直播行业的未来能否健康发展。

一、泛娱乐网络直播的意义构建：资本转化中的情感制造

随着媒介发展，媒介成了信息，信息也成为媒介，无处不在的信息充斥社会的各个层面，也充斥在人的各种感官与意识之中。信息像大海一样到处都是，而喝哪一口是个问题。因为每个消费者的消费时间是最为有限的资源。除了吃喝住行以及工作、交友等必需的消费时间外，人们能用于信息或媒介消费的时间非常有限，而且媒介之间具有替代性，消费这种媒介就要取代那种媒介。媒介经济化，要通过媒介谋利，就需要通过媒介竞争，获取消费者的注意力。麦克卢汉在《理解媒介——论人的延伸》一书中把媒介时代称之为“失去根基，信息泛滥，无穷无尽的新信息模式的泛滥”时代，也有学者认为麦克卢汉在20世纪60年代提出的传媒受众的注意力资源问题，某种意义上就是归纳了传媒经济的本质——注意力经济。① 当然，也有学者认为是美国学者迈克尔·高尔德哈伯（Michael H. Goldhaber）在1997年发表的题为《注意力购买者》一文中最早提出“注意力经济”的概念。正是基于注意力资源的稀缺性，才成为经济资源配给的重要内容。美国学者菲利普·M. 南波利于2003年出版了《受众经济学——传媒机构与受众市场》，强化了这一重要观点。②

信息时代，信息媒介需要攫取稀缺的注意力。直播是信息时代重要的媒介形式。在产业化的驱动下，直播要想转化为资本平台，就需要最大限度地吸引消费者的注意力。当下的泛娱乐直播以主播的秀场为主，主播可以通过才艺表演、户内外活动、颜值吸引、游戏互动、搞笑聊天或者“吃播”等娱乐形式来吸引受众的注意力。直播乃至这种泛娱乐直播之所以受资本青睐，

---

① 喻国明，丁汉青，支庭荣，等. 传媒经济学教程［M］. 北京：中国人民大学出版社，2009：32.

② 谭天. 传媒经济的本质是意义经济［J］. 国际新闻界，2010，32（7）：5.

某种意义上，人人都可以参与，只要你能观察到观众注意力的兴奋“点”，都可以成为娱乐主播。当然，即使部分主播观察不到观众注意力的兴奋“点”，“尬聊”也未尝不可。全民参与的性质，某种程度上可以保证泛娱乐直播平台最大限度地占有注意力资源。

由于社会发展节奏的加快、生活压力的加大、人与人之间物欲关系的充斥，大众人群的精神压力越来越大。貌似热闹繁华的大都市更是如此，“纷乱人群越是闪亮，越是嘈杂，越是迷狂，疲倦与耗竭，就会越悲惨，失去自身存在的困扰也会更折磨人”①。根据国内一份早年的公众精神健康状况的调查报告显示，20~30 岁的人群压力最高，其次为 31~40 岁人群，再次为41~50 岁人群。② 这些群体不仅是社会的主体，也是网民的主体。

当下 9.4 亿网民中，保守估计每月有 1.5 亿台移动设备消费泛娱乐直播内容。从用户的消费偏好看，24 岁以下消费者的消费动机主要是与主播互动、追星/追网红；25 ~30 岁的网民的消费动机主要是互动、从众凑热闹；31~35 岁网民的消费动机主要是解压、交友；36~40 岁网民的消费动机比较“佛系”；41 岁以上网民的消费动机则是打发时间、放松消遣。③ 这一调查统计结果，也显示出泛娱乐直播消费者的主要消费动机是转移情绪、解除精神压力。不充分的社会交际生活注定了网民会将注意力向直播等娱乐平台转移。

直播平台要吸引注意力资源，消费者要通过直播互动转移精神压力、愉悦情绪。二者之间的供需契合，使泛娱乐网络直播成为近年来市场规模增长最快的媒介产业之一。直播平台的盈利模式比较单一、主播主要依靠消费者的打赏来获得收益的形势，也注定泛娱乐主播不得不采取各种手段来尽可能地吸引与留住消费者的注意力。无论是依靠颜值（明星、网红、帅哥、靓

---

① ［德］齐奥尔格·西美尔．时尚的哲学［M］．费勇，等译．北京：文化艺术出版社，2001：119-120.

② 该调查结果虽然距离当下时间较远，但整体的社会背景没变的情况下，这一调查结果仍有一定的参考价值。参见戴月霞．国人精神压力调查［J］．安全与健康，2005（2）：53.

③ 艾瑞咨询．2018 年中国泛娱乐直播营销趋势解读［R/OL］．199IT 网，2018-07-14.

女），还是靠互动（才艺表演、游戏互动），或者靠猎奇（户内外活动、吃播），都是依靠“情感”的吸引或互动来增加用户的黏性。否则，在几百家平台并存的情况下，消费者何以持续给固定平台、固定的主播“打赏”？泛娱乐直播对消费者的意义在于情感寄托；对于主播与平台来说，其意义在于通过情感注意力转化为资本利润。正如有研究者通过对女直播“情感制造”过程进行研究后指出的：“一方面，同服务业中其他的情感劳动类似，女主播必须利用其性别角色对其身体形象和情感进行双重投入以维系和顾客的稳定关系；但另一方面，由于直播平台的特殊性，女主播为观众和粉丝提供的服务是一种体验。除此之外，互联网直播平台的出现，使一个劳动者可以基于平台的同时面向平台上所有活跃的观众，仅由劳动者一方的情感经营变得不足以撬动庞大的市场。‘劳—客’关系中作为顾客的一方不再处于被动的地位，在劳动过程中，女主播需要激发观众的情感生产。”① 即，直播主播不仅要进行情感投入，而且也要激发受众的情感生产，以此而产生情感的黏性关系。

但这种情感的黏性关系，不是现实生活中真正的情感黏性，而是暂时的、消费性的，甚至是一次性的。这种基于资本转化的情感关系，是资本市场不断扩张资本对象的结果。马克思在《资本论》中对此有着深刻的分析。资本的发展其实也就是将资源资本化的扩张过程，这种扩张不仅是空间性的，从一个地区到另一个地区，从一个国家到另一个国家，乃至形成世界的资本市场，同时它也是异化性的，不仅将物质资源，而且将精神资源，甚至是传统的伦理禁区（情感、信仰等）进行资本化。“资产阶级撕下了罩在家庭关系上的温情脉脉的面纱，把这种关系变成了纯粹的金钱关系”②。在利益至上的追求中，“一切情欲和一切活动都必然湮没在贪财欲之中”③。批判归批判，在

---

① 涂永前，熊赟. 情感制造：泛娱乐直播中女主播的劳动过程研究［J］. 青年研究，2019（4）：5-16+98.

② 马克思恩格斯选集：第 1 卷［M］. 中共中央编译局，译. 北京：人民出版社，1995：275.

③ 马克思. 1844 年经济学哲学手稿［M］. 中共中央编译局，译. 北京：人民出版社，2000：124.

当下资本市场全球化的时代，任何人都无法跨越时代发展的限制，都不得不面对情感的资本化问题。

直播所制造出的情感的资本化形式不外乎几种情形：①偶像的吸引——通过虚拟人设、化妆和美颜，促使消费者将主播视为偶像，转移受众的理想需求；②暧昧吸引——通过美颜、着装，诱使消费者将主播视为“虚拟伴侣”；③消闲吸引——通过歌舞、段子等形式，帮助消费者打发时间、转移情绪，转移或释放受众的精神压力。在这一系列情感黏性的生产与消费过程中，消费受众的精神压力会得到一定的释放，压抑的情绪会得到一定的转移，对消费受众的精神或情感满足有一定的虚拟意义，能够平和消费受众的情绪。但这种情感意义的满足是资本化的，是建立在资本盈利的运作模式之上，无论作为生产者的平台、主播，还是作为消费者的受众，都应该深刻明白这一点。

二、泛娱乐网络直播中存在的问题

直播媒体出现得较晚，但在出现伊始就受到资本力量的推崇，资本的扩张成为泛娱乐直播的主要推动力量。起源于秀场社区的泛娱乐直播，2008 年开始在 PC 上发展，随着 App 技术的成熟与网络流量资费下降的利好，2016 年从映客直播开始，开始以移动直播为主要平台迅速发展。中国当下泛娱乐直播的平台非常之多，至少有 300 多家，其中日活跃用户超过一二百万的泛娱乐平台主要有来疯（PC \ App）、YY（PC \ App）、哈尔（App）、映客（App）、一直播、奇秀（App）、陌陌（App）等，其他日活跃量超过 30 万的更多。根据 2019 年《互联网周刊》发布的直播平台热度排名，前 50 位中有一半属于泛娱乐直播性质的平台。①

① 进入前 50 位的泛娱乐直播平台主要有：YY 直播（2）、映客（5）、花椒（6）、六间房（7）、陌陌直播（8）、NOW 直播（10）、KK 直播（11）、BIGO LIVE（14）、妩媚直播（18）、火山直播（19）、一直播（21）、UP 直播（23）、疯播直播（25）、热猫直播（26）、九秀直播（27）、秀色直播（28）、乐嗨直播（33）、羚萌直播（34）、迷人直播（35）、章鱼直播（36）、奇秀（39）、小米直播（41）、来疯直播（44）、花样直播（45）、猫播直播（48）。参见 2019 中国直播企业排行榜［EB/OL］. 百度网，2019-07-15.

泛娱乐直播平台出现时间短、发展不成熟不规范，其盈利模式制约了其发展空间，也正因为盈利模式的单一，滋生了诸多问题。当下的泛娱乐直播盈利模式主要是消费受众的情感打赏。相比欧美国家泛娱乐直播的内容付费模式、韩国的广告引流模式，我国的泛娱乐直播盈利模式过度倾注于受众“打赏”。有研究者将其归纳为区别于欧美韩的中国独创的商业盈利模式，将其等同于知识付费。YY 的执行副总裁董荣杰更认为“打赏是没法舍弃的，它是最成熟的商业模式”①。中国的泛娱乐直播发展得过快，缺乏成熟的相关市场的支撑，这造成利用广告等 C 端盈利的模式不成熟；内容供给不足、主播门槛偏低，又造成难以生成娱乐内容付费模式；所以，应该说，中国泛娱乐直播选择“打赏”为主要盈利模式，是其原生态发育不良的结果，不能称之为成熟的商业模式。未来的发展证明，成熟的文化娱乐商业模式应该是“免费”，而不是“付费”，“通过对知识产权权利范围的限制，自由文化也间接地保证了后来的创造者能够借鉴前人文化和摆脱前人控制的自由”②。

正因为泛娱乐直播过度注重“打赏”模式，平台、工会、主播作为直播的生产方与传播方，想尽办法在吸引消费受众的情感注意力上做文章，受众每一次打赏，都会三方分成。在泛娱乐粗放发展的初期，处于受益端的直播运营管理相对混乱。直播平台属于主要监管者，但它对主播的诸多出格行为往往视若无睹；工会直接联系各个主播，但往往教唆主播进行出格的情感互动；低门槛进入直播平台的主播们往往缺乏内容生产能力，与受众的情感互动往往打低俗的“暧昧牌”。类似的事件频发后，为规避法律处罚，部分直播平台还采取了一系列隔离责任的措施：“首先，将主播和直播间隔离，直播内容出现问题主播个人承担责任；其次，将直播间负责人与虚拟货币分销商和网络视频直播平台隔离，主播个人承担责任有限时，直播间负责人当承担相应责任；最后，将虚拟货币分销商与网络视频直播平台隔离，对虚拟货币的

① 36 氪的朋友们. 中国独创商业模式，网络“打赏”该如何定性？［EB/OL］. 36Kr 网，2017-07-06.

② ［美］劳伦斯·莱斯格. 免费文化［M］. 王师，译. 北京：中信出版社，2009：X.

价格问题和直播内容均不负责。这种高安全性的隔离性组织架构的目的在于保全直播平台自身顺利洗白上市，将秩序维护者的责任安置到直播间负责人身上。其核心目的在于隔离风险，而不是杜绝不良直播内容的产生。说到底是一种推卸责任、只顾眼前短期利益的消极监管态度。"①

由于直播内容大多是主播与受众互动时的即时生成，海量用户可以对直播视频进行瞬间传播，加之平台、工会的即时监管疏忽，检测视频内容的监管技术滞后，政府相关管理部门对直播行业的宏观监管难度非常大。整体上，政府相关部门的监管以事后监管为主。2008 年 PC 端的泛娱乐直播发展起来后，政府监管长时间处于滞后状态，直到 2016 年，直播平台大量出现、各类问题层出不穷时，政府管理部门不得不出台了针对性的管理法规——文化部出台了《文化部关于加强网络表演管理工作的通知》（2016 年 7 月）并公布《网络表演经营活动管理办法》（2016 年 12 月），国家新闻出版广电总局发布了《关于加强网络视听节目直播服务管理有关问题的通知》（2016 年 9 月），国家互联网信息办公室发布了《互联网直播服务管理规定》（2016 年 11 月）等。难怪有研究者称 2016 年为"网络视频直播元年"，不仅因为这一年网络直播大量出现，更因为相关网络直播管理法规的及时跟进。

但即使这样，由于泛娱乐网络直播等生产方缺乏完善的盈利模式，各个主播仍旧在挖掘"暧昧经济"的潜力，各类低俗直播仍屡禁不绝。当下的网络直播监管模式仍旧比较单一，缺乏从网络平台、工会、直播间、主播、受众等各个层次的系统监督，相应的法律法规的出台仍显滞后，先进的技术手段相对匮乏。整体上，网络直播包括泛娱乐直播缺乏良性的运营机制与良好的网络文化风气。

三、管理制约：底线制约与意义引导

泛娱乐直播作为一种新型的娱乐媒介，结合了技术与图像，融合了文化

① 杨书培. 我国网络视频直播中存在的问题与监管现状研究［D］. 北京：首都师范大学，2017：21.

与娱乐，某种意义上引领了大众文化消费的时尚，因而也获得了海量的受众支持。越是令人沉迷的娱乐，越需要慎重把握娱乐的陷入程度，正如尼尔·波兹曼引用赫胥黎的话所警告的："在一个科技发达的时代里，造成精神毁灭的敌人更可能是一个满面笑容的人。"① 对泛娱乐直播而言，娱乐至死也是一个时刻值得警醒的问题。泛娱乐直播的管理，既不能反对其合理化的产业化、娱乐化发展，又要时刻以法制底线来约束、以核心价值观来引导其发展，使其成为健康有益的社会娱乐文化。

（一）法制底线：健全立法、强化执法

泛娱乐直播以暧昧情感转化为资本的"打赏"模式作为运营核心，注定其会不经意间游走在合法与非法的灰色地带。如果没有法制制约，泛娱乐直播必然会泛滥出"情色"等非法文化。

泛娱乐直播作为不断融入新的技术与互动模式的娱乐形式，相对于传统娱乐模式有一定的超前性。其娱乐受众的主体是青少年，法制工作者相对较少接触泛娱乐直播内容，同时存在一定的技术陌生感，因而立法要跟上新技术支持的娱乐发展有相当的难度。从娱乐直播出现到针对性的基本立法出场，一般要间隔相当长的时间。正因为泛娱乐直播作为融合新技术的娱乐形式，不断出现各种游走于法律边缘的新情况，需要及时跟进立法，才可能使泛娱乐直播管理有法可依。2007 年 12 月 20 日国家广播电视总局《互联网视听节目服务管理规定》的颁布，为泛娱乐直播有法可依提供了法制保障，但随着泛娱乐直播融入的新元素不断增多，未来必然需要不断完善法律体系才能保障有法可依的持续性。

有了法律依据，还需要严于执法、及时准确地进行执法，做到违法必究。泛娱乐直播内容多种多样，传播具有实时性，监管滞后，许多直播涉嫌违法，但往往是在网络发酵很长时间后，才被执法机构后知后觉。例如，近年来的

① ［美］尼尔·波兹曼. 娱乐至死［M］. 章艳，译. 桂林：广西师范大学出版社，2004：202.

网络直播中“造人”事件、“打野”事件、直播民航飞行事件等①，都是被网络传播一段时间后，被网民举报、被新闻报道，才等来相应的法律惩处。

泛娱乐直播涉及的相关方甚多，有平台、工会、直播间、主播、相关播出内容制作方、受众等，一旦出现非法直播，相关方往往会互相推卸责任，造成难以追究的结果。相关研究者为此提出“在网络视频直播恶性事件发生后，不光要追究主播责任，还要追究网络视频直播平台、直播经纪机构甚至是用户的责任”②。这种相互关系、复杂关系，需要法律的明确规定，也需要法律明确相关方的连带责任，同时，相关管理机构也要利用好前沿技术手段，及时发现违法事件、及时追究法律职责。

（二）健康向上的意义引导

泛娱乐直播毕竟属于一种文化娱乐活动，而且是活跃在青年亚文化网民群落中的文娱活动，存在一定的隐秘性。泛娱乐直播管理单纯依靠相关管理机构从外部进行的监管，这仅仅是在被动地监管。要真正地将一种文化引导到积极健康的方向，需要在这种文化内部注入积极健康的价值理念。

1. 核心价值观的引导

当下，我们社会仍处在调整、转型时期，社会文化风尚也随着价值体系的转化而发生变化。2012 年中国共产党第十八届人民代表大会确立的“富强、民主、文明、和谐、自由、平等、公正、法治、爱国、敬业、诚信、友善”即是当下的社会核心价值，也是当下文化伦理规范。

对于泛娱乐直播而言，要求直播内容必须遵守法律法规底线，这是符合“公正、法治”核心价值的体现；要遵守社会主义制度底线，要以宣扬社会的“富强、民主、文明”的正向内容为主；要遵守国家利益底线，要宣扬“爱国”精神；要符合公民合法权益底线，也就是要尊重他人的“自由、平等”；

---

① 杨书培. 我国网络视频直播中存在的问题与监管现状研究［D］. 北京：首都师范大学，2017：15.

② 杨书培. 我国网络视频直播中存在的问题与监管现状研究［D］. 北京：首都师范大学，2017：24.

要维护社会公共秩序底线，要推动“和谐”的社会秩序建设；要遵守风尚底线，这是弘扬“诚信、友善”价值理念的体现；要崇尚信息真实性底线，要凸显“敬业”精神，等等。①

行业是社会的一面镜子。泛娱乐直播也被称为全民直播，与社会现实存在一定的同步关系，社会大环境崇尚社会核心价值观，全民直播也自然会随之而动。全民直播能宣扬社会主义核心价值观，也会在一定程度上推进社会主义核心价值观的全面建设。泛娱乐直播的相关管理部门不仅需要加强对处于内容生产与传播主体地位的平台、工会、直播间、主播、相关播出内容制作方进行严格地规范与管理，也同时需要对直播网络受众进行积极地宣传、教育与引导。只要网络受众崇尚健康、积极的社会风尚，这个大环境就自然会引导泛娱乐直播的生产与传播的意义方向。

2. 行业垂范

近年来泛娱乐直播之所以屡次出现违法、违规的直播事件，很大原因在于直播行业没有生成自律的行业规范，“一切向钱看”，忽视了社会主义核心价值观的建设，无视直播行业在社会主义道德风气中的宣传引导作用，相关管理部门也忽略了对直播行业健康积极的社会意义引导；在直播行业中，各种违规违法行为屡次获益，各种歪风邪气在直播行业中盛行，时间一长必然会导致负面的示范效应。鉴于此，对泛娱乐直播行业的意义引导，必须从组织和个体两个方面进行。

泛娱乐直播平台数百家，直播间、主播数以万计，每天不间断地直播，以现有管理机构的人力物力，单纯依靠管理人员的时时监督并不现实。除了依靠技术监控与网民监督，直播行业的行业自律至关重要。行业的自律规范、主播黑名单制度、行业的自检等，都需要行业自行约束，才能行之有效地保证泛娱乐直播的意义导向积极健康。但长期以来，缺乏行业自律规范，各类色情、赌博、暴力违法的直播反而成为一些直播的噱头，甚至成为某些企业

---

① 人民日报. 中国互联网大会倡议共守“七条底线”[EB/OL]. 人民网，2013-08-16.

的上市噱头，极大地败坏了行业风气、社会风气。

鉴于此，2016 年 4 月，百度、新浪、搜狐、爱奇艺等 20 余家从事网络表演（直播）的主要企业成立了北京市网络表演（直播）行业工会，并发布了《北京网络表演（直播）行业自律行动公约》。公约规定了实行主播实名制，禁止 18 岁以下未成年人注册主播；确立了主播“黑名单”制度，对涉嫌淫秽、毒品、暴力、恐怖等内容的主播要终身封号等规定。① 2017 年 5 月 4 日，中国演出行业协会网络表演（直播）分会正式成立，并在成立大会上发布了全国第一份网络表演（直播）行业白皮书。直播工会自我管理机制的迅速、有效，从对“乔碧萝事件”的处理就可以看出来。2019 年 7 月 25 日网络娱乐主播“乔碧萝殿下”涉嫌在直播期间策划恶意炒作，违背了网络诚信的自律原则，该年 8 月 6 日，中国演出行业协会网络表演（直播）分会依照自律公约将其纳入第三批主播黑名单。至此，主播“乔碧萝殿下”被各个直播平台屏蔽在网络直播之外。②

但和其他网络直播或文化产业较发达的国家相比，我国的直播行业自律还相对比较粗疏。例如，对主播的收入还缺乏限制与引导，对虚拟礼物、打赏等还缺乏法律规范。泛娱乐直播行业还缺乏一种以彰显文化风范为主流的意义引导，还缺乏德艺双馨的“网红”主播的示范作用。

对网络直播的意义引导，还需要强化网络主播德艺双馨的示范效应。网络主播，尤其是“网红”主播、“明星”主播，有众多的网民受众，甚至有的主播有上千万“粉丝”，其一言一行，尤其是直播内容所传达的意义导向，会产生示范效应。但当下的泛娱乐直播，过度注重金钱效应，过度以暧昧情感赢得“打赏”，某种程度上影响了社会风气的健康发展。越是粉丝量众多的主播，越要承担更多的社会责任，经济收益与社会效益应该成正比关系。当网络直播整体环境都是以金钱为导向，主播们无所不用其极、只为“打赏”

---

① 六间房网. 六间房发起并签署《北京网络表演（直播）行业自律行动公约》[EB/OL]. 六间房网，2016-04-13.

② 乔碧萝被正式纳入全网黑名单 她的真实姓名亮了 [EB/OL]. 新浪网，2019-08-07.

而工作时，网络直播环境必然难以净化。这就需要相关主管机构，大力扶持能自觉维护国家利益、传播社会主义先进文化、弘扬中华民族美德、倡导法治和道德、倡导社会诚信、积极发挥凝聚正能量的网络直播内容与网络主播，大力宣传与凸显德艺双馨的示范意义。

第八章

文化企业的组织意义管理

文化企业的组织意义管理不同于一般性企业，其本质特点在于其意义属性不仅体现在组织意义上，体现在文化企业的企业文化上，也体现在其所生产的文化产品或文化服务上。文化企业的组织意义管理要突出对组织意义与企业文化的意义、文化产品或文化服务的意义以及自我实现意义的密切关系，要努力协调基于人的意义的统一性上。所有的意义，归根到底都是人性的意义。德鲁克说过："我们也必须把工作中的人力当'人'来看待。换句话说，我们也必须重视'人性面'，强调人是有道德感和社会性的动物，设法让工作的设计安排符合人的特质。"① 人的特质也是人的本质，人是文化的动物、符号的动物、意义的动物。文化企业尤其要重视对人的意义的理解，文化企业应该将工作目标融合到文化意义的实现活动之中，这也是体现企业文化责任的重要方式。文化企业的组织意义管理应该突出对组织意义的明确化、突出对明确化的组织意义的实施与监管。

① ［美］彼得·德鲁克. 管理的实践［M］. 齐若兰，译. 北京：机械工业出版社，2009：213.

第一节　文化企业组织意义的明确化

从目标管理的视角看，任何组织要想取得事业的成功，无疑都要有明确的战略目标，然后要依据战略目标进行目标分解，将总目标转化为一个个细小的战术目标，进而予以实现。虽然目标可以如此设计，但如何确保组织成员会竭尽全力保证小的战术目标逐一实现，最后达成总战略目标的实现呢?传统的目标管理希冀借助强有力的执行与严格的监控来保证组织成员完成组织目标，绩效奖惩是这种强执行力与监控力的依托。当然，目标管理也可以视为一种意义管理。但传统的目标绩效将完成组织目标的决定性力量放在管理者身上，忽视了组织成员自觉的意义认同的作用。企业文化建设，某种意义上，正是在以文化意义的明确化来匡正绩效管理中只见“物”不见“人”的问题。

一、企业文化与明确意义

1981 年，威廉·大内出版了《Z 理论》一书，将日本企业获得成功的原因归之于日本富有特色的企业文化。日本企业文化研究“热”由此引发，企业文化建设也被归为企业管理的重要内容。在理论上讲，企业文化建设虽然重要，但事实上，某些企业仅仅是把企业文化作为一个象征性点缀而已。企业文化所显现的作用毕竟距离经济的绩效目标比较远，尤其是 20 世纪末以来，日本经济日渐衰弱，企业界更是难以切实地忠诚于日式企业文化建设的“Z 理论”。但笔者认为，文化企业不同于一般物质性行业的企业，其文化建设尤其是企业文化建设必不可少。文化企业的企业文化与文化产品或服务的文化意义传达息息相关。如果文化企业没有企业文化，显然其文化产品或服务也难以有“文化”。这里所谓的“文化”显然是指有深刻“意义”的文化。

文化的本质是意义，文化可以视为人的意义活动的显现。企业文化也可以称之为组织文化，是企业组织成立与运营的目的的高度体现，是企业规范化运作的文化特色表现。企业文化建构本质就是在建构一种意义指向。企业文化建设内容有很多方向与形式。从诸多论述企业文化的著作可知，企业文化包括企业的哲学、价值理念、团队精神、CI 形象、企业制度、企业活动、企业福利、企业硬件等内容，各类著作所述又各有不同。为了便于把握，笔者依然依据本书前述的殷海光“文化”四层次理论，由文化而论企业文化的内容。企业文化清晰化过程，其实也是企业明确其目标定位的战略意义过程。企业要达成一个高远的战略目标、实现在世界企业格局中的定位，必须要具备一些能激发起发展动力的元素，这个动力元素就是明确的意义，也就是企业的文化理念，即实现这一战略目标对企业的意义所在，或企业要实现这一战略目标的意义所在。这一意义阐释的“原点化”浓缩，就是企业的价值理念。

企业文化核心的内容是企业组织的价值理念，这个内容又可以表现为多个层次，例如企业伦理、企业价值、企业哲学、企业道德、企业传统等，总之，是以比较抽象的形态存在的组织集体的意识观念。也有可能，某些企业组织的价值理念是由创办者或高层管理者创设的，但只要这一观念不被全体组织成员大体认同，仍然无法视为企业组织的价值观念，有可能企业所宣传的文化理念与企业实际所体现出的文化理念“两层皮”。当然，任何企业组织的价值理念从无到有，都要经历一个自上而下的理念更新的过程，要经过大量的培训、宣讲、磨合来凿实、来固定化企业文化理念。例如，王健林在其自述经营之道的著作《万达哲学》中，论述了“坚持”“责任”“创新”“强执行力”“商德”等理念，这既是王健林的管理理念，也是万达集团经过多年打磨形成的贯穿于整个集团公司的管理理念。有了这些根深蒂固的文化理念，管理者们就会在自觉与不自觉中把这些理念体现在企业管理的方方面面，从而为整个企业的组织与运营设定了“灵魂”。说企业文化是企业管理的“灵魂”，是因为企业文化是缔造企业管理制度、约束企业管理行为的意识原则。这一原则也是企业实现战略定位的意义基础。比如，万达的战略目标是要成为世界级的企业，要实现世界级企业定位的目标就要明确这一战略目标对企业的意义何在，假如其意义在于能使万达更好地生存与发展，能成就员工的自我实现价值，则要进一步明确实现这一战略目标要依靠哪些元素。例如“创新”就是万达实现战略目标依靠的核心元素，依靠“创新”万达可以实现企业意义、员工可以实现价值意义，“创新”当然也就成了万达核心的企业文化价值观念。当明确了“创新”作为企业文化的价值观念对万达实现战略目标的意义所在，并且被组织成员所认同、接受后，万达企业文化“创新”的灵魂也就此生成。

企业的管理制度，是企业文化的重要组成部分，它保障了企业的文化价值理念的实现成为可能。依据企业的核心价值理念生成的企业的各项规章制度，条分缕析地明确了指导具体的管理工作、运营工作，甚至在工作中组织成员的行为规范等具体原则与范式。符合制度要求的就会受到制度的肯定，组织成员符合制度要求的权益就会得到保障，违反各项制度要求的就会受到相应的惩处，其违反制度规定的要求也会被否定。如果说企业的价值理念是“软”文化，企业的管理制度则具有“硬”文化的特点，一旦企业管理制度确定下来，任何人都不能违反制度规定，除非整个组织体系要对相应的制度做以修正，但修正之前仍然不可以违反暂行的规章制度。因为企业规章制度是企业文化理念也即文化意义的具体化表现，违背规章制度也即在否定企业的存在意义，也即会影响企业的未来战略的实现。所以，企业的管理制度一定要基于企业的文化价值理念而定，前者要适应后者，而不能相反。

企业文化行为规范层次的内容主要是指企业组织成员的行为规范，不仅包括企业的各项规章制度约束下企业员工表现出来的行为规范，也包括在企业文化熏染下企业员工表现出来的文化素养、行为习惯、谈吐礼仪等。企业员工的行为规范往往可以看作是一个企业的企业文化的具体反映。在注重正直品格的企业价值理念的熏染下，在嘉奖正直员工的制度鼓励下，其企业员工会习惯性地表现出正直的品德修养，间接地从员工的品德修养表现上也能反映出整个企业文化的特质。例如，如果一个教育机构在平时的文化管理中注重道德师范的嘉奖，对违反道德底线的行为予以惩处，慢慢地其组织成员就会养成约束自己的言行符合道德标准要求的习惯，慢慢地社会上人们就会认同这样的教育机构的文化特色。反之，一个教育机构连续出现几起违反“师德”的事件，社会大众对其组织文化就会给予否定的评价。一个道德败坏的教育机构甚至会影响整个教育行业的文化形象与文化影响力。如果某企业的价值理念模糊，规章制度奖恶抑善，社会大众的“负评”如潮，消费者便会自发地对该企业形成抵触心理与抵制行为，这样的企业其实现战略目标的意义也就无从谈起。

文化的器物层是指物质文化这样的“硬”文化内容，其需要物质作为文化的硬性载体。比如，人们生存在物质环境之中，人们所改造的物质环境能反映出人们的意义设定，这样富有意义的物质环境也会强化生存其中的人们的意义认同。企业的器物文化体现在企业或具有企业性质的组织的建筑、装饰、设备、文化产品等方面。如果生产组织没有相应的格调或层次，消费者就很难相信生产组织有相应的生产能力与文化品位提供相应的文化产品或文化服务。例如，一家世界级定位的大公司，如果公司门面没有品位，公司内部狭小简陋，接待人员素质不高，任何顾客都不会对这样的公司的未来发展具有信心，也难以与这样的公司达成合作关系，消费者也不会对这样的公司的产品或服务有信任感。俗语说得好，“人配衣服马配鞍”，器物层的“硬件”就是企业文化价值理念“软件”的“衣服”与“马鞍”，起到很重要的象征作用。当然，这不是说一家刚起步的中小公司要想做到世界级的成功就一定要注重“硬件”配备，而是说要在力所能及的情况下让企业“硬件”能凸显企业价值理念这个“软件”的格调与品味而已。

二、企业文化、战略目标与文化产品（文化服务）的意义一致性

打造好企业文化的目的不是要彰显“门面”，而是要以此为依托，统一企业发展的战略目标与文化产品（文化服务）的生产（提供），要统一企业文化、战略目标与文化产品（文化服务）三个层面的意义。一般情况下，文化企业发展的战略目标是文化企业发展的动力，也是文化企业发展的意义所在。文化企业的企业文化建设要明确文化企业实施战略目标的意义。文化企业的

战略目标要依托于文化企业的企业文化精神，要分解为各个具体的战术目标。文化企业的战术目标直接服务于文化企业所生产的文化产品或提供的文化服务，而其所生产的产品或提供服务的意义指向不能违背其企业文化的意义根本。

企业文化的意义就是战略目标的意义。如果说企业的战略目标是企业的未来形象建设，企业文化则是当下形象建设。企业文化的核心内容是企业的价值理念，“不同的组织有其各自的价值理念，有的组织只是以赚钱为其价值取向，有的组织则不是如此，如松下电器公司的价值取向为‘产业报国’”①。所以作为有效的文化企业管理一定要协调好战略目标与企业文化的意义关系。如果是像松下这样以“产业报国”为战略取向，其企业文化建设也必然会突出国家集体主义精神。反之，一个企业的战略目标仅仅是谋求营利，其企业文化也会充满了金钱意味。战略目标和企业文化相对来说比较抽象，而要实现战略目标，除了要通过企业文化提供助力外，还需要将战略目标进一步分解为具体的战术目标。

一般而言，企业在制定具体的战术前，要对战略目标进行逆向分解。例如，某企业的战略目标是成为世界级的科技创新型企业，为全世界提供网络软硬件服务。而要做到这一点，就要做好技术创新与逐步向国内外拓展业务的工作；要做到技术创新就要激发人才的创新热情，要根据国内外市场拓展业务的需求配备必要的供给；要激发人才的创新热情就要配套奖励激励制度，要阐释清楚创新对个人发展的意义，要给拓展海内外市场提供动力，也要激发海内外工作人员的工作热情，尤其是给予海外不发达地区工作人员高报酬，同时要改革整个公司体制，对创新与拓展业务予以配合；要配合做好创新与拓展业务，就需要以第一线工作人员的需求为导向，而不能要求一线工作人员配合后方的高级管理层，这就需要改革整个公司的管理协调机制……以此类推，在整个战略进行分解的过程中，会逐渐发现问题，逐渐形成解决战术，战略也就会向战术转化。战略分解得越细越小越好，这样战术也会越发具体，也

① 张继辰，王伟立. 华为目标管理法［M］. 深圳：海天出版社，2015：27.

越发具有可行性。

文化企业的战略目标与企业文化价值理念具有同一性，在此基础上的文化产品（文化服务）的生产（提供）就会激发员工的创意、创新热情，否则，管理人员徒费口舌而事倍功半。例如，某地区以节能环保为主要战略方向的企业，为了暂时利益，转型为钢铁企业的合作伙伴，而且是以消耗能源与破坏资源为代价的发展方向，这会极大地破坏企业原先打造的整个意义认知体系，企业员工也难以激发出工作热情。在企业兼并、跨行业经营的大趋势下，企业高层管理者要考虑企业文化的兼容性，也即意义的一致性，出现意义错位时，要选择放弃或者要及时调整意义定位。例如，万达集团原本是一家房地产企业，近年来却着力打造娱乐文化，为了把不相干的产业兼容一体，万达高层管理者把万达的意义定位及时做了调整——以“万达广场”为基础，融合商业地产、购物、娱乐一体化的发展方向，致力于打造人们生活消费的文化空间，凝练文化消费的意义指向。这一战略定位，为集团由房地产开发向娱乐文化拓展奠定了意义基础。这样，“万达”提供的电影放映服务和商业地产产品就取得了意义的一致性。

明确企业文化、战略目标与文化产品（文化服务）的意义一致性，可以节省很多在分配任务中的说明阐释工作，但并不代表可以节省下来这一环节工作，尤其是“当业务变得更加复杂的时候，沟通业务的运作原理也会变得越发复杂，特别是涉及未来的发展轨迹时。要做到有效沟通，让公司领导者和人力资源部门高管指导全体管理者持续不断地进行沟通，需要花费时间”①。作为管理人员，交流、表达的才能与书面呈现才能同样重要，因为管理人员需要大量的时间向被分配任务一方或具体的工作人员进行任务说明，其中有很重要一部分是对工作任务意义的说明。“有效的经理人或真正的领导给人们分配任务的时候，应该清楚地说明该项任务的意义。意义是最关键的因素，是最持久和最有效的激励因子，与之相比，任何其他东西都显得不重

---

① ［美］帕蒂·麦考德. 奈飞文化手册［M］. 范珂，译. 杭州：浙江教育出版社，2018：41.

要。"① 不能明确任务、不能明确任务对执行任务的员工的重要意义，员工们往往很难出色地完成所负责的任务。所以，作为管理者要尽可能地对任务意义进行面对面说明，而不是仅仅下达任务书。很多时候文字会引发歧义，面对面交流往往可以对各类疑问进行及时解释。在下达任务的交流过程中，管理者也可以从中很好地了解企业员工对企业战略意义的认同状况，因为全体成员对企业追求的意义价值的一致认同才是企业焕发出生机的最重要的保证。

三、组织成员在提供文化意义中实现自我意义

只着眼于企业经济利益的管理者，往往会视下级员工为赚钱工具，下级员工如果没有对企业战略意义与个人自我实现意义间的一致性关系的认同，也只会将工作视为谋生的"饭碗"。对企业意义不认同，员工往往缺少对组织的忠诚度，对工作缺乏足够的热情，一切行为都会以物质利益为转移，在被上级管理者"利用"中也会时刻谋求"反利用"。这样的组织内部就会充斥"职场暴力"或尔虞我诈的"办公室政治"。

如果组织成员不能建立起自我实现的意义与企业战略目标意义的一致性关系，就会对自己所从事的工作，所生产的文化产品或提供的文化服务有疏离感，始终会有被剥削或被压抑的"异化感"。这种情况是非常糟糕的，因为它将员工与管理者敌对起来了。对"血泪"工厂的剥削所造成的"异化"，马克思曾做过深刻的总结："劳动为富人生产了奇迹般的东西，但是为工人生产了赤贫。劳动生产了宫殿，但是给工人生产了棚舍。劳动生产了美，但是使工人变成畸形。劳动用机器代替了手工劳动，但是使一部分工人回到野蛮的劳动，并使另一部分工人变成机器。劳动生产了智慧，但是给工人生产了愚钝和痴呆。"②

在现代社会，文化企业员工大多受过高等教育，具有文化资本，对价值、

① 张继辰，王伟立. 华为目标管理法［M］. 深圳：海天出版社，2015：13.

② 马克思. 1844 年经济学哲学手稿［M］. 中共中央编译局，译. 北京：中央编译出版社，2002：54.

意义能执着地追求，会深刻地明白索取与回报的关系，也会深刻地知道剥削与压迫的底线。作为管理者，无论是主观上还是客观上，都不能也不应该单纯地以经济利益为出发点，而要密切地关注组织成员的需求，要明确企业战略目标的意义与员工需求意义的一致性。

具体到组织成员，每个成员的需求可能各不相同，即使相似，在每个成员不同的发展阶段，其需求也会呈现出差异性。如前文所述，马斯洛曾经大致将人们的需求从低级到高级分成五个层次，但经过多年思考后，他将五层次发展为七层次（如表 8.1 所示）。马斯洛对需求层次认识的变化表明，人们的需求是变化的，是多样的。史蒂文·赖斯基于对 6000 人的实证调查，将人们的基本需求—欲望归纳为 16 种：权力、独立、好奇、接纳、有序、收集、荣誉、理想、社交、家庭、地位、反击、浪漫、食欲、运动和安宁①，正好印证了马斯洛对需求认识的不确定性问题。

表 8.1　马斯洛七层次需求理论列表②

↑	需求层次
	自我实现需求
	审美需求
	认知需求
	尊重需求
	爱和归属需求
	安全需求
	生理需求

文化企业的价值理念，也即涵盖企业战略目标的意义指向，既要与文化

① ［美］史蒂文·赖斯. 我是谁：成就人生的 16 种基本欲望［M］. 陈楠，译. 杭州：浙江人民出版社，2014：4.

② ［美］亚伯拉罕·马斯洛. 动机与人格［M］. 许金声，程朝翔，译. 北京：中国人民大学出版社，2007：30-33.

企业所生产的文化产品或提供的文化服务所蕴含的文化意义相一致，也要契合企业员工的各种各样的意义需求。员工的意义需求是复杂的，对文化企业大量从事文化创意工作的员工尤其如此。要想使企业文化的价值意义与员工的需求意义相一致，既要在合理合法限度内，丰富企业文化的价值意义内涵，使其具有较宽的涵盖性，也需要以较为终极指向的意义需求来统摄员工的多种意义需求。一般说来，作为有意义追求的员工，大多会从基本的需求发展到自我实现的意义需求，自我实现的意义需求可以说是提领员工诸多意义需求的一个导向性的意义需求。企业文化的价值意义指向与员工的自我实现需求相契合，可以给员工实现自我意义指出较明确的方向，即作为企业员工个体在实现企业文化价值指向的同时也可以实现自我价值。只有在这种统一中，员工与企业之间的疏离感才能减弱，以至消失。

文化产品或文化服务是承载意义的客体。生产制造者或服务提供者要深刻明了其意义所在，才能更好地提供意义。生产与提供意义的企业，若不能重视对组织成员的意义管理，可想而知，企业管理者也不会对其所生产的文化产品或文化服务所承载的意义负责。思考企业文化的意义指向、企业战略的意义指向，甚至具体的生产产品与服务的意义指向和思考文化产品或文化服务所提供的对象——消费者的意义需求，是一般无二的。文化企业只有本着负责、服务的精神，才能潜心研究对象的需求，才能协调好满足需求、实现意义的方式方法，才能负责任地提供产品或服务。只有组织成员能够以企业的意义为自己的意义，认识到自我意义与企业意义的一致性，才能负责地完成工作任务，认真对待每一件产品，热情耐心地提供每一次文化服务。只有这样，对每一项工作，组织成员才会有为自己工作的情感认同。同时，要认识到文化企业的文化产品或文化服务所蕴含的文化意义与文化企业的文化价值意义指向是统一的，员工的自我意义认同于企业，也同样应该认同于文化产品或文化服务所蕴含的文化意义。

要做到以上几点，除了需要管理者认真耐心地对每一位组织成员阐释清楚意义一致性外，适合的管理技术也有助于意义认同的加速建构。比如，通过“阿米巴”① 小组细化工作内容，使每一位组织成员能够有机会成为主角，通过内部股票认购（例如华为的内部股票认购制）等市场化操作手段，在资本上让每位组织成员有成为企业主人的认同感……这些措施也非常有实际效果。

总之，笔者所主张的文化企业应该使用的组织意义管理更近似于日本“经营之圣”稻盛和夫的价值观管理办法，即“确立核心价值观，并以之为主导形成企业的价值观体系；把企业家的价值观转化为全体员工的共同价值观；以及建立与共同价值相匹配的支持系统即管理体系和制度这三步，来建立企业内部的价值管理模式”②。这里的“价值观体系”也即笔者所说的企业文化中核心价值理念；这里的“把企业家的价值观转化为全体员工的共同价值观”也即笔者所说的统一企业文化与组织成员的自我意义需求；只不过，稻盛和夫可以把自己的价值观移植到自己创立的私企之中，但在现实中，作为企业管理者需要更多地根据具体情况，尽量融合多方的意义需求，去生成一个企业管理者与企业员工共同认同、企业文化核心理念与企业产品所体现意义相一致的价值体系。

第二节　文化企业组织意义的实施与监管

对文化企业来说，其管理文化产品或文化服务的生产或提供过程，就是组织意义的实现过程，即基于对组织意义的理解，将组织意义通过产品或服务载体形式予以体现的过程。文化产品或文化服务的好与不好，在合理合法的限度内，要看其传达的意义是否契合服务对象的意义需求。

① 稻盛和夫．阿米巴经营［M］．曹岫云，译．北京：中国大百科全书出版社，2016.

② 许玲玲，马婉芳．阿米巴经营管理模式研究文献综述［J］．商业会计，2018（8）：44-47.

一、实施战略即是延伸意义

一般而言，文化企业会在对消费者意义需求调查研究的基础上，进行创意活动。所谓“创意”，简单说，就是意义的重新设定。如前文所述，文化产业或文化创意产业本质上是一回事，都是意义产业。这个意义设定要具有创造性，就要与众不同，给目标受众新鲜感。同时，文化创意作为组织意义的延伸，创意所蕴含的意义指向一般不能有违组织对战略目标的意义设定。在对创意进行筛选的过程中，组织意义也会自然选择与组织意义设定一致的文化创意产品或文化服务。单有“创意本身不能带来成功，但是，它一旦和行动结合起来，将会使我们的工作显得卓有成效”①。创意的实施也即意义管理的实施，是文化管理工作成功的关键。

实施创意或意义管理的过程就是将战略意义延伸到战术意义，进而延伸到文化产品与文化服务的过程中去。管理者需要不厌其烦地解说任务的意义与目的，直到负责具体工作的员工明白为止。奈飞公司前首席人才官帕蒂·麦考德曾说：“最好不要去臆想员工很笨，而是要考虑到另外一种情况：如果员工做了愚蠢的事情，要么是违背告知相关信息，要么是被告知了错误信息。”② 可见，意义沟通在实施管理工作中的重要性。这种意义沟通，更多时候是不断地说明、解释与交流。

这种意义的说明、解释与交流，既然是对战略意义与产品意义的阐释，那是不是对所有具体运作中的方法、步骤或管理安排的具体用意都要详细解释呢？不同管理者对此有不同的看法。某些管理者常常会秉持传统的管理立场，只告诉被管理者具体的命令、指示，而不告知意义所在。就如《论语·泰伯篇》中有言：“民可使由之，不可使知之”，意思是让老百姓按照管理者指引的方向去做事情，而不可以让他们懂得为什么这么做。这是一句引发后

① 张继辰，王伟立. 华为目标管理法［M］. 深圳：海天出版社，2015：129.

② ［美］帕蒂·麦考德. 奈飞文化手册［M］. 范珂，译. 杭州：浙江教育出版社，2018：47.

世争议的话。这种愚民的思路显然不是意义管理所主张的管理思路。如果底层员工甚至部分管理者不能充分明白组织运作中各个环节的具体意义所在，往往会处于管理活动中的被动地位，必然会抑制员工的创新意识，从而也会影响组织运作的效率。为适应今天的开明管理理念，有人把“民可使由之，不可使知之”这句话重新做了断句处理，即改为“民可，使由之；不可，使知之”。意思是有些人善良文明，让他们自主行动；有些人愚昧暴戾，要使他们开化明理。这种解释不同于愚民的思路，有启蒙的意味，讲求区别对待被管理者。将这种解释放在管理实践中，意味着许多意义解释要针对管理对象而有所区别。例如，组织中的一些负面信息，如果告知一切人，别有用心者可能会乘机破坏管理目标的实现。但即使如此，帕蒂·麦考德也主张：“当然，有些信息还是必须要保密的，但是你绝对可以把公司目前所处竞争的激烈程度以及面临的重大挑战告诉员工”。①

总之，意义管理在具体实施中，管理者需要对行动的意义做出解释，但不需要对所有人做出事无巨细的解释：①对宏观战略性的意义指向，需要对每个人做出充分说明；②战术意义不需要对能够自行领悟的执行者做出过多的解释，否则，会浪费额外的时间；③对具体工作安排的背后考量，不需要做出过多的解释，否则，会引出多疑者不必要的猜忌或构陷，但也不能不做任何解释，尤其是对工作安排中需要做出适当解释的地方；④具体实施中，对难以明白工作具体努力方向的执行者，需要做些细节性的甚至稍显啰唆的解释。在具体的管理实践中，有很多需要“强沟通”的内容，其实主要是针对第四项内容——具体实施中具体细节的沟通。虽然意义管理的目标指向是让执行者能贯彻组织的整体战略意义，但如果具体细节的意义沟通缺失，往往会影响整体战略意义的贯彻与实施。

如果有可能，管理者可以采取模板示范、模块管理等方式。这种管理模式可以减少不必要的解释，可以清晰地显示各个具体环节的用意与目标指向。

---

① ［美］帕蒂·麦考德. 奈飞文化手册［M］. 范珂，译. 杭州：浙江教育出版社，2018：47.

所谓“模板示范”就是管理者要提供一个同等层次的文化产品或同等层次的文化服务予以参考，使负责具体工作的实施者知晓要将文化产品或文化服务做到什么程度上能达到目标要求。比如剧本创作，文化公司完全可以找来同类题材的优秀剧本对编写人员进行分析、讲解，指出其值得学习的优点，设计出需要模仿对方的地方与需要超越对方的“闪光点”。这种模板示范很容易流于单纯的模仿甚至抄袭，所以文化管理者必须阐释清楚编剧们所要撰写剧本的现实意义指向，指出剧本语境所呈现出的不同于示范剧本的意义所在。

所谓“模块管理”就是将一件文化产品或一项文化服务的意义加工流程进行模块化、流水化设计，从而方便计时计件管理。“模块管理”在文化企业中做得最好的是“万达”。当然，“万达”首先将这种管理方法运用在商业地产的管理上。万达总裁王健林总结道：“万达广场建设周期在两年左右，我们把万达广场从开工到开业的全部周期分成近400个计划节点，比如什么时候交图纸，工程什么时候进展到什么程度，什么时候开始招商，什么时候商户进行装修等等。”① 其实，模块化管理可以运用于许多文化企业的产业项目管理，比如可以运用于会展业务。很多同类型会议的流程是极为相似的，甚至有些会议是系列年会，每年都是一个模式。作为会展的承办方，要做好会展，必须将会展业务根据会前准备、会议进行与会后扫尾的不同时间点进行分级设置。例如会前准备，要分解为办会经费筹措与使用、参会人员通知、备品准备、会前宣传等事项节点；会议进行中，要分解为参会人员接待安排及备品发放、会场布置、参会人员引导、会议主持流程、会议餐饮等重要环节进行准备；会议结束后，要将扫尾工作进行分解，包括参会人员送行、会场收拾、会议经费结算、会后宣传等内容。每一大项内容要有专门负责人负责，每一个小项内容都要分配到具体的人，否则在忙乱的会议期间就会出现各种纰漏。此类会议流程，根据会议的规模与性质不同，可以制作成大同小异的各类流程模块，进行模块化管理，使会展业务管理精确化、流水化。

实施具体的意义管理，要明确分工，即每个员工所做的事宜要明确具体

---

① 王健林. 万达哲学［M］. 北京：中信出版社，2015：59.

的内容、具体的完成事项、完成标准以及完成时间。分工越明确、越具体，也就越具有可执行性。在工作中常常有这种情况，工作分派下去但没有明确具体的完成时间——有时候由于工作的性质确实不容易明确具体时间（例如有些创造性的工作，很难明确具体进度），员工就会把工作一拖再拖。造成这种情况一方面是由于员工的工作责任心不强，另一方面也在于管理者没有有效地强调这项工作对员工的重要意义。很多时候，员工常常会忽视与自己利益或意义关系不大的工作。如果员工认识到这项工作对自己的重要意义，则会主动努力及早去完成该项工作。虽然意义管理强调人的自觉性，但事实上，大多数人都有“利己”的本性，单纯依靠自觉并不适合每一个人。例如，科研机构的技术人员往往具有科研自觉性，但如果这项科研任务不是该员工的研究兴趣点或与其晋升关系不大，就会缺乏兴趣，甚至怠慢工作或将任务转包给不胜任该项工作的其他人。对科研创新人员来说，单纯利益刺激并不一定有效，但吸引学界注意、提升学术地位、提高职称职务等名誉性的东西，常常能给予其极大动力。

在实施工作任务管理初期，管理者一定要注意监控组织成员所做工作，甚至可以试探性地尝试通过一个简单的工作内容使员工明确其工作的意义和目的。管理人员如果发现员工不胜任工作或对工作缺乏热情，需要及时更换工作人员或加强实时监控。模块管理是一种很好的监控方式。万达的模块管理机制密切地结合了监控机制，工作任务的“节点根据重要程度不同分成一、二、三级，分别由总裁、副总裁和项目公司管理。所有计划节点编入信息系统，如果工作按计划节点正常运行，系统亮绿灯。如果哪项工作没有按节点完成，系统亮黄灯，黄灯亮一周工作量还没补上，黄灯变红灯，亮红灯就要受到处罚”①。如果没有网络模块管理系统，就需要手动进行模块记录管理。手动进行模块记录管理也非常简单，需要管理者准备一个活页记录本，记录好工作分配任务，对分配的每一项工作的内容、负责人员、完成进度、完成时间、完成内容与相关完成情况做一个及时的记录或统计，出现问题也要及

---

① 王健林. 万达哲学［M］. 北京：中信出版社，2015：59.

时记录以便进行惩处。能拆页的活页本很适合做模块记录，因为可以随时增添、补充内容在相关工作记录处。在管理工作中，那种所谓“用人不疑”——将工作完全交给某个员工或下级管理人员之后就完全不管不问、只等待结果的情况，是非常容易出纰漏的。意义管理毕竟仍然是管理，而不是完全依靠人的自觉性。作为管理者，其主要工作就是分配任务、监管任务的实施情况，密切关注各种容易出现的问题或纰漏，将可能危及任务完成的因素消灭于无形。

管理工作要注重事前负责，事中控制，而不是事后追究。对意义管理来说，事前负责就是要明确分工、明确意义关系，激发员工完成任务的积极性与主动性，让员工意识到每一项分配给他的任务都会被管理者密切关注，完成的效果都会被纳入其未来晋升、奖惩的考核范围内，而且也关系管理者对被管理者的信任程度问题；事中控制，是要实施监管任务完成的进度与效率，关注产品的数量与质量，发现问题要及时解决；事后管理则是完成工作后的绩效奖惩问题，关于这一点相对更为复杂。

二、意义监管中的绩效考核

绩效考核，简单地说，是一种将工作成绩、效果与各种形式奖惩联系起来的一种评价机制。绩效考核对于激发员工积极性，完成既定的任务目标有重要作用。当下国内外对绩效考核的研究已日益深入，但就现实国内情况而言，大部分组织的绩效考核仍然单纯视工作结果为考核目标，以奖惩为绩效考核的表现形式。这种设定完成目标，根据完成目标情况给予奖励或惩罚——尤其是给予物质性奖惩，本质上还是将员工设定为注重经济利益的人，相信利益驱动或利益惩罚对完成工作的作用。意义管理的理论前提是相信每个人都具有工作自觉性与积极实现自我价值意义的精神。虽然在意义管理的视角下，我们仍认同目标管理的绩效考核效果，但更多地是将绩效考核作为一种评估过程，以发现工作中的问题及找出提高生产率的办法，用以促进组织成员自我实现的积极性，而不是作为一种单纯的奖惩机制。

"绩效考核只是一种手段，而不是目的"。[①] 单纯注重考核结果的绩效考核，往往以成败论英雄，看不到组织成员的努力与付出，同时也会造成被考核成员之间产生互相敌对的"零和游戏"意识，即绩效造成组织成员认为有先进就有落后，他人被奖励了自己就有可能被惩罚，他人晋升了自己会被"碾压"等情况。这种加剧组织成员的对立化的结果，会迫使组织成员拼命地工作，也会使组织成员自私、自利，对与自己关系不大的事务漠不关心，甚至会互相拆台，尔虞我诈、勾心斗角，从而间接地造成对组织战略目标的负面影响。作为目标管理的一部分，根据分解的目标进行绩效考核有其必要性，但如何考核，如何把握考核的度，非常关键。即使目标管理非常成功的华为公司，在总结绩效考核的结果时，也承认"过度追求量化的绩效考核，也可能导致团队成员只关注自身的指标完成情况，而对于团队的整体目标缺乏关注，会增加团队协作、共同负责的难度"[②]。

国内流行的绩效考核制度依据美国的绩效考核模式，而美国企业的绩效考核模式是基于美国注重凸显个体的价值与自由市场经济要保持流动性失业的需求。凸显个体的价值，需要通过绩效让有能力的人脱颖而出，流动性失业要给予员工一定的就业压力，绩效考核恰好能够提供淘汰标准。美国这套绩效考核体制在企业内部促成了一种优胜劣汰的残酷竞争，但在企业外部，整个社会保障体系却为被淘汰的企业员工提供了生活的必要物质保障，甚至是福利性的保障。就是说，即使员工在企业的绩效竞争中失败、遭遇淘汰，福利保障体系仍能够从容地保障其生活无忧状态。这种后顾无忧的竞争，虽然不乏残酷性、敌对性，但其负面作用相对来说在减少减弱。与之相反，日本企业大多不讲求对员工个人的绩效考核。大内在《Z理论》一书中，阐释了日本的企业管理模式。日本大多数企业也有绩效考核，但主要考核业务部门的整体绩效，而不对企业员工短期内的个人绩效进行考核。日本的这种考核模式与日本社会突出集体价值理念、注重终身雇佣的社会体制相关。个人

---

① 张继辰，王伟立. 华为目标管理法［M］. 深圳：海天出版社，2015：186.

② 张继辰，王伟立. 华为目标管理法［M］. 深圳：海天出版社，2015：184.

绩效考核并不适应日本社会传统与凸显集体价值的社会现实。日本企业缓慢的正式评估与升职体制，信任、平等、民主的集体关系，“鼓励雇员相互之间发展整体化的关系”①都是在着力打造一个富有集体主义精神的爱厂如家的企业文化体制。

近年来，国内许多创新型企业意识到在绩效考核体制中，许多考核指标其实是无法确定的，一些企业管理者提出了去“KPI”② 的管理思路，即不进行常规化的绩效考核。以国内的小米公司为例。小米公司是一家创新型企业，业务以研发为主，研发的考核难以绩效，加之由于初创公司招聘的高级人才往往拒绝绩效考核，因而小米采取了扁平化管理模式，除了七八个合伙人统筹管理企业外，其他员工被设置成多个项目管理小组，各自独立进行研发工作。至于激励机制，小米主要通过完成项目的奖励加薪、全员持股，通过加强企业文化建设增强员工的责任感等方式来实现。③ 小米公司近年来的成功经营，已证明这种去“KPI”管理模式比较适合创新型、初创型、中小型企业。但随着企业的发展，小米员工已经多达 1.4 万人，④ 团队、部门之间沟通越发困难，企业管理的难度越来越大，小米不得不考虑进行某种程度的 KPI 融合。经过 2016 年、2017 年的初步试点，2018 年 7 月 9 日 IPO（首次公开募股）后，小米完成了 KPI 管理改革，“小米内部头衔大体分为专员—经理—总监和副总裁及以上，层级共设 10 级，从 13 级到 22 级。专员级别为 13 级左右，经理为 16 级到 17 级，总监为 19 级到 20 级，副总裁为 22 级”。⑤ 根据不同岗位设定不同的绩效考核指标。某种意义上，小米公司似乎在向垂直绩效管理体制转型，但实际上的扁平化、非绩效的传统仍旧在影响公司的发展。

---

① ［美］威廉·大内. Z 理论［M］. 朱雁斌，译. 北京：机械工业出版社，2013：69.

② KPI，即 Key Performance Indicator（关键绩效指标法），是大多数企业进行员工工作绩效指标管理的方法。

③ 徐渤. 浅谈小米“去 KPI”背后的故事［EB/OL］. 三茅人力资源网，2019-02-26.

④ 张珺. 推动层级化、设立 KPI：小米扁平化管理时代结束［EB/OL］. 新浪网，2019-02-17.

⑤ 张珺. 推动层级化、设立 KPI：小米扁平化管理时代结束［EB/OL］. 新浪网，2019-02-17.

小米公司绩效考核的案例表明：一种考核体制是否合适，关键在于是否适合具体的组织成员与具体的经济环境。在一个讲求集体主义文化的环境中，如果文化企业或文化组织的利益极为有限，严格的绩效考核，突出个体间的竞争关系，依托绩效得分进行晋级奖惩，个体的利益考量无疑会产生对集体主义文化的负面影响。对知识分子群体为主的组织，如果知识工作者都能自发自觉地进行创造性劳动，严格地分等级绩效考核会破坏知识工作者的工作热情，也会破坏组织的团队精神。例如在我国有些事业单位，本部门没有利益可言，员工都是出于服务精神而自愿加入组织做服务工作，非要泾渭分明地进行个体绩效考核，压力下会使部分员工放弃从事该职业的初衷甚至离开该组织。又如一些作坊式中小文化企业，凝聚人才主要依靠高层管理者的人格魅力，实行严格的绩效奖惩很有可能破坏团队合作的氛围。即使在同一个团队组织中，不同岗位由于其负责的工作性质不同，也不便于一视同仁一个标准进行绩效考核。对不便于定量权衡的工作，一般来说，是很难绩效考核的。“区别绩效”应该成为绩效管理中的一条重要原则。

绩效考核的目的是提高、是促进，而不是奖惩，所以应该把绩效考核的重点放在对工作的查缺补漏上，放在对员工的能力素质提高上。一般来说，“完成绩效管理过程包括四步：①绩效目标和计划的制订；②绩效辅导；③绩效考核；④绩效结果的运用”①。国内大多数组织，对绩效考核非常严格，而对绩效辅导没有给予足够的重视。要绩效考核员工，就要给予员工能够通过努力完成的目标，或者设计出通过努力能够完成的路径。对于员工通过努力也无法完成或根本不知道如何完成的绩效目标，是没有任何意义的，只会破坏绩效考核的稳定性与可持续性。“绩效辅导”正是富有人性化的绩效考核工作的重中之重。例如绩效考核员工的科研创新，就要给其提供科研创新的条件，提供科研创新的路径，创造科研创新的机会，并应该委以有经验的专家指导其如何完成绩效目标。没有给予任何帮助，让员工爆发潜力的压迫性考核是不负责任的，而且“绩效辅导”应该是面对所有被绩效考核的员工的，

① 张继辰，王伟立. 华为目标管理法［M］. 深圳：海天出版社，2015：186.

不应该只针对某部分人——如果只给部分员工“绩效辅导”，对没有“绩效辅导”的员工而言，就相当于增加了完成绩效目标的难度。利益既定，绩效考核就是一个零和游戏，获得帮助的员工会比没获得帮助的员工在零和游戏中更具优势，这对没有获得帮助的员工也是一种极大的不公平。

人性化的目标绩效管理，是以人的能力所及为前提的人性管理，是以企业文化、企业价值理念、企业战略目标、企业产品的意义一致性为基础的意义管理。文化企业或文化组织，所提供的是文化产品或文化服务，也即提供文化意义，更应该明确意义对个体、对组织以至对消费者的重要性。

第九章

文化企业的意义生产管理

意义管理不仅是对组织意义的运行管理，也是对生产意义的组织管理。意义生产管理包括赋予意义的孵化管理与呈现意义的生产管理。不同类型文化企业有不同的组织意义特点，因而其意义的生产管理具有各自的个性化模式，其“合作化”程度不同，意义显现特点也会不同。

第一节　赋予与呈现意义的生产管理

物质生产型经济为主的经济发展阶段，产品对人的意义还仅止于实用，管理的实质更多的是建构这种生产经营与自我实现的意义联系。在以服务经济为主的经济发展阶段，尤其是以文化体验经济为支柱发展模式的服务型经济发展阶段，文化意义的赋予、呈现与自我实现的意义共同贯穿于管理活动的始终。

虽然不是所有文化产品的意义生产都是富有创造性的，也即创意性的，但要想在市场竞争中胜出，文化产品的意义生产就应该是一种积极的创意活动。从文化产品的创设阶段，生产者就要注重创意的生成与意义的赋予。文化创意不同于技术创新，文化创意侧重对人的思想感情、观念品味的创新式传达，是重构人的意义认知的过程，也是对人的意义思考与传达的结果。一个借助文化艺术的形式表达一个不同于既往的新的想法、新的情感取向、新的品位观念，乃至借助新颖的形式表达既有的思想感情或观点品位等，都可以视作文化创意。一旦这种文化创意具有现实的实用性，也即具有了经济属性，文化创意就会转化为文化创意经济。

一、赋予意义的创意孵化管理

意义是创意的核心内容，创意是意义富有竞争性的生成方式。要通过管理产生符合市场需要的创意，首先需要尽可能地创造适合创意产生的生产条件。

具体实施文化创意任务阶段，要给予文化创意人员较为充分的创意自由——在时间上，要给予完成某个创意的较为合理的时间；在空间上，要给予完成某个创意的适度的试验或策划空间；在人员控制上，要给予创意人员相对的较为宽松的管控。只有在相对轻松、自由的状态下，创意人员的创新思维才容易被激发。谷歌著名的20%原则，即给员工留出20%的工作时间进行自由的创意探索，管理思路也是如此。① 前述内容中，笔者也论及了这个观点，即真正的艺术创造不是管理出来的，除非主要艺术创造来自管理人员，被管理人员只是配合管理人员的工作。对创意的管理实质就是对创意人员的管理，创造适合创意产生的环境是创意管理的重要工作。要激发创意人员的真正创造性，就要创造适合创意产生的条件。

一般的文化创意为主的创意公司，大多要注意工作环境的干净、整洁，条件允许甚至要给予工作人员宽敞而美丽的创意工作空间。在作息时间上，创意管理工作往往关注创意产生的结果，而不是过多管束创意人员对工作时间、地点的安排设置。例如，有的创意公司将公司的走廊空间设计成咖啡吧，随时供创意人员休息、喝咖啡、聊天等，以便创意火花的碰撞产生。但是这种创意管理的宽松性也是相对的，在没有适当的管理跟进、对创意人员的及时督促，创意策划结果往往会被无限期拖延。此外，创意灵感的产生，也需要管理者适当地组织相关创意人员进行集中式的“灵感”碰触与交流。比如广告创意的产生常常依赖“头脑风暴”模式，该模式对创意的生成是有一定

① 张振鹏.【解读】google 创新的九大原则［EB/OL］. 搜狐网，2019-09-25.

实用性的。不同创意工作需要不同的创意模式，“头脑风暴”也并非适合所有的创意工作。

首先，作为创意企业的外部环境，较为集中的知识分子环境或类似文化产业园区环境，能够较为容易地促进相关行业知识分子的知识、信息碰撞，产生“信息溢出”效应，往往有利于创意灵感的产生。因为“创意文化产品和创意设计产品往往不是个人能够制造出来的，这与很多高科技产品类似，通过非正式交流带来知识溢出效应，集体创造力对于促进创意活动的发生通常比个人创造力更重要。即使是个人制作的视觉艺术品，也会凝结集体创作的精华。在文化创意集群中，艺术企业、数字企业以及艺术院校和消费群体之间有非常频繁的分工和互动；在创新性的消费品设计和制造的集群中，设计、制造、培训、教育等各个企业和机构之间也有非常频繁的分工和互动”①。这也是很多创意企业将办公地点设置在大都会或者临近高校的原因之一。

其次，在具体实施创意任务的前期，管理者还要进行严格地筛选与调研。作为考虑市场效益的企业，在具体开展创意生产之前，需要考虑的首要问题是——即将开展的某一创意生产其是否有适合受众需要的意义。有许多“黑创意”“黑科技”，是有一定的创造性，但完全无意义，或者有很强的被替代性，或者完全无市场前景，生产出来只可能是一个玩笑。所以对创意的生产实施，一定要做好创意筛选与市场调研工作，针对需求进行创意，选择那些有可能创造市场前景的创意产品。以杂志或报纸的创意筛选为例，其主要的选择是题材和题目的选择；一般而言，主编会拿出几个创意初选，通过讨论会议，敲定几个符合杂志或报纸特色、同时符合当下受众注意点的创意。以电影创意为例，一般来说，电影生产前期，生产方要进行创意选择；生产方会搜集年度电影剧本进行讨论筛选，最终确立最有市场前景的电影选题。

在进行筛选的时候，理论上，生产方应该进行一定的市场调研。② 调研可以委托第三方进行，通过大数据调取或者样本选择得到数据，再通过数据进

① 王缉慈，等. 超越集群：中国产业集群的理论探索［M］. 北京：科学出版社，2010：16.

② 但在现实中，如果立项任务比较紧急的情况下，很多创意选择需要凭借先前的实践经验而定。

而论证创意的可行性；也可以通过抽样访谈、市场观察等方式，得到大致的经验，从而以此为依据进行选择。一般而言，除了要调研该创意产品是否属于原创，有无知识产权争议外，调研还需要考虑创意的市场前景与社会效益。市场前景的关注点比较单一，即关注创意产品未来的经济效益如何。对图书产品而言，其市场前景就是图书的销量、定价等估计数据；对影视类产品来说，相对复杂，其市场前景估算要考虑受众接受心理的变化，需要根据同类影视产品进行数据评估或根据相应的公式进行测算。创意产品的社会效益筛选相对务虚，更多要考虑国家的政策导向、创意产品对受众的具体身心影响，以及短期与长期的社会影响等。在我国当下，文化产品与文化服务的立项筛选，应该对经济效益与社会效益同时考虑，在经济效益与社会效益发生冲突时，应以社会效益的考量为主。暴力、色情、反社会等类型的创意产品，再有市场也需要坚决摒弃。在创意立项的选择中，考虑经济效益的同时，管理者同时需要有敏锐的政治意识，不能生产违规、违禁的文化创意产品或文化服务。

最后，在创意的产品化实施前，生产方还可采取实验孵化方法，谨慎探索产品的意义化、产品化问题。爱立信在进行创意产品化管理中，创造了五步孵化的管理模式（如图 9.1）。

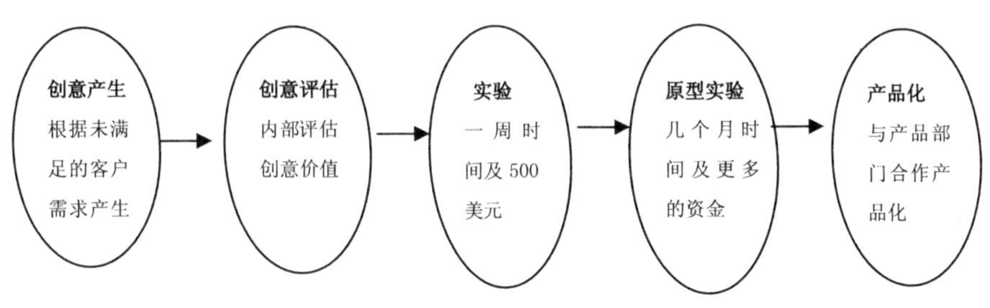

9.1　五步孵化的管理模式图①

这五个步骤，其实是两次实验筛选的过程，第一次实验筛选，选择出有创意价值并符合企业产品的意义管理方向的产品创意。在产品价值评估中，

① 张正明，张敬伟．五步实现创意孵化［J］．企业管理，2014（12）：94-96.

第一次筛选的评估标准为："1. 这个创意符合相关产品的战略吗？2. 这个创意能有机会创造价值吗？（比如新的收入、降低成本、增加客户满意度、提高速度或效率）3. 创新者是否提出40个工作小时的时间安排，可以迅速验证这一创意的价值？4. 是否已经识别或配置了快速实验所需的资源？5. 确认是否有指派的创新教练？6. 创新者是否有动机与热情去推动创意的进一步发展？"① 在经过一段时间实验后，再进一步筛选出更为符合企业产品开发需要的创意，其筛选条件进一步规划为："1. 确认未来将创意商品化的接受者。比如：（1）新产品功能—产品经理（2）流程改进—流程所有者（3）工具改善—工具所有者"；2. 完成商业模式的设计，并计算相关产品线的价值；3. 接受者对创意支持的确认；4. 直线经理对于创意提出者时间的支持；5. 确认资源计划；6. 目标客户的确认，拥有收集客户反馈的计划；7. 确认是否有指派的创新教练；8. 有明确的项目里程碑。"②

当然，爱立信的创意孵化评估集中在对市场前景的考量上，而本书所论及的意义管理，考虑的不仅是市场前景，更多的是具有社会效益的产品的应用价值。在这个意义上，创意赋予的过程，需要实时监督，否则也会有创意偏离意义目标的可能。

二、呈现意义的生产管理

文化创意向商品或服务的实际转化是文化生产管理的重要任务。要进行这种转化，首先要进行生产投融资。文化产品或文化服务的生产投融资，其实就是通过经济前景或社会效益的阐发赢得生产投资或融资。在这一点上，文化创意产品的商品化投融资与创意研发的筛选与调研过程中所需阐明的内容有相似性，但为了赢得投融资，尤其是风投基金，更需要明确创意如何产品化、如何进行产业营销等操作性内容。资本关注的是资本增值的盈利点，关注的是资本的持续盈利能力。如果是公益性文化创意产品的投融资，其重

① 张正明，张敬伟. 五步实现创意孵化［J］. 企业管理，2014（12）：94-96.

② 张正明，张敬伟. 五步实现创意孵化［J］. 企业管理，2014（12）：94-96.

点阐发的创意点则是社会效益。文化艺术基金等公益性文化事业资助所关注的是社会效益，关注的是公众能否公平享受到公益性文化产品或文化服务。

以商业电影创意产品的投融资为例，一般而言，①要通过剧本或片花的内容展示，阐发电影作品的思想或艺术意义，这是创意商品赢得投资、融资的基础；②要通过阐释文化创意产品的营销模式，展现盈利前景；③阐发创意商品的社会意义，以规避相应的审查风险等。当然，很多时候，尤其是银行针对电影产品的投资、融资，银行部门常常需要借助相应的价值评估机制。比如北京银行电影融资的“文化 IP 通”，针对 IP 的市场价值对衍生电影产品进行一定比例的融资贷款。北京市国有文化资产监督管理办公室通过“投贷奖”政策和联动模式，创新实施“‘政策+平台+服务’模式，实现了企业股权融资、债权融资和财政支持资金的无缝对接”①。

不同文化创意产品的投资、融资模式不尽相同。畅销图书、文化衍生品等，都有各自的特点。但无论哪种文化创意的商品化投资、融资，都需要有明确的意义展示，以清晰的“需求意义—盈利模式”来赢得投资方的意义认同。

其次，在文化创意的产品化过程，即在作为意义呈现的生产过程中，创意管理人员需要进行时时的意义监督。并非所有的创意产品的意义呈现都比较固定，很多创意产品的意义是在供需方协调中逐步生成的。比如，一些粉丝圈的偶像“手办”衍生品，大多不对外公开销售，其创意动力来自某个偶像粉丝对固定偶像的喜爱，而作为一个偶像手办的创意产品大多是流转在粉丝圈中，从形象的设计、修改、订制、销售都是处于粉丝群的讨论、商量的协调一致性基础上的。这其中，粉丝们对偶像“手办”的意义认同是这一切流程的基础。

比如，商业化味道比较浓重的电视肥皂剧常常是边播边改。好莱坞日间肥皂剧的生产流程就是：在距离肥皂剧开播的六七周前，由主笔设计肥皂剧情节；在距离肥皂剧开播前四周左右，由提纲作者编写肥皂剧提纲；在距离

① 郑洁. 电影投融资的“北京模式”[N]. 中国文化报，2018-04-28.

肥皂剧开播三周前，由对话作者编写肥皂剧脚本；在距离肥皂剧开播两周前，由脚本总编编写肥皂剧的脚本；在距离肥皂剧开播一周前由导演组织演员实拍；在开播肥皂剧当周，一边编辑后期一边准备开播。在整个编播过程中，每一集都有几周的时间间隔，每一集都可以参考前一集的播出效果来进行编写，因而肥皂剧的意义彰显需要主笔来统一协调，需要参考观众的需求、反映来确定主要情节的构架。因此，肥照剧的生产，可以说是在主笔（作为管理者）的监管下，编剧们与肥皂剧观众之间互动的结果，是时时进行意义调整的结果。正如亨利·詹金斯在《文本盗猎者：电视粉丝与参与式文化》一书中所言："事实上对大多数粉丝来说，意义生产不是单独的、私人的过程，而是社会的、公开的过程。"①

最后，文化创意产品或服务在生产结束后，还需要经过意义检验。在文化创意产品化的最后阶段，需要对创意样品进行评估，就它的营销前景、传播效果进行评估。这种评估可以有多种模式。影视作品可以采取试映等模式，图书等纸媒商品可以采用推广研讨会等模式，主题创意游乐产品可以采用抽样群体体验等模式……任何评估模式都有一定的局限性，需要科学、客观地进行结果分析。比如电影上映前的专家试映研讨会，出品方开研讨会的目的往往是双重的，一方面想通过试映了解影片的思想与艺术质量，另一方面也有通过专家进行意义传播的想法，而后一个目的往往会导致期待或暗示专家尽量进行正面评价。碍于出品方的期待与招待，专家们肯于直言批评的会较少，而客气、迎合的评价往往会误导制片方对影片前景的判断。所以，对文化创意产品无论采取哪种检验方式，避免主体干扰都是重要的。文化创意产品是否能够传达所设定的思想意义或符合预期的前景预期，需要匿名化、客观化的评价。某些影视作品在制作完成后，迟迟不能上映或放映，就在于在试映检验中发现了严重的问题，这时及时采取刹车策略，要好于出现负面传播的滞后补救。

---

① ［美］亨利·詹金斯．文本盗猎者：电视粉丝与参与式文化［M］．郑熙青，译．北京：北京大学出版社，2016：71.

第二节 不同类型文化企业的意义生产管理

文化企业的意义生产摆脱不开文化企业的组织意义，文化企业的组织意义的生产又与文化企业人、财、物的管理格局密切相关。管理模式不同的文化企业，其高层管理者对意义生产的掌控程度自然会不同，最终意义的呈现样态也会直接地反映出企业的意义管理特点。

一、工作坊式文化企业的个性化意义生产管理

工作坊式文化企业是小型文化企业的一种主流形式。工作坊其实就是手工作坊的意思，其历史可以追溯到工业革命之前的时代，在工业化机器批量复制模式普及前，人们的生活用品往往通过各类小作坊手工制作出来。在工业流水线普及后，各类小作坊、手工制作模式逐渐淡出工业化的历史舞台，但作为传统工艺的一部分，一些高等教育、职业教育机构仍旧使用手工作坊模式作为教学、实习的工作室。当下，手工艺作坊某种意义上重新回到了产业舞台。

这主要有两个方面的原因。第一，适应产业化需要，传统的个人化文化艺术创作开始走向市场、谋求扩大的规模效益。一般地说，传统文化艺术的创作大多数是由个体独自完成的。当下文学创作、绘画创作、音乐创作等文艺形式大体上仍保留了个人创作的传统，往往是由个人独自完成。但随着经济的发展、大众消费能力的提升，对原创性文化艺术作品有了越来越大的市场需求，对原创类文化艺术品的数量和速度提出了更高的要求。适应市场需要，以往一个人完成的工作，不得不转化为以一个人为中心或以一个人为主导的作坊式原创进行创作。第二，随着部分国家和地区进入后发达状态，福特制流水线生产出来的文化产品已经开始被厌倦，定制化、个性化要求成为一种市场需求趋向，部分小文化企业开始“专注于专门的小批量产品的生产，

以适应界定严密的且不断变化的市场细分”①。基于个人创作和适应受众的个性化需求，工作坊式文化企业出产的文化产品往往具有典型的个性化意义，工作坊式文化企业的生产管理同样有独特的个性特点。

对应传统的原创式个人创作与传统的手工作坊模式，工作坊式文化企业的个性化意义生产管理的特征大体可归纳为三个方面的特点：

第一，立足原创，富有创新性、个性化的意义生产。

文化艺术类的工作坊往往是基于个人的原创而成立，至少这类工作坊不乏原创作品。工作坊的灵魂人物往往是有原创实力的艺术家或有原创追求的匠人，这些人大多有追求创新的意识、有个性化表达的欲求，围绕这些人而形成的工作坊也因而呈现出追求创新与个性化的特征。比如以导演为中心的摄制组，以创作者为核心的图书、音乐、动漫工作室，或者有助手的画家创作室，有助手的个人编剧工作室，等等，这些具有鲜明个性意识的创作生产，尽管创作工作不是由一个人完成，但小组配合的结果仍然表现出核心作者的鲜明的个性色彩。当然，作为工作坊的灵魂人物，不一定是整个工作坊的管理者（比如吉卜力工作室，其灵魂人物是宫崎骏，而管理者是铃木敏夫），但一定是该组织的精神与品牌的象征，他（她）决定着工作坊创作什么与如何创作等事关作品品质与个性的关键问题，只有这样才能保证整个组织呈现出非常明显的个人化色彩，使工作坊的原创作品打上独一无二的烙印，使其出产的作品在知识产权的认定上没有异议。

第二，师徒式、扁平化的意义管理。

传统的手工艺作坊的管理模式，作坊主既是雇主也是师傅，作坊的员工既是雇员也大多是学徒，他们之间既是雇佣关系也是师徒关系。雇员在工作坊工作的内容是边工作边学习。基于原创艺术家而开设的个人化工作坊，其人员相对较为简单。工作坊的管理者往往是灵魂人物，工作坊的员工往往是学生型的学习者，他们之间的关系也更类似于师徒之间的。文化艺术的创作

---

① ［美］艾伦·J. 斯考特. 城市文化经济学［M］. 董树宝，张宁，译. 北京：中国人民大学出版社，2010：9.

需要所谓精神上的艺术灵感与身体上的艺术感觉，而这些因素往往是个人化的，很难向他人言明。只有依靠师徒性质的关系，通过有一定师徒情感关系的言传身教，员工的创作能力与工作业务能力才能获得提升，也只有在师徒间的学习与交流过程中，灵魂人物的创作个性才能被继承与发扬。文化工作坊大多是微小型文化企业，这样的企业其管理幅度①是较为适合扁平化管理的。扁平化管理压缩管理层级，便于管理者与员工之间的及时的信息交流，能够提高工作效率，是现代微小型企业及创意型企业普遍采用的管理模式之一。对于工作坊式文化企业来说，垂直化层级管理既无必要，也缺乏可行性。对比垂直化管理模式，扁平化管理对工作坊内明确个性化意义、激发创意与及时解决文化艺术产品生产中的问题更为高效。

第三，寻求稳定意义的项目运营模式。

由于工作坊式文化企业大都是中微小型企业，其左右市场能力低，生存主要依靠不稳定的项目运营。常常出现这种情况——有项目就有工作坊、无项目就无工作坊的局面。所以，市场上有过为拍摄一部影片而成立的工作坊，也有过因没有项目而暂时解散的工作坊。著名的吉卜力工作室也出现过无片可拍，解散大批员工甚至暂时歇业的情况。对多数工作坊式文化企业而言，生存是第一位。很多工作坊在接项目上比较随机、随意，分散了工作坊有限的时间与精力，这也导致了大量工作坊难以创造出自己的个性化的品牌、形成稳定性的市场影响力，最终沦为打散工的临时作坊。所以，工作坊式文化企业虽然以项目运营为主要的生产管理内容，但又必须结合自己的专业特长，建构与稳定自己的意义取向，寻找到稳定意义与灵活投标之间的平衡点。在工作坊的生产管理中，项目选择的研讨、项目运行的监管、老项目与新项目的接轨以及项目风险的防范与监控是其重要的工作内容，工作坊的员工既要时时进行创意创造性活动，也要同时兼顾对项目运营的监管工作。

---

① 一般认为，高层管理者能有效管理的下属不超过 7 人，中层管理者能有效管理的下属不超过 10 人，基层管理者能有效管理的下属为 15～20 人。

二、垂直型文化企业的类型化意义生产管理

依据管理权力的分配形式，企业大体可以分为集权型企业与分权型企业。“集权垂直”即采用类似金字塔式的管理结构，管理权力逐层向上集中，最终最大的管理权力甚至全部管理权力集中在企业的高层管理者手中。只能分出两三层管理层级的小企业谈不上垂直集权，这样管理模式是一般较大企业比较通常采用的管理模式。因为随着企业的发展与扩张，对人、财、物的掌控会越来越困难，能否统一调配核心资源成为企业是否具有竞争力的关键。适应社会化大生产的需要，垂直一体化的企业的竞争效益来自批量化的规模与范围。大规模的投资、生产，都需要企业集中人、财、物才可能实现。所以，越是发展型、扩张型企业，越倾向于进行管理权集中。文化企业的发展与扩张也面临同样的问题。要想与同类文化企业比拼竞争力，要想跨国发展，大规模地投入产出，大规模的人、财、物的调配必然会导致权力的高度集中。美国好莱坞的八大公司在早期的发展中，大多依赖垂直集权的发展模式，通过人力的集体化投入、通过生产的规模化与流水化、通过广泛的融资，最终才会在竞争中脱颖而出。好莱坞文化企业的职业经理从来不将文化产业视为艺术，他们鄙视欧洲传统的艺术观念，他们将文化产业等同于任何物质行业，正如他们所言：“这是一个产业，如果不去考虑我们所谈论的这个产业的庞大规模，我们就无法理解好莱坞。像你们法国人，就是一些手工艺者。”①

采用垂直一体化管理模式的文化企业往往是较大型的文化企业。这样的文化企业需要考虑最大规模的消费者群体，也即大众群体。因而这样的文化企业的组织意义与产品意义往往需要向大众文化意义取向贴近，既需要生产适应大众文化需求的类型化意义产品，也需要确立服务大众的意义指向。大众作为最大多数的群体，其文化消费取向往往是类型化的意义。所谓类型，指的是文化产品（如电影、小说等）具有相似性的题材（比如武打类型、言

① ［法］弗雷德里克·马特尔. 主流：谁将打赢全球文化战争［M］. 刘成富，心美，胡园园，等译. 北京：商务印书馆，2012：63.

情类型、科幻类型等)。大众喜欢这些题材类型所蕴含相似的文化意义。比如,武打题材“快意恩仇”的文化意义能给处于社会压力下的大众以某种想象性宣泄,言情类题材能为求偶期的年轻受众填充了浪漫的幻想意义,科幻类型则是给予受众关于宇宙探索的想象性意义。因为社会生活或人性的取向等原因,大众对某些题材的喜欢具有持久性,产业化再生产的目的就是不断换汤不换药地复制这些题材与其蕴含的这些意义,满足大众对这些意义的持续需求,同时赚取利润。对原创的二次创作或系列作品的衍生创作等,也都是近似类型化的再生产。根据类型的生产经验,垂直型的文化企业往往会抓住几种典型的类型题材,生产类型化意义及打造与之适应的企业组织意义(风格),以此吸引具有某一类意义需求的大众群体。例如“米高梅以讲究表面光彩和采用市民题材为特点,1939 年的巨片《乱世佳人》便是米高梅风格的缩影:浪漫、热闹、耗资巨大,以豪华的气派处理史诗式的题材,但不注意阐明主题。派拉蒙大批雇用欧洲移民,在美工设计和题材上都表现出一种欧洲的格调。环球擅长恐怖片;共和专搞西部片;华纳作为米高梅和派拉蒙的主要竞争者,尽管人力和财力都较差,却不自觉地赢得了注意真实的名声,因为它为了省钱,常常在外景中拍片。”① 各类不同的企业生产与组织风格,都意味着不同的意义追求与指向。至于像迪士尼这样,将企业的组织意义、文化意义与文化产品的类型意义完美统一的典型,更无须赘言。

对应于工业化的福特制生产模式,垂直型文化企业的类型化意义生产管理的特征可归纳为以下三点:

(一)细化分工与多次生产管理保证类型化意义生产的效率

福特制生产体制以亚当·斯密、泰罗等人的分工理论、分工实践为基础,将手工业时代由一个人或几个人完成的工作(组装汽车)分解为几十个人完成的流水线工作。越是注重规模性的大生产越是注重分工的细致程度,以使每个工人能成为所分配工种的熟练工人、提高生产效率。对批量化或规模化的文化大制作,只有细化的分工及同时或连续的多次生产,才能有效率与效

① 莫纳科语,转引自邵牧君. 西方电影史概论[M]. 北京:中国电影出版社,1982:25.

益。例如一部需要赶档期的大投资影视剧，远非个人化的影视工作室能够独立完成，需要组建一个有细化分工的临时项目团队。这个团队需要的工种非常之多，按照好莱坞大制片厂的生产需要，至少要如下分工：编剧、故事编辑、剧本医生、评阅人、经纪人、制片人、执行制片人、预算控制制片人、概算师、现场制作经理艺术指导（制作设计）、场景装潢师、布景师、绘图师、道具师、搭景工头、服装设计师、服装管理人员、制作杂务、特技替身、特效人员导演、第一助导、第二助导、场记指导、对白指导、特技指导、提词人、首席化妆师、助理化妆师、身体化妆师、首席发型师、特效化妆师……在细致分工的基础上，要完成一部商业影视剧的制作要走流水线的生产程序，每个生产环节也可以理解为多次生产。当然，对这样细化分工与多次生产，文化产品的统筹管理工作显得尤为重要。只有依赖主编、导演或制片人等灵魂人物，才能把握整部作品的意义指向集中，没有灵魂人物的意义把控，所有的分工、合作都会失去意义。

（二）配方化与开放化生产管理保证类型化意义生产的有效性

通过精细分工流水线作业，福特制生产出的产品规格统一标准。垂直型体制下生产的文化产品在物质载体层面上也有这种统一标准的特点，每张光盘的规格都一致，每本书的装帧都相同……但在文化意义层面上的文化生产则不是如此。文化意义的标准化体现在对文化意义表现上的“配方化”生产，以使文化产品表现出一致的风格特点。所谓“配方”或者“拼盘”是指将各种类型化或模式化的文化意义攒凑在一件文化产品中，以满足大众或某一固定群体对某类文化意义的需求。配方化生产管理需要有成熟的专业经验的创意人员进行配方掌控，成熟的配方是长期管理实践中摸索的成果，不是照抄照搬的投机与冒险。另外，配方化生产又不是全然封闭性的商业运作，它也为生产者（比如导演、作家等）与消费者（比如电影的观众、作品的读者等）留有一定的空间，以便改变配方，适应时代的变化。这也是文化生产的开放性特点。文化工业所谋求的消费对象是大众，大众在成为被攫取利润对象的同时，也决定着文化产品所承载的意义，创造着文化产品所承载的意义。

当然，文化生产呈现开放性的目的不是将文化生产回归于传统的文化原创，而是为更深层次的配方与未来的商业运作做必要的准备。

（三）批量化与衍生化生产管理保证类型化生产的效益

福特制生产体制制造的产品批量整一，提高了生产效率，也分摊了早期投入的产品知识产权购买成本或产品开发的早期高投入成本，以此取得了规模效益或范围效益，现代经济研究为此也把现代化大生产这种经济形式称为规模经济与范围经济。① 文化产品的工业化流水线生产在本质上，也是在通过稀释原创成本，谋求规模效益与范围效益。工业化的载体复制技术的不断提高，为文化产品生产实现规模经济效益提供了便利。这一规模经济特点，在文化生产视域下称之为“批量化生产”更为通俗、贴切。此外，文化符号具有衍生性的效应。这种衍生效应在文化流水线生产中促使范围经济生产特点更突出了。这种衍生化一方面体现在范围衍生，一方面体现在渠道衍生，第三方面体现在品牌衍生。范围衍生性体现在用同一个文化产品生产流程衍生几种同一内容的不同产品；渠道衍生性体现在对同一产品寻求不同渠道的传播；品牌衍生性则是利用文化产品的文化符号价值，贴牌生产各种衍生品。②简言之，批量化与衍生化生产管理从根本上来说是经济效益优先的管理。

三、合作式文化企业的多样化意义生产管理

工作坊式文化企业的生产管理多表现出对个性化意义的追求；垂直集权式文化企业的生产管理往往表现出类型化意义的迎合；合作式文化企业的生产管理模式处在垂直集权式文化企业与工作坊式文化企业的二者之间，既有对类型化意义的迎合，也有对个性化意义的追求，表现出多样化的意义生产趋向。合作意味着分权，合作是相对垂直而言的，分权是相对集权而言的，

---

① 所谓规模经济是指产出价值增加比例大于投入增加的比例时，在一定范围内，生产规模越大，经济效益越大。所谓范围经济，也叫联合生产或经销经济，指利用现有的生产设备与各种相关投入，生产两种或两种以上相关产品的经济形式。

② 秦勇. 意义的生产与消费——文化经济学新论［M］. 北京：首都师范大学出版社，2017：138-139.

合作（分权）式文化企业某种意义上是大型文化企业的管理扁平化①表现形式之一。

不能充分调动组织中人、财、物的大型企业是一盘散沙，意味着企业的高层管理者失去了对企业垂直一体化的掌控权。处在这样形势下的企业，通过分公司的形式进行合作式经营，就相当于实行项目制的扁平化管理，既能通过适当分权减少层级，又能调动中低层管理人员的积极性。对通用汽车公司进行合作（分权）化改革的斯隆先生就曾说过："一个大型企业，需要有一个统一方向和一个管制中心；需要有责权的高层管理；也需要有积极进取和干练的业务经理，他们应该有选择其经营方法的自由，应该有确切的责任和履行其责任的职权，应该有足以使他们发挥所长的范围，应该使他们的成就得到应得的鼓励。"②

文化产业具有行业的特殊性，很多明星艺人的"粉丝"众多、有巨大的市场号召力，也具有强烈的针对垂直型文化企业的"离心力"。当明星艺人有了明确的不同于总公司的意义追求时，对角色、档期、活动安排、财务分配等方面都会与总公司发生分歧。大型的文化企业在无法统一调配人、财、物时，尤其是无法调配明星资源时，为了避免明星艺人羽翼丰满后离开总公司，对明星艺人在管理上采用相对宽松的"合作式"管理，势在必行。"合作者"身份能给明星艺人更大的自主创造意义的空间。例如，我国某传媒集团原来采用集权化的垂直一体管理模式，旗下经纪人与明星艺人领取固定报酬，并没有多少独立权利；在其旗下核心经纪人"跳槽"后，该传媒集团改变了对旗下的经纪人与艺人的管理模式，成立了核心经纪人负责的工作室与明星艺人独立负责的工作室。工作室相当于工作坊式文化企业，每个工作室独立运

① 所谓"扁平化"并非是企业越小越好，而是要尽量减少管理层级，减少因多层级管理而造成的过度集权，通过减裁冗员，平均化分摊下去管理权力，使被管理机构或人员能够在一个平面上展开，使底层管理者也有一定的自主管理权，同时也使高层管理者尽可能多地直接掌控所有被管理机构或人员，是提高管理工作效率的一种管理理念与管理模式。

② ［美］彼得・德鲁克. 卓有成效的管理者［M］. 许是详，译. 北京：机械工业出版社，2015：117.

营项目，又类似扁平化的项目管理模式，工作室与总公司之间是一种“合作”性质的关系。类似例子还有韩国的三大娱乐公司①之一的SM公司。SM公司由于实力雄厚，对艺人从挖掘到培养付出巨大，所以一直坚持垂直集权化管理的模式，公司控制艺人的所有发展，只给艺人偏低的固定报酬。在这种形势下，SM公司的一些华人艺人陆续回国谋求发展，由于他们都拥有巨大的“粉丝”资本，很快取得了市场上的成功。为了避免某华人偶像的离开，SM公司不得不为其成立了独立运作的个人工作室。当然，这种合作式文化企业也不仅仅表现为工作室模式，也可以表现为文化分公司的形式，但合作式企业的工作室模式与常见的分公司的主领导权归总公司还不一样，其独立性更强。

对应于扁平化的管理模式，合作式文化企业的多样化意义生产管理的特征可归纳为以下三点：

（一）突出个性的多样化意义生产

合作式文化企业，总公司与分公司或者各个文化工作室的关系是以“合作”机制为基础的，总公司对各个文化工作室的意义生产的设定没有强制性。合作式的模式便于激发拥有巨大文化资本的创意人员的自主创造性。各个文化工作室负责人的文化资本产生于其长期以来对意义的设定、构建、巩固与发展，具有明显的个性化特点，其与总公司设定的组织意义、产品意义的差异性是其“离心力”的根源，也是双方合作的基础。基于各个文化工作室意义设定的“差异性”或“个性化”，文化企业可以发展出多样化的意义生产。

（二）项目制的扁平化管理

总公司旗下的各个文化工作室，其主要运作机制是项目运营。文化工作室的扁平化层级组织结构决定了其项目管理模式以扁平化管理为主。工作室负责人，无论是明星还是经纪人，都是工作室的灵魂人物，其不仅要负责工作室内部的日常运营，而且要积极寻找、投资及运作与工作室文化意义设定

---

① 目前，韩国排在前三位的大娱乐公司为：SM娱乐公司、JYP娱乐公司、YG娱乐公司。

相契合的项目。不同于吉卜力工作室的灵魂人物与管理人员的分工制，在项目管理过程中，合作式文化企业工作室负责人要监控整个项目的运营过程，要对整个工作室的所有绩效负责。

（三）合资、合作的运营模式

文化工作室与总公司的“合作”关系表现在投融资的合作、人力物力调配上的合作、产品生产的前后期包装与行销的合作等。文化工作室与总公司的关系更类似于合作投资并开发了一个文化产业项目，由文化工作室负总责，总公司负责配合与监督。当然，如果合作项目失败，作为平等的合作方，总公司也没有替各个文化工作室买单的必要，彼此按照合同约定，自负盈亏。

第十章

文化企业的意义营销管理

意义营销管理是将文化产品或文化服务的意义推向市场的管理。作为倾向于经济效益的文化企业，其目标指向的是市场终端。如何运作市场终端有不同的方式，但作为意义管理的思路主要是——延伸意义。

第一节　营销管理：文化意义的“放大”与“延伸”

如果说文化生产管理是将意义赋予文化产品载体，并力求通过生产使其便于呈现，而意义营销管理则力求在行销过程中，放大与延伸产品的文化意义。文化意义的延伸，其实也就是营造文化产品的影响力、吸引消费者的注意力。具体的管理思路，总体上有三种：①放大；②衍生；③长尾。

一、文化营销的意义“放大”管理

文化产品是消费品，文化消费的过程其实也是文化信息传播的过程。文化产品在传播过程中具有“放大效应”，也有学者称之为“咖啡馆效应”，即在类似咖啡馆这样的非正式环境中，人们一边进行消费（或欣赏），一边进行交流，文化知识在这个过程中被传播与放大，并且很多时候，通过这种交流会激发人们对文化知识的创造性发挥，进而也彰显（放大）了文化产品所承载的文化意义。因此，也可以说，文化产品由于不断被不同的个体消费，并且被不断传播，文化产品所携带的意义一方面在扩大传播面，一方面也在这一过程中不断获得意义的增值。一千个读者就有一千个哈姆雷特说的就是这个问题。所谓“艺术对象创造出懂得艺术和具有审美能力的大众”①，相应地，懂得艺术和具有审美能力的大众会产生更大的文化消费需求。对应纯经济学的“生产—消费品流通—消费”的过程，文化消费链不是一种直线型链条，而是一种螺旋形上升的形式。通过文化的转移/转化效应、兼容效应、意义放大效应等，文化消费/传播呈现出一种“滚雪球”态势。

文化产品的营销管理其实就是在放大文化的传播意义，在“滚雪球”。如果文化产品的营销管理按部就班、悄无声息，在文化传播意义上，就不是在“放大”，而是在“缩小”文化产品的意义。文化产品营销的关键在于保证文化意义的有效放大，防止文化产品意义的无效流通。在操作层面上，所谓“放大”就是通过各种营销手段，促进受众的接受规模与接受程度。一般说来，某种商品为越多人知晓，了解越多的信息，人们越倾向于购买与消费。

以电影营销为例，为了“放大”意义的营销，现在的电影产品，一般都会将运营成本的1/3以上用于广告营销。比如2002年张艺谋执导的武侠片《英雄》②，为了放大影片的传播意义效应，在电影上映前，营销公司就运用了悬念营销策略，既放出各种小道消息，又严防死守保持电影的神秘感，不断辟谣，又不断扩大宣传信息的力度，直到影片上映前夕，突然利用名人效应，利用电影、电视、报纸、杂志、户外等全方位的整合营销，制造铺天盖地的广告效应，最后利用人民大会堂的影响力举行首映式，达到电影营销的高峰。最终《英雄》收获了2.5亿元的国内票房，是当年国产电影的票房冠

① 马克思恩格斯选集：第2卷［M］. 中共中央编译局，译. 北京：人民出版社，1995：10.

② 张艺谋2002年执导了古装武打电影《英雄》。该片投资3000万美元，全球斩获1.77亿美元票房。但《英雄》的成功某种意义上不具有可复制性。该片是中国影视机构与公检法机关联合打造的一个产业范例，此后少有如此“投入”的所谓国产“大片”。

军。① 可以说，21 世纪以来，《英雄》是我国第一部以市场化手段进行营销且极为成功的典范。

在当代社会，受众知晓度是所有营销活动的第一位追求，甚至有的商家不惜为此影响商家美誉度。比如某商家就曾经在 2008 年春节期间连放 1 分钟“牛牛牛、虎虎虎……”的 12 生肖点名式电视广告，让绝大部分观众难以忍受，但广告的放大流通意义的效果是达到了。这可以说是在商品营销传播过程中的“市场失灵”现象的典型代表。对此类现象的泛滥，单纯依靠市场难以解决问题，需要加强管理机构的意义监管力度。对商家而言，商家需要也应该意识到，即使“放大”管理，也要谨记有一个“度”的问题。

另外，“放大”营销中，扩大文化产品的文化意义效应固然重要，但文化产品本身不同于一般物质性产品，其本身就具有信息产品的特点（比如电影、电视剧、图书等），一旦把握不当，将文化产品的文化信息大部分泄露，就有可能影响产品未来的市场前景。还以电影《英雄》为例，为了防止电影内容提前泄露，该片的生产与营销部门分工合作，公映前夕，只制作一个电影拷贝，且分成三部分分别放在三个地方，由三拨不同人员管理，且相关人员都要签署保密文件。在首映（2002 年 12 月 14 日零点）时，为了防止观众“盗摄”，采取了查验身份证件、不得带包入场等超级严格的安检措施。《英雄》的反盗版是非常成功的，创造了国内电影首映后一周内无盗版的空前纪录。

需要指出的是，从绝对性上说，文化产品营销可以视作文化的一种传播形式，其文化营销的结果只能是使文化意义增值。作为抽象形态的文化一旦产生，其根本的存储载体是人类的记忆，无论什么样的物质载体都可以被消耗甚至消灭，而人类的记忆伴随人类的存在而始终存在。正是在这个意义上，我们说文化营销只应该使文化产品增值而不应该贬值。从相对性上说，不同消费者或不同时期的消费者，其所处的社会发展状态与文化语境不同，因而不同消费者或不同时期消费者对同一文化产品的消费会有所不同，也可能会有文化意义贬值的情况。在产业意义上，有些文化产品的某些文化意义的放

---

① 英雄［DB/OL］. 百度百科，2020-03-29.

大对激发消费者的购买欲有积极作用，有些文化产品的一些负面文化意义的放大对激发消费者的购买欲可能会有消极作用，所以，也可以说，那些激发购买欲的文化意义放大是增值，而那些减损消费者购买欲的负面文化意义放大其实是贬值。

总之，正是文化需求决定着文化生产，文化需求的放大化，也影响着文化产业的批量生产规模，决定着文化产品市场的发展潜力，决定着文化生产资源供给市场的规模，所以，多种与文化产品相关的市场都受着文化意义的放大（文化产品增值）的影响。消费需求多大，关键在于在文化营销过程中，文化意义放大（增值）的程度。

二、文化营销的意义“衍生”管理

文化营销也可以通过“衍生”管理来“延伸”文化产品所承载的意义。在广义上，衍生商品开发既是文化意义的“延伸”营销管理，也同样是一种意义的“放大”营销管理。衍生品开发具有使文化产品持续增值的作用。文化意义营销管理中，意义的延伸常常要通过各类衍生品来借力。

规模经济与范围经济是现代经济的主要经济形式。规模经济以单一产品的批量生产为显著特色，而范围经济则是利用“单一经营单位内的生产或销售过程来生产或销售多于一种产品而产生的经济”①。衍生生产某种意义上，又可以划归为范围经济。

就衍生生产而言，其本质上是一种创意经济的延续，是在一项产品开发成功后，对成功产品进行相关度很高的实物化或虚拟化的范围开发。创意产业链的动态衍生模式如图 10.1 所示。

衍生产品的开发，可以是实体产品开发，也可以是虚拟产品开发。文化产业领域里，值得衍生开发的领域非常之多，实体性的文化产品如服装、玩具、主题公园、纸质图书等；虚拟化的产品如电影、电视剧、动画片、音乐

---

① ［美］小艾尔雷德·D. 钱德勒. 企业规模经济与范围经济：工业资本主义的原动力［M］. 张逸人，等译. 北京：中国社会科学出版社，1999：19.

剧、游戏、软件服务等。在衍生链条中，生产开发固然重要，衍生产品的营销推广也同样重要。

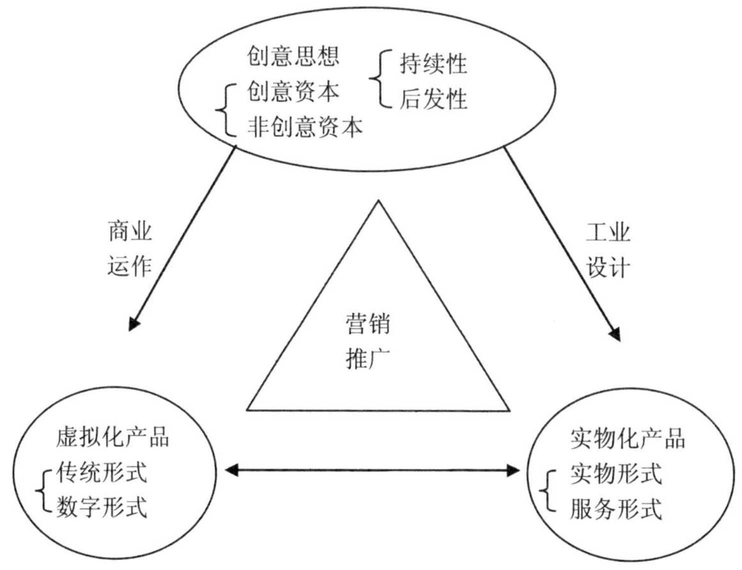

10.1　创意产业链的动态衍生模式图①

衍生营销是就原创产品营销的二次营销。所以，衍生产品的营销要借助第一次原创产品营销带来的市场接受氛围，乘胜而为，往往会事半功倍。一般而言，消费者对某种原创产品产生好感或习惯，往往会对与原创产品相关的其他产品也产生连带好感或使用的习惯感。例如迪士尼的爱好者，如果对迪士尼动画片感兴趣，连带会喜爱迪士尼动画手办、迪士尼服饰、迪士尼玩具，甚至喜欢游玩迪士尼乐园。迪士尼的产品具有鲜明的迪士尼动画的特征，也正源于此。大多数衍生开发都是在原创产品开发的同时进行衍生设计，以形成一个完善的产业链，围绕这个产业链，在营销原创商品的同时也进行衍生商品营销。比如日本的动漫产业，往往以漫画作为原创产品，在发行一定量的同时进行动画电视片、动画电影的改编，再同期设计衍生的服装、玩具

① 胥悦红. 创意产业链的动态衍生模式探析［J］. 改革与战略，2009，25（10）：120-123.

等。所以在日漫的营销宣传中，往往是衍生营销同步进行，甚至很多衍生品的创意设计会提前进行宣传预热。

当然，文化产品的衍生开发，和类似的关联品牌开发一样，也需要具有连带责任意识。因为一旦其中一项衍生产品出现问题，消费者往往会连带用怀疑的目光审视所有的衍生文化产品。要想减弱衍生产品间的连带关系，就需要加大衍生产品间的差异化。以迪士尼动画片与主题乐园之间的连带责任为例，迪士尼主题乐园游乐项目出现故障，人们很难连带想到其动画片有问题，因为产品之间的差异过大。文化创意产品的衍生开发的一个重要好处就在于其往往是基于创意形象而进行开发，产品性能之间联系较弱，彼此之间的互助性强，而互损性弱。

此外，无论怎样开发或营销文化产品，要想保证文化意义的衍生效应，必须始终保证受众有一定的接受规模或接受程度。如果受众不喜爱该文化产品，其衍生化便往往流于无效的意义流通。比如电影《无极》（2005），由于某“恶搞”视频导致该电影的负面文化意义超过正面文化意义，这种无效的意义流通也导致该片的票房惨败。在该片公映之初，《无极》制片方就设计好的系列衍生产品开发，比如改编小说出版、制作同名游戏、制作同名歌舞剧、生产动漫产品及衍生玩具等，都付之东流，没有起到什么产业增值的作用。

三、文化营销的意义“长尾”管理

互联网的发展为一切产业的发展提供了营销契机。无论是基于互联网的商家之间交易的 B2B（Business-to-Business）模式，还是基于互联网商家与顾客之间交易的 B2C（Business-to-Customer）模式，或者基于互联网个体之间交易的 C2C（Consumer-to-Consumer）模式，或者是基于互联网二维码付费的联系线下商务与线上交易的 O2O（Online-to-Offline）模式，甚至是时下正在开始的基于互联网的商品到顾客的企业直销 P2C（Production-to-Consumer）模式，都是在基于互联网连接商品营销中的每一个环节，连接每一个消费者于线上。正是基于这种认识，中国政府提出了“互联网+”的经济发展理念，其实这也可以视作一种营销理念。互联网某种意义上，提供了延伸商品意义的“长尾”。

在传统的行销理念中，对商家来说，少部分的客户购买了绝大部分的商品，而大部分顾客只购买了很少部分的商品，所以传统的营销商一直非常看中大客户，对散户常常粗放管理。例如，中国知网的重复率检索查询，只针对单位客户，对个人散户不予接受。这种现象又常称作“头部效应”。对文化产业而言，例如电影市场，票房高的电影往往就那几部，按照二八规律，十部电影也就常常一两部赚钱，整个市场的“爆款”寥寥可数，往往是票房前几位的电影卷走全部票房的绝大部分①。随着互联网的出现，一切都发生了变化。数字化、网络化，突破了储存、销售的空间局限，商品因为可以通过网络在线销售，实体店的成本被抵消，网络销售产品的周期被无限延长。“个人电脑把每一个人都变成了生产者或出版者，但把每一个人都变成传播者的是互联网”②，正是互联网给予每一种商品足够长的销售时间，以致在相当长的时间内，任何以往的滞销品都可能找到买家，从而为商家带来可能超出畅销品的销售效益。随之出现了一个类似“长尾”的现象，即产品因可以无限销售，从而积累起巨大的销售数据，甚至超过“头部”效应。慢销、滞销产品通过无限期的延长销售周期创造出来的销售数量增长的理论就是长尾理论。“头部效应”意味着批量化的大规模生产与销售，而“长尾效应”意味着零散、差异、多样的小规模生产与销售。在意义的视角下，“长尾”意味着文化产品的意义获得了“延伸”与“放大”。

美国《连线》杂志主编克里斯·安德森在对亚马逊的网络销售研究中发现，其书籍销量有1/4是靠非畅销书（排名在10万名之后的书）贡献的，同时也发现Google的收益主要来自小广告商（广告的长尾），eBay、Netflix等莫不是做长尾。“一个极大的极大的数（长尾中的产品）乘以一个相对较小的数

---

① 例如，2018年国内电影暑期档有128部影片上映，但仅11部高票房电影就包揽了八成票房。

② ［美］克里斯·安德森．长尾理论［M］．乔江涛，石晓燕，译．北京：中信出版社，2012：49.

（每一种长尾产品的销量），仍然等于一个极大极大的数。”① 虽然商品的长尾效应，不仅仅局限在可借助网络销售的商品，但只有网络销售才托起了许多慢销、滞销乃至长销产品的市场。同时，长尾销售也不是万能的，相对于头部销售来说，“长尾”只是头部销售的必要补充。有许多失败的“长尾”案例，甚至“长尾”能超过“头部”的销售数据也一直被质疑。只有宽泛地理解“长尾”，将“长尾”理解成基于一种滞销商品的延伸与衍生，“长尾理论”的意义才能较为准确地显现。

对文化产品的营销来说，“长尾理论”有极大的实用价值。首先文化产品的复制成本相对物质产品极其低，文化产品更容易被转化成数字产品，更易于网络存储与网络销售。文化的本质在于其意义，意义具有永久存在的价值，任何文化意义一旦产生就不会被轻易消灭，文化产品作为文化意义的载体也具有同样的生命持久力，因而也具有无限销售的时间周期。另外，文化产业以“版权”衍生作为资源经济化的基础，更适合通过衍生来促成长尾效应。以美国电影产业为例，其电影票房占其电影产业效益的30%，70%的产业效益来源于电影的版权授权、主题公园运营等衍生品开发，这些衍生产品不是一蹴而就地开发出来的，而是在较长的时间里逐渐地释放出去的产业的增值价值。正是在这个层面上，我们说“长尾”比“头部”的意义更为重大。

在“热门”中心主义的大环境下，“冷门”也自有其存在价值。尤其是在“后福特”时代，产品的私人化、个性化、定制化、体验化显得更为重要，“冷门”作为“热门”的尾巴，也可以有规模效益与范围效益。滞销品的由少积多、衍生的品种量增加都可以达到“头部”的规模与范围。“长尾”产品并非垃圾产品，更多的是缺乏传播普及特征的产品，许多学术书籍、老电影、艺术品等，都需要时间来考验其存在价值与文化意义，也正因为经历了时间的考验，越长久其销售的潜力越巨大。

---

① ［美］克里斯·安德森. 长尾理论［M］. 乔江涛，石晓燕，译. 北京：中信出版社，2012：13.

第二节　迪士尼的意义营销管理

如果从 1923 年成立的欢笑卡通公司算起，迪士尼已有近百年的历史。在漫长的历史时间里，迪士尼公司一直堪称商业经营的成功范例，尤其是 1996 年 2 月和美国广播公司（ABC）合并为迪士尼-ABC 集团公司后，已成为一个集广播、电视、报刊、音乐作品、出版、影视动画节目制作、名牌产品等于一身的，世界上规模最大的、经营范围最广的综合性文化娱乐和媒体公司之一，并且至今保持着这种先发状态。总结迪士尼的历史，不难发现一个事实，迪士尼长久以来坚持做的就是将公司打造成一个文化意义体，使其成为文化意义的象征。基于这样的文化意义体，其营销管理也可以称之为“意义营销管理”。

一、迪士尼的意义体构建

某种意义上，迪士尼的创始人沃尔特·迪士尼不算是一个典型的商人——不符合大众所认知的唯利是图的样子，正相反，沃尔特的骨子里有种厌弃金钱的潜质，充满了文化理想，并有个性化的意义追求。沃尔特喜欢漫画、动画，有创造一个梦幻世界的想法，自己也一直从事跟这个来自幼年时期的兴趣相关的工作。在成立迪士尼公司后，沃尔特就在自己的办公室铭刻下自己的座右铭——梦想、信念、勇气、行动。① 在他看来，梦想是一切可能性的源头，行动是梦想转化为现实的关键，信念和勇气是将梦想转化为行动的动力。他用这个座右铭激励自己坚定打造梦幻世界的勇气，也同样用这个座右铭鼓舞整个迪士尼公司的团队。在没有企业文化概念的时代，这个座右铭既是沃尔特的意义追求，也是迪士尼公司的组织意义。

也许从迪士尼公司为图书馆制作动画教育节目开始，沃尔特·迪士尼就

① 蒋继春. 迪斯尼帝国［M］. 北京：中国戏剧出版社，2001：140.

有了自己制作动画片的意义指向，能服务于大众、起到教育作用、有利于社会意义的建构。沃尔特主持下的迪士尼公司制作的影片从没有色情、暴力成分，他的公司一直坚持健康、温馨、幽默的主题与风格。在沃尔特的梦想中，他旗下公司的影片应该是周末一家人团聚时观看的影片，应该为促进家庭温馨、幸福的氛围起到作用。只要不限于经济困境，沃尔特一直缺乏对金钱的热情，甚至有点讨厌金钱。他讨厌为赚钱去打广告，讨厌唯利是图，对于他同情的濒临破产的玩具商人，他免费将米老鼠形象供其玩具贴牌使用，从而创造了一个产业奇迹。① 正如沃尔特说过的："我讨厌只是为了赚钱而去做事，当然你不能说我不重视金钱，我对金钱只有一个看法，不要把它堆到那里，而要用它去办些有益的事……"② 他一生都是这样做的。当然，为了梦想迪士尼公司也屡屡陷入濒临破产的危境。例如在美国经济萧条的20世纪30年代，沃尔特为了拍出世界上第一部彩色长片动画电影《白雪公主》，投资200万美元，其中贷款150万美元——已经超出迪士尼既往的偿还能力，花费了全体员工两年多时间才终于完成影片制作。很多人认为这部片子一定会使迪士尼破产，称之为"迪士尼蠢事"。但在沃尔特的坚持下，迪士尼挺过来了，《白雪公主》不仅为迪士尼公司赚了800万美元，还为迪士尼赢得了七项奥斯卡奖项。

迪士尼公司的意义建构不仅于此，沃尔特领导的迪士尼一直努力参与到国家文化的建构之中。在二战期间，迪士尼公司为响应国家需要，为政府部门拍摄了数十部宣传动画片。比如《死亡的教育》《理智与情感》《胜利》等，起到了揭露批判纳粹、鼓舞美国人士气的作用，而且通过唐老鸭形象传达了积极纳税能"打败世界上的坏蛋，维护自由和和平"的意义内涵，极大地鼓舞了美国人纳税捐款的积极性。③ 同期，迪士尼还接受了美国政府的委

① 例如，原先制造玩具电动火车的莱恩公司，本已面临破产，但自从改卖了米老鼠发条火车后，4个月内销售了253000部，因此得救。

② 李怀亮，刘悦笛. 文化巨无霸——当代美国文化产业研究［M］. 广州：广东人民出版社，2005：212.

③ 祝普文. 世界动画史［M］. 北京：中国摄影出版社，2003：136-137.

托，沃尔特携带《小飞象》等动画影片赴南美进行文化宣传，至此，迪士尼顺利完成了与美国文化的融合，成为美国文化的象征、美国意义的象征。米老鼠、唐老鸭等形象俨然成了美国文化、美国价值观的载体，这些形象既融合了迪士尼的梦想，也结合了美国政府与社会的理想，完美地将迪士尼从一家小型的实体公司打造成一种意义的象征体。

沃尔特之后的继任者，无论是迪士尼家族的罗伊·迪士尼、米勒等人，还是非迪尼斯家族的职业经理人艾斯纳、艾格等人，无一不延续着沃尔特·迪士尼打造的意义体系，维护着迪士尼所象征的意义。

二、迪士尼的意义营销管理

（一）迪士尼营销管理对意义的“放大”

着眼于自身的意义设定，对应文化产品与服务的意义与组织的意义，迪士尼的营销同样谋求凸显文化的意义与人的意义。做好产品是关键，只有富有丰富性与针对性内涵的文化产品，才能打动人、影响人，从而被积极地传播，实现意义的放大。迪士尼的发展立足于卡通动漫形象设计，专心致力于卡通动漫的情趣、可爱等特征的打造，赋予卡通动漫以各种富有时代气息的内涵，这是迪士尼在市场竞争中制胜的重要原因。以米老鼠为例，它凝集了迪士尼公司第一代设计师们的心血，是欢笑卡通公司多年文化积淀的一次爆发。米老鼠诞生的年代，是一个比较特殊的时期。20 世纪“20 年代后期的美国，发生了很大的变化，美国人越来越认识到美国是世界的中心，即使对此稍有怀疑的人，看看当时的报纸、杂志，到处都是这样的宣传，也会很快打消了疑虑”①。正处在上升期、要确认自己成为世界主流国家的美国，需要一种勇敢的奋斗精神与正义的话语权力。困境中的沃尔特意识到了这一点，通过《疯狂的飞机》《蒸汽船威利号》等为米老鼠量身打造的故事情节，赋予了米老鼠勇敢、聪明、冒险、幽默、正义等美国社会大众需要与认同的价值

① 祝普文. 世界动画史［M］. 北京：中国摄影出版社，2003：93.

意义。正因为米老鼠的形象与内涵契合大众的需求，米老鼠诞生三年左右，经过不断的意义放大式传播，美国的“米老鼠俱乐部”会员就已达 100 万，成为当时美国大众最喜爱的卡通形象。而在 20 世纪 80 年代艾斯纳接手管理迪士尼后，在他的力主下，他把当代年轻人的“乐活”内涵融入米老鼠形象之中。在新版的《米老鼠俱乐部》中，与以前只会吱吱叫的前任不同，艾斯纳要求以电子合成乐器伴奏的快节奏歌曲、疯狂的舞蹈和性感的少女构成新卡通的主要特色。在广告宣传上，该新版也以青春时尚劲歌热舞的“乐活”特点来吸引年轻人。结果，新版米老鼠节目相对于旧版，增加了 20%的观众。

相比对意义产品的打造，迪士尼的文化服务也同样着眼于对消费者个体作为人的意义认识上。长期以来，迪士尼一直致力于打造一种适合于全家人观看并能营造温馨、健康、亲近家庭氛围的影视作品。这种服务意义追求，也给迪士尼乐园的服务活动带来积极的影响。迪士尼乐园工作人员有一项重要的工作就是研究人——乐园的游客。他们会把参观迪士尼乐园的游人按年龄、个性细分为许多类别，观察与研究不同类别顾客的个性，针对这些信息设置不同的温馨化服务内容。例如，乐园偶尔会赠送给游人相关的宣传录像带，但录像内容是针对不同类别的游人有区别地进行拍摄的，乐园员工能够非常准确地把不同内容的录像带馈赠给个性与需求不同的人。① 在这一过程中，目标受众能感受到行销者对消费者细致的关心，也易于接受迪士尼有意安排的意义“放大”环节。迪士尼乐园服务，貌似是仅供小孩子玩耍的游乐服务，但在其充满意义的文化服务提供中，小孩子的家庭成员——尤其是父母无时无刻不参与其中，一家人的温馨、亲近氛围中，父母作为监护人始终关心与敏感的是文化服务所蕴藏的意识、观念等内涵是否健康，格调是否高雅，是否有利于向父母期望的意义方向成长。只有在确认了乐园服务有积极、健康的意义时，家长们才会放心地让孩子们去玩耍，也会积极地通过口碑传播迪士尼乐园的文化服务，对其进行意义“放大”。笔者曾经在《意义的生产

---

① 中央财经大学文化与传媒学院. 文化与传播论坛［M］. 北京：中国财政经济出版社，2005：486.

与消费》一书中谈及迪士尼的5P理论。正是基于这种实践与思考，迪士尼娱乐公司结合自己多年营销经验，把传统的4P营销理念①多加了一个People，变成充满人的意义的5P理论。②

（二）迪士尼营销管理对意义的“延伸”

当下的迪士尼与沃尔特时代的迪士尼有巨大变化。沃尔特时代，迪士尼以动画电影的创作生产为主业，即使沃尔特晚年努力发展电影业务的电视化、迪士尼乐园的电影形象实体化，但后者对前者的意义延伸作用有限。总体上，沃尔特时代的迪士尼只能称之为原创电影的生产商。当下迪士尼的业务主业相比沃尔特的意义原创主业，更注重对意义的“延伸”。只要有一件原创产品被创造出来，迪士尼绝不会将其视为一件单一的产品，而将其看作一种将永久存在的文化意义，基于这种意义资源，可以无限地去延伸其意义。正如有的研究者所说：“迪士尼从不把它创作出的动画形象看成一次性消费品，而是当成一个可长久消费的金矿去深度挖掘。”③

这种意义的延伸主要通过“衍生”与“长尾”两种形式。所谓“衍生”就是打造意义延伸的意义链、价值链、产业链。当一个新的卡通形象诞生，一部新的动漫电影上映，迪士尼会将其意义内涵无限放大，谋划增值环节，进行全产业链的开发。比如，将新的卡通形象或动漫电影情节搬进迪士尼主题乐园或旅游度假村，还可以构建情趣体验馆，增加门票售卖收入；制作各类与该卡通形象或该动漫电影相关的手办或毛绒玩具，在游乐园或迪士尼专卖店进行售卖；出版发行相关该卡通形象或该动漫电影的图书、影碟……在自行开发产业环节完成后，最大的也是最重要的一块，将该卡通形象或相关动漫电影内容进行品牌授权与特许经营，放之市场，让各类生产商继续打造

---

① 在市场营销组合观念中，4P是指产品（Product）、价格（Price）、渠道（Place）、促销（Promotion）。

② 秦勇. 意义的生产与消费——文化经济学新论［M］. 北京：首都师范大学出版社，2017：9.

③ 袁学伦. 迪斯尼财富生产链：循环的轮次收入模式［J］. 经理人（深圳），2013（1）：44-47.

相关的衍生品与售卖相关产品，迪士尼不仅能从中收取授权费，而且可以根据特许经营商家的营业收入收取提成。当下的迪士尼在全球已拥有3000多家授权商及十余万种与卡通形象相关的产品，① 已是全球最大的品牌授权商与特许经营授权商，2018年其全球授权年销售额就达547亿美元。② 将迪士尼产品放之市场继续衍生开发，迪士尼并非不再做任何后续工作，它会继续充当该卡通形象或该动漫电影的文化源头，不断通过策划、宣传、借势来充实该产品的文化意义。当然，作为回报，迪士尼有权定期监督、检查各个被授权商家的开发与经营状况，以保证迪士尼产品的意义形象不受影响。

迪士尼营销管理的“长尾”延伸，一方面体现在迪士尼将其产品做成文化意义体，将其融入文化历史长河之中，使其与人类文化一起永恒存在；另一方面，随着迪士尼媒体网络业务近年来的飞速发展，迪士尼逐渐将电影、电视等传统媒体的原创节目阵地向网络媒体转移，同时普遍地将原创产品与网络媒体进行互动结合，制造出延伸意义的“长尾”效应；再有一点，迪士尼营销管理的“长尾”效应还体现在它将其产品与孩子们的文化教育相结合，侧重于文化意义的升华，让家长们意识到了解、学习与体验迪士尼文化对孩子们的成长有积极的意义。例如，迪士尼每部动漫电影都精妙绝伦，堪称文化精品，而且每部动漫电影都会阐发浅显又健康的价值观念，配以清晰、好听的发音，直接就可以作为儿童英语的学习材料。历史悠久的迪士尼英语教育正是迪士尼这种意义“长尾”的体现。

三、迪士尼意义营销管理对我国文化产业的启示

迪士尼的文化意义无疑对我国大众影响深远，某种意义上，中国人是从了解迪士尼文化来理解美国文化的。将产品做成一个国家的文化意义象征，这本身就是巨大的成功。但这种成功不是一蹴而就的，首先要归功于迪士尼

---

① 袁学伦. 迪斯尼财富生产链：循环的轮次收入模式［J］. 经理人（深圳），2013（1）：44-47.

② 国际授权业协会. 权威榜单！2019年全球150强授权商排行榜出炉［EB/OL］. 国际授权业协会官网，2019-08-12.

在近百年的产业发展过程中，一直兢兢业业打造文化精品，一直坚持健康、温馨化的意义指向，一直努力将自己的文化产品所蕴含的意义内涵融合进社会文化与国家文化之中。这是迪士尼成功的大前提，这也是对我国文化产业的最重要的启示。我国文化产业从业者应该意识到，文化产品不是快速消费品，只有融入文化文脉之中，富有生机勃勃的意义内涵，契合时代的意义取向，才会有持久的生命价值，也才可能成为此后的意义营销管理的基础与源泉。近年来，我国国产电影不断谋求融合商业电影、主旋律电影与艺术电影，打造“新主流”电影的意义取向，努力表达社会与国家意识，不仅没有影响到票房，而且不断创造国产票房的“爆款”。这一事实某种程度上证明了，生产文化产品要注重文化意义取向的重要性，这是能将文化产品融入社会意义长河中的关键一步。

文化产业链完善与否是一家文化企业是否成熟甚至成功的标志。迪士尼的成功离不开产业链的完善，其衍生产品创造的产业价值已经远远超出其原创影视节目的产业价值。当然，这是一种意义的延伸产业，而不是单纯的营销产业，连接产业链条的“魂”是迪士尼文化产品不断放大、持存的意义。我国文化产业发展到今天，仍旧在文化产业链打造上有所欠缺，初期表现为文化生产商缺乏产业链意识，只会营销产品，而不知道衍生开发的重要性，当下则表现为抓不住机会，缺乏完善的产业链前期布局。比如，国内近年来有很多“爆款”电影，轰动效应转瞬即逝，但后续的衍生开发几乎没有。一旦没有对文化产品意义进行持续地放大，该“爆款”电影所激荡起的文化意义感也会很快消失殆尽。文化产品是意义之源，可以不断开发。不要将文化产品视为物质载体，应该将其看成是文化意义自身，生产商要考虑的是如何将这种文化意义之“火”持续引燃。迪士尼将文化产品视为宝藏的意识，值得我国文化产业从业者深入地学习。

所谓“长尾”理论，虽然来自互联网产业的发展，但文化产品“长尾”营销绝不仅仅止于互联网。任何可以促进文化意义持存，促进文化产品“持售”的方法与路径，都是“长尾”管理。“长尾”首先要保证意义持存的时间长。迪士尼近百年来坚持自己温馨、健康、供一家人观看的文化意义理想，其文化产品也随其坚定的意义指向而获得持存。直到今天，我们观看迪士尼公司在20世纪二三十年代制作的动画片时仍旧会有所触动，我们仍能购买到其早期的动画产品。这近百年的“持售”，不可谓不长！其次，制造“长尾”，要尽量与先进的通讯方式结合。5G网络、社交App、AI智慧系统等，任何被大众热衷、被社会认可的交流方式，都可以成为“长尾”营销的新平台。迪士尼大力发展媒体网络、媒体互动业务，正是看中了这一点。中国5G技术已经领先世界、各类社交App已经能够“走出去”，AI智慧系统正在被积极打造……这些都为文化产品的意义营销管理创造了新的契机。最后，营造“长尾”不能忽视“头部”。“头部”文化产品能产生轰动效应，是打造文化产业全产业链的动力之源，但随着大众消费偏好的转变，“头部”产品也会转为“尾部”产品，畅销品也会成为滞销品。文化的魅力在于其有持久性，就是说在未来的某个时刻，优秀的文化仍旧会再次焕发活力。基于意义管理的“长尾”营销管理，应将过季的“头部”产品视为未来的潜力产品，坚持对其意义的营造与深挖，谋求长久时间所带来的“长尾”效应。

附　录

人性假设剖析

理解文化管理，首先要理解管理，而要理解管理首先需要理解管理学学科成立的前提假设，即人性假设。所谓人性假设，就是管理者在实施某种管理措施前，对被管理者心理需求、人格动机等内容的基本判定，依据这种判定才能确定什么东西对组织成员有意义，才能有针对性地予以组织、领导等。应该说“管理”理念诞生以来，相关的实践或研究都是以一定的人性假设作为管理运作的前提，有什么样的人性假设存在，就有什么样的管理学存在。

如果追溯人类的本性，可追溯到人类文化之初。比较著名的观点，比如，中国春秋战国时期诸子百家提出的各种人性观，孟子的“人之初，性本善”①，荀子的“人之初，性本恶”②，或者是告子提出的“人之初，性本无”③，等等，都是一派学说确立的前提假设。但支撑管理学学科确立的人性假设与之不同，更着重考虑被管理者积极参与生产劳动的内心动机。虽然，不同学者提出过林林总总不同的人性假设，但总体说来，比较有影响的主要有以下几种人性假设：

---

① 孟子原句为：“人性之善也，犹水之就下也”（《孟子·告子章句上》）。

② 荀子原句为：“人之性恶，其善者，伪也”（《荀子·性恶》）。

③ 告子原句为：“人性之无分于善不善也，犹水之无分于东西也”（《孟子·告子章句上》）。

第一种："经济人"假设

这是最有影响的一种经济学或管理学学科确立的前提假设，即认为人是一种经济利益至上的动物，一切的行动都着眼于物质利益的攫取，人们从事生产劳动的出发点就是为了获得经济报酬。这种观念往往被追溯到亚当·斯密的经济学发轫之作《国富论》，在该书中有这样一种表述："每天所需要的食物和饮料，不是出自屠户、酿酒家或烙面师的恩惠，而是出于他们自利的打算。我们不说唤起他们利他心的话，而说唤起他们利己心的话，不说自己需要，而说对他们有利。"① 同时，亚当·斯密提出了利己的利益追求这只"看不见的手"的社会作用的观点，认为他受着一只看不见的手的指导，去尽力达到一个并非他本意想要达到的目的。他追求自己的利益，往往使他能比在真正出于本意的情况下更有效地促进社会的利益"②。

亚当·斯密的所谓的"经济人"（但并没有明确用"经济人"这一名词，而是用了"自利"的人的说法）的思考，主要基于自己论述社会分工与市场经济推动力的考量，而非普遍性地论述人性。离开分工与市场，这一"自利"的人性并不适用。这一思想的源头，可以追溯到古希腊学者对"享乐主义"的追求，但亚当·斯密对其使用是审慎的。在《道德情操论》中，亚当·斯密显然否定了"自利"经济人的普适性，相反，取而代之具有普适性的是利他之心，即"无论人们认为某人怎样自私，这个人的天赋中总是明显地存在着这样一些本性，这些本性使他关心别人的命运，把别人的幸福看成自己的事情……"③。所以，亚当·斯密之后的经济学理论研究发展中，虽然约翰·穆勒总结了"经济人假设"，帕累托将"经济人"引入经济学，但"经济人"

---

① ［英］亚当·斯密. 国民财富的性质和原因的研究：上卷［M］. 郭大力，王亚南，译. 北京：商务印书馆 1974：14.

② ［英］亚当·斯密. 国民财富的性质和原因的研究：上卷［M］. 郭大力，王亚南，译. 北京：商务印书馆 1974：27.

③ ［英］亚当·斯密. 道德情操论［M］. 蒋自强，钦北愚，朱钟棣，译. 北京：商务印书馆，1997：1.

假设的内涵并不十分明确，总是在“利己”与“利他”之间摇摆。比如，新古典经济学一般将“经济人”归结为纯粹的利己主义利益最大化，没有任何利他性，而新制度经济学则将“经济人”归结为具有“利己”与“利他”的双重动机的人，“经济人”是不仅仅具有经济需求，更具有其他社会需求的人。总体上讲，“经济人”的最本质内涵还是指其的经济利益驱动而言。

将“经济人”引入管理实践的最早实践者，是被尊为“科学管理之父”的美国职业经理人弗雷德里克·温斯洛·泰勒，泰勒在他的《科学管理原理》一书中诠释了基于“经济人”的“泰勒制”管理理念。他认为管理的主要目标是“财富的最大化”，他进一步解释这个财富的最大化，具体地说就是不仅雇主的财富最大化，而且每一个雇员的财富也最大化，“科学管理的基础正是在于坚信雇主和雇员两者的真正利益是相同的也是一致的”①。为此，泰勒注重物质利益刺激对激发工人工作积极性的重要作用。

相对于泰勒管理实践的简单总结，美国管理学家道格拉斯·麦格雷戈则明确而全面地将基于“经济人”的管理思路总结为“X 理论”。他认为：“在每个管理决策和管理行为的背后，都有一种人性与人性行为的假设。其中一些假设堪称深入人心。但在大部分关于组织的论著中，以及近期关于管理政策及实践的讨论中，这些假设却颇为隐讳。”② 而麦格雷戈却敢于冒天下之大不韪指出传统管理学的假设前提为：

(1) 一般人都对工作有与生俱来的厌恶，因此只要有可能，便会逃避工作。

(2) 由于人们具有厌恶工作的本性，因此必须对他们进行强制、控制、监督，以及予以惩罚的威胁，才能促使他们努力向组织目标奋进。

---

① ［美］弗雷德里克·温斯洛·泰勒. 科学管理原理［M］. 朱碧云，译. 北京：北京大学出版社，2013：4.

② ［美］道格拉斯·麦格雷戈. 企业的人性面［M］. 韩卉，译. 杭州：浙江人民出版社，2017：55.

（3）一般人都愿意接受监督，希望逃避责任，胸无大志，安于现状。①

从麦格雷戈对“X理论”，其实就是管理学所假设的“经济人”的总结，可以看出，传统的管理学对人的管理是基于对人的负面人性的认识而进行的，因而基于这种假设，相应的管理手段无疑是各类奖惩机制。例如，激励员工努力工作的各种福利。大多数福利项目，比如，加班费、保险费、休假、股票认购权利、分红等都是在下班之后才能满足员工需要的，正是有了这些福利，员工才会甘愿忍受天性厌恶的工作。又比如，通过薪酬差异来激励员工的工作热情。大多数员工都会努力争取更高的收入，即使很小的收入差距也会引起员工的工作竞争，原因不仅在于金钱在消费社会越来越重要的价值，更在于收入差距决定着员工们在工厂或社会中的地位差距。按照“经济人”理论而言，必须以工作之外的因素才能刺激员工在工作中的热情与效率。当然，这种基于“经济人”假设的管理思路，不仅因过于负面性而为大多数人难以接受，而且也过于武断，没有细化人们的各类内在需求基础上的人性问题，越发异化了人与工作的关系。

第二种：“社会人”假设

“经济人”对人性中“利他”一面的忽视，对人的社会属性的漠视，尽管引来诸多质疑与不满，但鉴于经济与管理问题与“利益”问题的密切实践关系，至少在实证层面很难提出替代性的人性假设。直到1924年，梅奥教授受邀主持一项针对美国芝加哥西部电气公司所属的霍桑工厂的生产效率的研究。

事实上，进行这项研究的初衷是请梅奥教授研究一下生产效率与工厂照明的关系。但在进行研究中，梅奥发现工厂照明与工厂生产效率的提高并无

① ［美］道格拉斯·麦格雷戈. 企业的人性面［M］. 韩卉，译. 杭州：浙江人民出版社，2017：54.

直接关系。接下来，实验目标又转向了工人福利与生产效率的关系。霍桑工厂的工人薪酬与福利待遇在美国都是比较高的。梅奥发现无论怎样提高薪酬或改善工人福利，都无法进一步提高生产效率。在实验中，梅奥发现非物质性因素，例如，参与实验的工人的荣誉感等，能提升工人的工作热情与工作效率。鉴于此，梅奥在霍桑工厂开展了访谈实验与群体实验。在访谈实验中，通过没有压力的自由交流，工人们能释放压力与解决误会，促进了一个工作团体的和谐关系，极大地提高了生产效率。梅奥由此得出结论“访谈是对管理方有重大客观价值的情报的来源”①。在群体实验中，原计划实验计件工资对工人生产效率提高的作用，但却意外发现在工人内部的小群体中会形成“内部管理”，即工人的小群体为了避免生产效率提高过快，致使生产效率低下的工人被淘汰，而迫使工人们维持中等水平的生产效率。

通过访谈实验与群体实验，梅奥发现在基本的物质需求获得保障之后，物质刺激对提高员工的工作热情、工作效率的作用，相对显得次要，而许多非物质性的因素，例如与周围人的人际关系等，对促进生产效率的提高作用更为明显。由此，梅奥认为，作为管理学基础的“经济人”的人性假设，完全把人性等同于经济需求，已经不符合今天的管理实际，需要全面地理解人性，即人是“利己”与“利他”的统一体，人性中体现为“利他”的社会性一面随着工业社会的发展显出越来越重要的价值。基于此，相应的管理措施应该注重对员工的“社会人”一面的考量。作为企业管理者要关心企业员工的心理需求，要注重“访谈”等沟通手段，要建设企业文化、培养员工的企业荣誉感，要注重研究员工中存在的“非正式组织”，注意避免负面情绪泛滥，要培养团队精神。在1945年梅奥教授出版的《工业文明的社会问题》一书中，梅奥再次提出，现代工业企业中一直存在三项任务：①将科学或技术应用到物质产品上；②系统安排工序；③组织团队，实现持久合作。前两项任务一直在进行中发展，而第三项任务“组织团队”一直在被忽视。工业发

① ［美］乔治·埃尔顿·梅奥. 工业文明的社会问题［M］. 张爱民，唐晓华，译. 北京：北京理工大学出版社，2013：101.

展中如果忽视人际（社会）问题，会阻碍经济的进一步发展。①

总结一下，霍桑实验所引发的“社会人”假设核心，即使认为企业员工不是唯利是从的纯经济动物，而是作为社会群体所属的社会成员之一，人的社会需求（爱、归属、尊重等需求）、人际关系比经济报酬与福利待遇更能激励员工作为社会人的工作热情与提升工作效率。相应地，针对“社会人”的管理理念与管理方法，我们更应该全方位地考虑“社会人”需求。例如，开展各式的员工交流与沟通活动，开展各种凝聚团队精神的比赛或娱乐等。无论如何进行管理，其目标是一致的，即促进员工健康而愉快的工作心理，凝聚员工的企业归属感与荣誉感，建设员工们和谐的人际情感状态等。

第三种："自我实现人"假设

“经济人”理论引发的一个思考是工作的员工大多是被动的劳动者，其厌恶工作和这种工作成果与自己无关的“异化”感不无关系；“社会人”理论虽然承认要照顾员工的“爱”、“归属”感、尊重等作为社会人的情感因素与人际关系，但总体上还是在延续“经济人”的思考，只是“柔和”了管理方法。麦格雷戈看到，“从变革趋势看来，管理方式正在远离‘刚性’，趋向‘柔性’，但每次变革都是如此短命，而且总能找到失败的理由。很明显，最初伴随‘人际关系法’出现的战略论述实在天真，与早期‘进步教育法’的论述颇为相似。我们现在才明白，简单地取消控制并不能解决问题——退让不是代替独裁管理的有效方式。员工需要的满足与生产力的提高之间没有直接联系”②。要改变现状，最有效的思路就是转化员工劳动的“异化”感、“被动”感，变为“同化”感、“主动”感。如何进行这种转化？按照管理学家德鲁克的说法就是，要让员工们认识到工作的重要对实现自我价值的意义。

---

① ［美］乔治·埃尔顿·梅奥. 工业文明的社会问题［M］. 张爱民，唐晓华，译. 北京：北京理工大学出版社，2013：101-102.

② ［美］道格拉斯·麦格雷戈. 企业的人性面［M］. 韩卉，译. 杭州：浙江人民出版社，2017：68.

然而德鲁克虽然认识到这一点，但却并不知道为何要如此。

人本主义心理学家马斯洛在其出版的《动机与人格》中回答了这个问题。① 马斯洛在书中提出了五种基本的需求理论，并且把人们的需求按照由低级到高级的顺序进行了层次划分。马斯洛认为人的第一、二层次需求是人尚未完全脱离动物性的需求，即“生理需求”与“安全需求”。联系管理学的人性假设，可以说“经济人”假设基本上站在对人们的这种初级需求的认识之上。人们的第三、四层次的需求是“归属和爱的需求”与“尊重需求”。联系管理学的人性假设，可以说“社会人”假设基本上站在对人们的这种情感需求与人际关系需求的认识之上。在此之上，马斯洛认为人类还有一个更高层次的精神需求，按照他的说法就是：“即使所有这些需求都得到了满足，我们可以经常（假如并非总是）预料新的不满足和不安又将迅速地发展起来，除非个人正在独特地干着他所适合干的事情。一位作曲家必须作曲，一位画家必须绘画，一位诗人必须写作，否则他始终都无法安静。一个人能够成为什么，他就必须成为什么，他必忠实于他自己的本性。这一需要我们就可以称为自我实现（self-actualization）的需要。”② “自我实现”③ 是马斯洛人本主义心理学所认识到人类行为的最终趋向，即做能实现自我价值的事情，才会让人们能不知疲倦地努力工作。无论是基于人们基本的物质需求的“经济人”假设，还是基于人们的人际情感需求的“社会人”假设，对人们的需求发展而言，都具有暂时性，不能真正地解决人们工作的“被动”感、“异化”感问题。要真正实现工作的主动性，只有让工作成为事业，让工作成为自我实现的一部分，才能真正地焕发人们的工作活力，发挥才能与智慧的潜能。

---

① 沙因认为著名的霍桑试验也提出并回答了这个问题，但笔者以为霍桑试验的回答不够学理化，所以更愿意推崇马斯洛的回答。参见［美］埃德加·沙因. 沙因组织心理学［M］. 马红宇，王斌，译. 北京：中国人民大学出版社，2009：71-74.

② ［美］亚伯拉罕·马斯洛. 动机与人格［M］. 许金声，程朝翔，译. 北京：华夏出版社，1987：53.

③ “自我实现”这一术语并非马斯洛首创（戈尔德斯坦的术语），但马斯洛赋予了它特殊的意义。自我实现的需求，也即是发挥出自我全部才能的需求，满足自我完美的一切欲望。

受马斯洛等学者的影响，麦格雷戈提出了基于人的“自我实现”的“Y理论”。“Y理论”，即“自我实现人”假设如下：

(1) 工作对于体力与智力的消耗是再正常不过的事情，就像游戏和休息一样自然。

(2) 要想促使人朝着组织目标而奋斗，外在的控制及惩罚的威胁并非唯一的方法。人为了达到自己承诺的目标，自然会坚持“自我指导”与“自我控制”。

(3) 人之所以对目标做出承诺，是为了得到显现目标后的各种报酬。

(4) 在正常情况下，人不但能学会承担责任，还会争取责任。

(5) 以高度的想象力、智力、创造力来解决组织中的各项问题，这是大多数人都具有的能力，而不是少数人特有的能力。

(6) 在现代企业制度模式下，大部分人都只是发挥了一部分智能潜力。①

“Y理论”，即“自我实现人”假设，与“经济人”假设、“社会人”假设不处于一个人类需求的层面上，其谋求的是在一定社会发达阶段，能为人们进行劳动提供一种持久内驱力的人性假设。“自我实现人”假设认为人的天性不厌恶工作，只要给予机会，人们会对工作负责，会努力发挥自己的全部才能，因为人有实现自己价值的内在需求。所以针对“自我实现人”，要尽量使用激励或创造机会的办法进行管理，给予员工信任与机会、给予员工向上发展的空间与前景，尽量使员工努力奋斗的个人目标与企业单位的组织目标相融合——融合程度如何决定了企业发展的状态如何。按照麦格雷戈的说法就是，最理想的融合程度是指：“员工实现自身目标的最佳途径是为组织效

---

① ［美］道格拉斯·麦格雷戈. 企业的人性面［M］. 韩卉，译. 杭州：浙江人民出版社，2017：66.

力，而不是对组织工作漠不关心、推卸责任、阳奉阴违、消极怠工等。也就是说，员工将受到组织的鼓励，自主发展并运用自身能力、知识、技能和天赋，为企业的成功做出贡献。”①

第四种：“复杂人”假设

严格说来，“复杂人”并非什么创造，而是在管理实践中，人们逐渐认识到了人性的复杂性。麦格雷戈在《企业的人性面》中认为现代企业的管理不是基于“X 理论”就是“Y 理论”，即不是“经济人”或“社会人”就是“自我实现的人”。以“现代管理学之父”德鲁克为代表的管理学家们拥护“自我实现的人”，现实的一线管理人员大多继续基于“X 理论”的管理。而作为“自我实现”理论的提出者马斯洛则看到问题的复杂性，他基于对人性复杂的认识，认为：“对不同需求层次的雇员应该采用不同的管理方式。其实，对于那些处于较低需求层次的人，我们没必要花太多精力去制定相应的管理方针，我们的主要目的是进一步明确由人类天性决定的个人发展过程中的高层次需求。”② 对马斯洛这一看法，德鲁克一开始认为其主要是针对自己与麦格雷戈的观点的刁难，但随着管理实践的丰富与发展，德鲁克也不得不承认，“马斯洛的证据简直无法抗拒”③。

虽然马斯洛已经意识到人性假设的复杂性，但明确提出“复杂人”假设的却不是他，而是美国行为科学研究者埃德加·沙因。沙因在其 20 世纪 60 年代的著作《沙因组织心理学》一书中认为，影响巨大的三种人性假设（“经济人”“社会人”与“自我实现的人”）都正确，但都是在某些条件下解释某些人的行为时成立，无法囊括所有人在所有情况下的人性问题，因为

---

① ［美］道格拉斯·麦格雷戈. 企业的人性面［M］. 韩卉，译. 杭州：浙江人民出版社，2017：74.

② ［美］亚伯拉罕·马斯洛，德博拉 C·斯蒂芬斯，加里·海尔. 马斯洛论管理［M］. 邵冲，苏曼，译. 北京：机械工业出版社，2013：21.

③ ［美］彼得·德鲁克. 21 世纪的管理挑战［M］. 朱雁斌，译. 北京：机械工业出版社，2015：15.

人性是复杂的。“复杂”体现在：

(1) 人的需求是可以被分为不同类型的，并且会随着人类的发展阶段和总体生活状况的改变而改变。这些需要和动机会因其对每个人的重要性程度的变化而形成某种层次。但这种层级本身也会因人而异，因情境而异，并因时而异。

(2) 由于需要与动机之间的相互作用，并组合成复杂的动机模式、价值观以及目标。因此人必须决定其在什么水平上理解人的动机。例如，金钱能满足人的很多不同方面的需求，甚至对某些人来说可以满足其自我实现的需要；另一方面，社会性的动机或自我实现的需要能通过多种方式来满足，并在不同的发展阶段中，用不同的方式达到满足。

(3) 员工能够从他们在组织的经历中获得新的动机。这意味着一个人在某一特定的职业生涯或者生活阶段中（像个人与组织之间的心理契约反映出来的一样）的总的动机模式和目标，都是由人的原始需要与组织经历复杂连续的交互作用的结果。

(4) 某个人可能在不同的组织中或者同一组织下不同的下属机构中显示出不同的需要；一个在正式组织中被孤立的人有可能在工会或非正式的工作群体中实现他的社会以及自我实现的需要。如果工作本身包含了多样技能，许多动机可能在不同的时期因不同的任务而起作用。

(5) 人们能够在各种不同动机的基础上有效地参与到组织中去。个人最根本的满足感以及组织最终的效益，只是部分取决于这种动机本身的性质。要完成任务的性质、员工的能力和经历以及他的同事们所营造出来的组织氛围都会相互影响，从而产生一种特定的工作模式和情感。例如，一个具有高技能但是缺乏动机的员工的工作效率和满意感，可能与一个具有高动机但是缺乏技能的员工一样。

（6）员工们依靠他们自己的动机、能力以及工作任务的性质，能够对许多不同的管理策略做出反应。换而言之，没有一种唯一正确的管理策略在所有时候对所有的员工都管用。①

"复杂人"假设含有辩证法因素，它强调根据工作性质、个人特点和外界环境三者合理配置，因人、因地、因事而异，采取灵活机动的领导方法。从科学发展的立场来看，沙因对"复杂人"假设的看法是正确的。因为无论是"经济人""社会人"，还是"自我实现的人"假设都是一成不变地看待人性。人性的复杂性正体现在随着人们的生产实践、社会实践的发展变化，人性也会随之发生变化。随着年龄增长、知识的增加、人生经验的积累、社会地位的改变、责任的变化以及生活环境的走向等，都会改变个体的人性需求。绝对一成不变的人性是不存在的。

基于"复杂人"的假设，1970 年美国管理学家约翰·莫尔斯（J. J. Morse）和杰伊·洛希（J. W. Lorscn）在《哈佛商业评论》联合发表了《超 Y 理论》一文，提出了"超 Y 理论"。显然，"超 Y 理论"是在延续麦格雷戈的"X 理论"与"Y 理论"的理论思考，也即作者相信基于"经济人""社会人"或"自我实现的人"的假设基础上的管理方式都是有问题的，没有普遍适应的最佳管理方式，要根据企业内外部具体环境、管理技术、人员素质等因素做最佳的配合与管理方式的选择。"在某一特定的情境中，什么是正确的组织、管理或领导方式取决于很多因素"。② 因而，对一个具体企业而言，其管理方式可以是针对"经济人"或"社会人"的管理，也可以是针对"自我实现的人"的管理，也可以是其他管理模式，也即"对不同需求层次的雇

① ［美］埃德加·沙因. 沙因组织心理学［M］. 马红宇，王斌，译. 北京：中国人民大学出版社，2009：96-97.

② ［美］埃德加·沙因. 沙因组织心理学［M］. 马红宇，王斌，译. 北京：中国人民大学出版社，2009：98.

员应该采用不同的管理方式"①。所谓"超Y理论"就是超越"Y理论"而已。

第五种:"文化人"假设

无独有偶,不满意"X理论"与"Y理论"的美籍日裔管理学者威廉·大内在《Z理论》一书里,以日本的企业文化为案例,分析了日本企业取得成功的一些特色。例如"终身雇佣制"、教室上课式的办公室模式、日企缓慢的正式评估与升职体制,信任、平等、民主的集体关系,"鼓励雇员相互之间发展整体化的关系"②的氛围等,是日本企业组织不同于欧美企业的特质。因而,大内认为日本的"Z型组织更像氏族,而不太像市场化的组织或官僚结构"③。这种组织特色或管理方式的特色,不同于欧美企业立足于"X理论"与"Y理论"基础上的管理模式,也可以说日本企业的管理实践在人际情感等方面补充了"Y理论"对人性认识的不足,故而大内称之为"Z理论"。

总结起来,"Z理论"强调了如下几点:

(1)企业不轻易开除员工,一旦录用,实行负责到底的终身雇佣制,培养员工以组织为"家"的文化意识。

(2)企业强调整体上关注人,这个"整体"不仅包括关心员工的整个人生发展,甚至包括关心员工与其整个家族的关系。

(3)强调企业的集体价值观的打造,强调信任、平等、民主的集体关系,主张让企业的文化观念成为全体员工的人生信条。

(4)模糊的目标管理,不强调企业高层管理者下达绩效目标,而鼓励企业员工自我拟定发展目标,鼓励员工的主人翁意识与合作

① [美]亚伯拉罕·马斯洛,德博拉C·斯蒂芬斯,加里·海尔. 马斯洛论管理[M]. 邵冲,苏曼,译. 北京:机械工业出版社,2013:21.

② [美]威廉·大内. Z理论[M]. 朱雁斌,译. 北京:机械工业出版社,2013:69.

③ [美]威廉·大内. Z理论[M]. 朱雁斌,译. 北京:机械工业出版社,2013:71.

精神，贯彻自下而上的集体负责制。

（5）上下级关系平等、融洽，不评估个人的短期绩效，员工的升职缓慢，避免个人为评估或升职而互相争斗。

（6）注重员工的培训，喜欢大胆启用没有经验的新人担任新的企业调研或策划项目的临时负责人，汲取新经验同时也注意锻炼新人，积累人才资源。①

大内的这些认识与观点，只是描述了一个取得经济成功的日本企业的显著的不同于美国企业——动辄解雇员工或员工主动辞职（每年常常达到50%，甚至90%，高管也达到25%）的特点，并没有提出“文化人”假设的概念。但后来的研究认为，大内的这些描述，一直在突出的是日本企业所打造的注重以组织为家的企业文化对员工的影响，隐含着认可人是“文化人”假设，即“人是文化的接受者和改造者，这就是说如果我们想去改造员工、塑造员工，就可以从改造他们的文化入手。用文化来塑造人，促使员工行为符合组织要求。众所周知，文化具有激励功能、指导功能、凝聚功能、融合功能和约束功能等。人是文化的动物，文化是人的本质属性之一。从文化建设、文化改造的观点出发进行组织管理是现代管理一个全新的路径。文化对企业成员个体的心理、性格、行为起着重要的导向作用，即引导个人的价值取向和行为取向与组织的需要相一致”②。这一对企业文化的强调，在意义管理的视角下，其实就是组织的意义设定（价值观）的强调，强调这一意义设定会影响和改变组织成员的意义认同，从而使员工自觉地为实现自己的价值意义而去达成组织的意义实现。“文化人”假设，虽然不等同笔者所主张的“意义”主题，但就文化即意义而言，“文化人”假设，也可称之为“意义人”假设，即每个人都是一个意义的接受者与改造者，只要认同了意义所指，就会自觉

① ［美］威廉·大内. Z理论［M］. 朱雁斌，译. 北京：机械工业出版社，2013：10-46.

② 孙辉，侯静. “文化人”假设及其在管理中的价值［J］. 剑南文学：经典阅读，2011（8）：216.

地去实现意义所在。

应该说“Z 理论”对人性假设的发展，可能尚无法与“超 Y 理论”相比，但它基于对“X 理论”与“Y 理论”的不满，所提出的新的管理方式，无疑印证了“复杂人”假设。“复杂人”这一人性总结具有相对的真理性。除了以上描述的五种人性假设外，还有“创新人”“决策人”“知识人”等很多种较有影响的人性假设，都基于现代社会的发展而在不同程度上扩充了人们对人性复杂面的认知，在此不再一一剖析。

主要参考文献

[1] [德] 马克思. 1844 年经济学哲学手稿 [M]. 中共中央编译局，译. 北京：人民出版社，2000.

[2] [德] 康德. 判断力批判 [M]. 宗白华，译. 北京：商务印书馆，1964.

[3] [法] 萨特. 存在与虚无 [M]. 陈宣良，等译. 北京：生活·读书·新知三联书店，1987.

[4] [德] 埃德蒙德·胡塞尔. 现象学的观念 [M]. 倪梁康，译. 上海：上海译文出版社，1986.

[5] [德] 埃德蒙德·胡塞尔. 欧洲科学的危机与超越论的现象学 [M]. 王炳文，译. 北京：商务印书馆，2001.

[6] [德] 恩斯特·卡西尔. 人论 [M]. 甘阳，译. 上海：上海译文出版社，1985.

[7] [德] 齐奥尔格·西美尔. 时尚的哲学 [M]. 费勇，等译. 北京：文化艺术出版社，2001.

[8] [奥] 阿尔弗雷德·舒茨. 社会世界的意义构成 [M]. 游淙祺，译. 北京：商务印书馆，2018.

[9] [美] 劳伦斯 J. 彼得，雷蒙德·赫尔. 彼得原理 [M]. 闾佳，司茹，译. 北京：机械工业出版社，2014.

[10] [英] 大卫·麦克里兰. 意识形态 [M]. 孔兆政，蒋龙翔，译. 长

春：吉林人民出版社，2005.

［11］［法］布尔迪厄. 文化资本与社会炼金术——布尔迪厄访谈录［M］. 包亚明，译. 上海：上海人民出版社，1997.

［12］［法］尚·布希亚. 物体系［M］. 林志明，译. 上海：上海人民出版社，2001.

［13］［美］丹尼尔·贝尔. 资本主义文化矛盾［M］. 赵一凡，等译. 北京：生活·读书·新知三联书店，1989.

［14］［美］史蒂文·赖斯. 我是谁：成就人生的16种基本欲望［M］. 陈楠，译. 杭州：浙江人民出版社，2014.

［15］［英］爱德华·泰勒. 原始文化［M］. 连树声，译. 上海：上海文化出版社，1992.

［16］［美］克莱德·克鲁克洪，等. 文化与个人［M］. 高佳，等译. 杭州：浙江人民出版社，1986.

［17］［英］阿雷恩·鲍尔德温，等. 文化研究导论［M］. 陶东风，等译. 北京：高等教育出版社，2004.

［18］［英］雷蒙·威廉斯. 关键词：文化与社会的词汇［M］. 刘建基，译. 北京：生活·读书·新知三联书店，2005.

［19］［美］尼尔·波兹曼. 娱乐至死［M］. 章艳，译. 桂林：广西师范大学出版社，2004.

［20］［美］约翰·费斯克. 理解大众文化［M］. 王晓珏，宋伟杰，译. 北京：中央编译出版社，2001.

［21］［德］齐格弗里德·克拉考尔. 电影的本性［M］. 邵牧君，译. 南京：江苏教育出版社，2006.

［22］［美］弗雷德里克·温斯洛·泰勒. 科学管理原理［M］. 朱碧云，译. 北京：北京大学出版社，2013.

［23］［美］埃德加·沙因. 沙因组织心理学［M］. 马红宇，王斌，译. 北京：中国人民大学出版社，2009.

[24] [美] 亚伯拉罕·马斯洛. 动机与人格 [M]. 许金声，等译. 北京：中国人民大学出版社，2007.

[25] [美] 亚伯拉罕·马斯洛，德博拉C·斯蒂芬斯，加里·海尔. 马斯洛论管理 [M]. 邵冲，苏曼，译. 北京：机械工业出版社，2013.

[26] [美] 彼得·德鲁克，等. 自我发现与重塑 [M]. 刘铮筝，等译. 北京：中信出版社，2015.

[27] [美] 彼得·德鲁克. 管理使命、责任、实务 [M]. 王永贵，译. 机械工业出版社，2009.

[28] [美] 彼得·德鲁克. 管理的实践 [M]. 齐若兰，译. 北京：机械工业出版社，2009.

[29] [美] 彼得·德鲁克. 卓有成效的管理者 [M]. 许是详，译. 北京：机械工业出版社，2015.

[30] [美] 彼得·德鲁克. 21世纪的管理挑战 [M]. 朱雁斌，译. 北京：机械工业出版社，2015.

[31] [美] 道格拉斯·麦格雷戈. 企业的人性面 [M]. 韩卉，译. 北京：中国人民大学出版社，2017.

[32] [美] 乔治·埃尔顿·梅奥. 工业文明的社会问题 [M]. 张爱民，唐晓华，译. 北京：北京理工大学出版社，2013.

[33] [美] 威廉·大内. Z理论 [M]. 朱雁斌，译. 北京：机械工业出版社，2013.

[34] [美] 约瑟夫·派恩，詹姆斯·吉尔摩. 体验经济 [M]. 夏业良，等译. 北京：机械工业出版社，2010.

[35] [日] 稻盛和夫. 阿米巴经营 [M]. 曹岫云，译. 北京：中国大百科全书出版社，2016.

[36] [英] 亚当·斯密著. 道德情操论 [M]. 蒋自强，等译. 北京：商务印书馆，1997.

[37] [英] 亚当·斯密著. 国民财富的性质和原因的研究 [M]. 郭大

力，等译. 北京：商务印书馆，1974.

［38］［美］小艾尔雷德·D·钱德勒. 企业规模经济与范围经济：工业资本主义的原动力［M］. 张逸人，等译. 北京：中国社会科学出版社，1992.

［39］［美］艾伦·J. 斯考特. 城市文化经济学［M］. 董树宝，张宁，译. 北京：中国人民大学出版社，2014.

［40］［法］贝尔纳·古奈. 反思文化例外论［M］. 李颖，译. 北京：社会科学文献出版社，2010.

［41］［英］贝拉·迪克斯. 被展示的文化：当代"可参观性"的生产［M］. 冯悦，译. 北京：北京大学出版社，2012.

［42］［英］戴夫·奥布赖恩. 文化政策：创意产业中的管理、价值和现代性［M］. 魏家海，余勤，译. 大连：东北财经大学出版社，2016.

［43］［法］弗雷德里克·马特尔. 主流：谁将打赢全球文化战争［M］. 刘成富，等译. 北京：商务印书馆，2012.

［44］［美］亨利·詹金斯. 文本盗猎者：电视粉丝与参与式文化［M］. 郑熙青，译. 北京：北京大学出版社，2016.

［45］［美］克里斯·安德森. 长尾理论［M］. 乔江涛，石晓燕，译. 北京：中信出版社，2012.

［46］［美］劳伦斯·莱斯格. 免费文化［M］. 王师，译. 北京：中信出版社，2009.

［47］［美］罗纳德·V·贝蒂格. 版权文化——知识产权的政治经济学［M］. 沈国麟，韩绍伟，译. 北京：清华大学出版社，2009.

［48］［英］迈克·费瑟斯通. 消费文化与后现代主义［M］. 刘精明，译. 南京：译林出版社，2000.

［49］［美］米切尔·J·沃尔夫. 娱乐经济：传媒力量优化生活［M］. 黄光传，邓盛华，译. 北京：光明日报出版社，2001.

［50］［美］帕蒂·麦考德. 奈飞文化手册［M］. 范珂，译. 杭州：浙江教育出版社，2018.

[51] 何群，彭英柯. 文化产业管理学 [M]. 北京：中国人民大学出版社，2016.

[52] 赖声川. 赖声川的创意学 [M]. 桂林：广西师范大学出版社，2011.

[53] 王缉慈，等. 超越集群：中国产业集群的理论探索 [M]. 北京：科学出版社，2010.

[54] 王健林. 万达哲学 [M]. 北京：中信出版社，2015.

[55] 熊澄宇. 世界文化产业研究 [M]. 北京：清华大学出版社，2013.

[56] 张继辰，王伟立. 华为目标管理法 [M]. 深圳：海天出版社，2015.

[57] 张雷. 媒介革命：西方注意力经济学派研究 [M]. 北京：中国社会科学出版社，2009.

后　记

借用欧文·D. 亚隆在《存在主义心理治疗》一书中提出的问题："现在尘世中的人类面临的任务是在没有外在坐标的指引下，找到生命的方向。人们如何能够建构自身的意义，而且这个意义要足以支撑个体的生命？""意义管理"某种意义上也是在延续对意义问题的思考。对意义的思考贯穿人类社会活动始终，不应该仅限于人文学科，经济、管理学科也无法避开此类问题在管理活动中的存在。经济活动的意义何在？管理的意义何在？在笔者看来，在物质束缚越来越弱的今天，经济、管理活动无法回避相关意义的问题。现在经济学与管理学的发展，用功利性屏蔽了非功利的意义问题——乃至各种关于人的问题，社会发展的事实证明这种屏蔽从长远看将使人们丧失从事经济管理活动的初心，迷失人类的意义目标。福利经济学、价值观管理学等学科的发展正是在寻回初心、寻找人类的意义目标，在"去蔽"。

笔者在写完《意义的生产与消费——文化经济学新论》（首都师范大学出版社 2017 年版）之后，有意识地想将意义的视点引入对"文化管理学"的思考之中。但考虑文化管理涉及的内容非常之多，对笔者这个管理学的"门外汉"来说相当有难度，于是，笔者不得不缩小思考范围，延续《意义的生产与消费——文化经济学新论》的思路，打造基于前者思考成果的"文化产业管理学"的内容，并且笔者仅能视"意义管理"为一种切入"文化产业管理"的视角，至于是否可以用"意义管理"完全取代"文化产业管理"，笔者觉得还需要持续思考与论证方可。在《意义的生产与消费——文化经济学新论》一书中，笔者将“意义”视为内涵宽泛的价值，无论是文化产品—文化服务呈现的涵义还是对消费者的价值，都被视为一种宽泛意义上的价值，用价值包含了涵义。在本书中，笔者对“意义”做了相对深入的分析，认为还是需要区分意义的涵义与价值两个维度，一些涵义丰富的文化产品—文化服务与无涵义的娱乐文化产品—文化服务，还是有比较明显的区别的。笔者并不是要否认《意义的生产与消费——文化经济学新论》一书的观点，而是仍旧认为在宽泛意义上，意义需求的满足即价值，满足精神需求的价值也即意义，价值能对意义生成起到过滤机制的作用，只是在狭义的意义上，意义具有以涵义与价值为核心的多重内涵。

此外，本书的各种观点是笔者从人文学出发的尝试性思考，仅是一孔之见，而且在本书中尚有一些构思没有时间与精力展开，论证也不够充分，加之出版字数的限制，有待商榷之处、错误之处，甚至笔误之处，在所难免，欢迎方家指正，以待日后有心境时修改此书。

作者

2020 年 10 月 25 日